■ 湖北民族大学民族社会发展学科群、武陵山民族文化与旅游产业发展湖北省协同创新中心研究成果

■ 民族社会发展研究丛书

武陵地区社会和谐发展研究

陈心林 著

中国社会科学出版社

图书在版编目（CIP）数据

武陵地区社会和谐发展研究 / 陈心林著 . —北京：中国社会科学出版社，2019.10
ISBN 978 - 7 - 5203 - 5154 - 6

Ⅰ.①武… Ⅱ.①陈… Ⅲ.①民族关系—研究—西南地区②民族地区—社会发展—研究—西南地区 Ⅳ.①D633

中国版本图书馆 CIP 数据核字（2019）第 200502 号

出 版 人	赵剑英
责任编辑	孔继萍
责任校对	闫　萃
责任印制	郝美娜

出　　版	中国社会科学出版社
社　　址	北京鼓楼西大街甲 158 号
邮　　编	100720
网　　址	http://www.csspw.cn
发 行 部	010 - 84083685
门 市 部	010 - 84029450
经　　销	新华书店及其他书店
印　　刷	北京君升印刷有限公司
装　　订	廊坊市广阳区广增装订厂
版　　次	2019 年 10 月第 1 版
印　　次	2019 年 10 月第 1 次印刷
开　　本	710×1000　1/16
印　　张	17.5
插　　页	2
字　　数	280 千字
定　　价	98.00 元

凡购买中国社会科学出版社图书，如有质量问题请与本社营销中心联系调换
电话：010 - 84083683
版权所有　侵权必究

总　序

湖北民族学院地处神奇美丽的恩施土家族苗族自治州，是一所湖北省政府和国家民委共建的省属普通本科院校。进入21世纪以来，学校在科学研究方面取得了显著成绩，同时学科建设形成了特色，服务民族地区经济社会发展的水平得到了较大提升。2003年，学校"南方少数民族研究中心"获批为湖北省高校人文社科重点研究基地，以此为依托，该校以"大民族学"学科视域开展科学研究，建设了多个科研平台，如"武陵山少数民族经济社会发展研究基地""武陵山民族理论政策研究基地""鄂西生态文化旅游研究中心""湖北民族研究所"等。2012年，由湖北民族学院牵头，协同华中师范大学、三峡大学等高校，联合恩施州相关政府部门以及武陵山片区旅游企业共同组建了"武陵山民族文化与旅游产业发展湖北省协同创新中心"；2015年，学校以民族学学科为主干学科，以法学、经济学等为支撑学科，获得了"民族社会发展"省级学科群建设项目，同年还获得了"武陵山民族文化传承与创新"博士点建设对口支持项目。近年来，湖北民族学院民族学学科团队直接服务于国家区域发展战略，积极发掘和整理研究武陵山民族民间文化资源，在区域经济发展、民族文化传承、生态文明建设以及民族区域治理等领域产生了一批具有重大影响的成果，受到学术界以及地方政府部门的高度关注。

武陵山片区集革命老区、民族地区和贫困地区于一体，是跨省交界面大、少数民族聚集多、贫困人口分布广的连片特困地区，也是中国区域经济的分水岭和西部大开发的最前沿。当前，在国家的大力支持和当地群众的共同努力下，武陵山片区经济社会发展取得了引人注目的成就，特别是在非物质文化遗产挖掘、申报、保护以及文化产业发展方面取得的成绩可圈可点。但我们也清楚地认识到，全面振兴武陵山片区的任务依然很艰巨，前进的道路还很漫长，如何促进该地区又好又快发展一直是政府、学者以及当地群众共同面临的主要现实问题。因此在进行经济文化建设的同时，还必须加强对武陵山片区社会发展中的相关问题进行调研与探究，提前规划，为该地区的发展提供参考。

在湖北省"民族社会发展"学科群建设项目和湖北省协同创新中心的支持下，呈现在广大读者面前的这套《民族社会发展研究丛书》，是继《文化多样性与地方治理丛书》湖北民族学院民族学学科团队之后，编纂的又一个跨学科协同研究成果。该系列成果涉及民族学、政治学、法学、经济学、艺术学等多个学科领域，研究区域主要在武陵山片区，研究对象主要为武陵山片区的少数民族，研究内容涉及非物质文化遗产、特色村寨、文化产业、民间信仰以及和谐社会建设；研究成果既有基础理论研究，也有直接服务于民族地区经济社会发展的应用型成果。

丛书的作者大多是接受过系统专业学习和学术训练的高层次研究人员，既有已经在学界崭露头角的中青年专家，也有初出茅庐的青年才俊，虽然有的著作可能还略显稚嫩，但都显示出了每一位研究者较为扎实的基本功底和严谨务实的精神。我们期待该丛书的出版能对民族地区社会发展有所裨益，同时也期望圆满完成"民族社会发展"项目建设任务，在学科基础条件建设、团队建设、创新水平等方面有较大程度的提升。

谭志满
2017 年 3 月 12 日

目　录

导论 …………………………………………………………（1）
　第一节　研究缘起与选题意义 ………………………………（1）
　　一　研究缘起 ………………………………………………（1）
　　二　选题意义 ………………………………………………（2）
　第二节　研究内容与研究方案 ………………………………（8）
　　一　主要研究内容 …………………………………………（8）
　　二　研究方案 ………………………………………………（8）
　第三节　本课题田野工作简介 ………………………………（10）
　　一　选择田野工作点的原则 ………………………………（11）
　　二　主要田野工作点简介 …………………………………（12）

**第一章　武陵地区的社会、人文与生态："历史冰箱"
　　　　　与开发热土** ………………………………………（19）
　第一节　文化富矿与"历史冰箱" ……………………………（20）
　　一　文化富矿 ………………………………………………（20）
　　二　"历史冰箱" ……………………………………………（27）
　第二节　避秦渊薮与开发热土 ………………………………（27）
　　一　避秦渊薮：武陵地区的历史记忆 ……………………（27）
　　二　开发热土：武陵地区的当代发展 ……………………（28）
　本章小结 ………………………………………………………（35）

第二章　武陵地区民族关系发展的历史进程 ………………（38）
　第一节　先秦时期武陵地区民族关系的发展 ………………（39）

一　"廪君"巴人在武陵地区的发展……………………………(39)
　　二　三苗民族在武陵地区的繁衍…………………………………(44)
　　三　盘瓠蛮夷在武陵地区的生息…………………………………(45)
　第二节　秦汉至隋时期武陵地区民族关系的发展……………………(47)
　　一　中央王朝对武陵地区各民族的怀柔招徕……………………(48)
　　二　中央王朝对武陵地区各民族的征讨招抚……………………(51)
　第三节　唐、五代十国至宋时期武陵地区民族关系的发展…………(57)
　　一　武陵地区主要的少数民族共同体进一步发展，
　　　　民族特征日益彰显……………………………………………(59)
　　二　族际互动规模不断扩大，族际交流程度日益深化…………(60)
　第四节　元明清时期武陵地区民族关系的发展………………………(64)
　　一　土司时期武陵地区民族关系的发展…………………………(65)
　　二　改土归流与武陵地区民族关系的发展………………………(75)
　第五节　中华民国时期武陵地区民族关系的发展……………………(86)
　　一　"民族"理念的嬗递与民族政策的演变对武陵地区
　　　　民族关系具有决定性的影响…………………………………(87)
　　二　西南民族研究的筚路蓝缕与民众民族意识的觉醒…………(92)
　　三　国家体制的变革与"文化革命"的实施对武陵地区的
　　　　民族关系产生了显著影响……………………………………(98)
　　四　国内革命战争时期国共两党在武陵地区的斗争
　　　　以及抗日战争时期内地机关人员大规模地迁入
　　　　对本地区的民族关系产生了深远影响………………………(102)
　第六节　中华人民共和国成立以来武陵地区民族关系的发展………(105)
　　一　民族识别工作在武陵地区的开展……………………………(106)
　　二　民族区域自治在武陵地区的实施……………………………(112)
　本章小结……………………………………………………………………(114)

第三章　文化层面民族关系的发展………………………………………(116)
　第一节　文化边界：民族身份的认同与区分…………………………(117)
　　一　文化特征成为民族边界最明显的标志………………………(117)
　　二　"弱者的武器"：悲情历史的建构……………………………(120)

第二节　民族文化的交流与融合 …………………………… (134)
　　一　"三教同源":土老司、苗老司、客老司的渊源 ………… (135)
　　二　"和而不同":土老司、苗老司、客老司的互补共生 …… (139)
第三节　当文化成为资本:产业开发背景下民族文化的
　　　　夸耀与竞争 ……………………………………………… (146)
　　一　文化成为资本:武陵地区民族文化旅游产业发展的
　　　　燎原之势 ………………………………………………… (148)
　　二　"你方唱罢我登台":产业开发背景下民族文化的
　　　　夸耀与竞争 ……………………………………………… (155)
第四节　机遇与挑战:民族文化发展的当代语境 …………… (169)
　　一　民族文化的发展机遇 …………………………………… (170)
　　二　民族文化面临的挑战 …………………………………… (173)
　　三　异质文化对民族社会生活的冲击 ……………………… (184)
　　四　"鹊巢鸠占":民族文化产权的丧失 …………………… (193)
本章小结 ………………………………………………………… (196)

第四章　社会交往层面民族关系的发展 ………………………… (198)
　第一节　语言使用与民族关系 ………………………………… (199)
　　一　南蛮鴃舌与西南官话:武陵地区民族语言的历史
　　　　格局与现实状况 ………………………………………… (200)
　　二　双语教学与民族关系:小茅坡营村与金珠村的
　　　　案例分析 ………………………………………………… (204)
　　三　"宁卖祖宗田,不忘祖宗言":语言使用与民族认同 …… (207)
　　四　语言使用与民族关系 …………………………………… (209)
　第二节　通婚范围与民族关系 ………………………………… (212)
　　一　边界与区隔:历史上的族内通婚传统 ………………… (214)
　　二　交融与一体:现实中的族际通婚态势 ………………… (217)
　第三节　差序格局:立体多元、共生并育的认同体系 ……… (223)
　　一　地域认同与家族认同 …………………………………… (224)
　　二　民族认同与国家认同 …………………………………… (227)
　第四节　现代化场域中"民族"身份的意义 ………………… (235)

一　"土苗出山":打工潮中"民族"身份的骄傲与迷思 ……… (236)
　　二　"相忘于江湖":城市社区中"民族"身份的大隐于市 …… (241)
　本章小结 ……………………………………………………………… (246)

结语 …………………………………………………………………… (247)
　　一　武陵地区民族关系发展的历史进程 …………………… (247)
　　二　武陵地区民族关系的现实状况 ………………………… (251)
　　三　推进武陵地区民族关系和谐发展的建议 ………………… (256)

参考文献 ……………………………………………………………… (258)

导　　论

第一节　研究缘起与选题意义

一　研究缘起

自 2001 年参加工作以来，本人一直任教于湖北民族学院，主要从事民族学的教学与研究。湖北民族学院位于恩施土家族苗族自治州首府恩施市。从地理格局来看，恩施土家族苗族自治州毗邻湘西土家族苗族自治州、重庆黔江地区①、贵州铜仁地区，上述地区共同构成了武陵山区的腹地；从社会历史发展进程的角度考量，该地区是典型的多民族聚居区，呈现丰富多样的民族文化样态。作为地处民族地区的民族院校，湖北民族学院一直重视民族学学科建设，以其为全校学科建设的龙头。基于上述的地理与文化背景，我校民族学学科团队非常重视武陵地区民族社会与文化的研究，经过数十年的积累，已经形成了稳定的研究方向，在学界具有一定影响。

受益于这种学术资源，本人的民族学研究也一直植根于武陵民族地区，对本地区的民族社会文化状况有整体性的把握，取得了一些初步的成果。近几年来，笔者一直组织研究团队在武陵地区调研，开展课题研究。

---

①　渝东南是现今重庆市主要的少数民族聚居区，包括黔江区、石柱土家族自治县、彭水苗族土家族自治县、酉阳土家族苗族自治县、秀山土家族苗族自治县，由原四川省黔江地区改设而来。"黔江地区"地理相接，历史文化联系紧密，民族特色鲜明，在武陵地区具有约定俗成的内涵。考虑到社会文化的整体性，且为便于表述，本研究沿用黔江地区这一更具历史文化内涵的表述。

二 选题意义

从总体上看来，学术界关于民族关系的研究主要有两种视角：第一种是通过对历史文献的辨析、梳理、解读，对各民族在社会历史发展进程中交往、交流、交融的互生共存关系进行系统研究，侧重于研究民族关系的历史发展进程，可以归入民族史的研究之列，翁独健先生主编的《中国民族关系史纲要》堪称典范①；第二种则将民族关系视为一种重要的社会关系，研究"民族因素"变量对于社会结构、社会关系发展变迁的重要影响，重视研究民族关系在现实社会中的发展，致力于探讨实现民族关系良性运行的途径，可以归入民族社会学的研究之列，马戎教授编著的《民族社会学——社会学的族群关系研究》可为代表②。

本课题的研究侧重于民族社会学的研究视角，但也充分重视历史脉络的梳理，在区域社会历史文化框架内探讨现实民族关系的状况，以期获得较为深入的体认。

检索相关文献，笔者认为，学界对于我国民族格局与民族关系的研究至少在如下几个方面还有待改进。

（一）重视研究边疆民族地区，对内地民族地区关注不够

不言而喻，边疆地区对于现代国家的安全、稳定具有特殊且重要的意义，我国陆上边界有2.2万多公里，其中有约1.9万公里在少数民族地区，全国123个边境县基本上都在少数民族地区；并且，许多民族属于"跨境民族"，与境外同一民族跨界而居，其中有些还建立了以相关民族为主体的国家实体，如蒙古族、朝鲜族、哈萨克族等。多重因素的叠加使得学界对于边疆民族地区予以了高度重视，研究重点主要聚焦于西藏、新疆、内蒙古、云南、广西等边疆民族地区③，相关研究成果丰富而系统。

---

① 翁独健主编：《中国民族关系史纲要》，中国社会科学出版社2001年版。
② 马戎：《民族社会学——社会学的族群关系研究》，北京大学出版社2004年版。
③ 比如，在已批准的教育部人文社会科学重点研究基地中，民族学学科一共有四个，除了中央民族大学中国少数民族研究中心以各少数民族为研究对象外，云南大学西南边疆少数民族研究中心、内蒙古大学蒙古学研究中心、四川大学中国藏学研究所（与西藏大学共建）都明确主要以边疆少数民族为研究对象。

相对而言，内地民族地区民族关系的研究则尚未引起学术界的重视，相关成果较少，也比较零散。

（二）比较研究有待加强

我国疆域辽阔，自然生态多样复杂，民族文化丰富多彩，各民族在长期的社会历史发展进程中既形成了一定的共性，又具有相当的差异。因此，要对我国的民族状况作整体把握是尤需审慎的。

就笔者学习体会而言，长期以来，我国民族研究中存在的一个突出问题在于其模式化、教条化。我国民族理论与民族政策体系的发展带有深深的时代烙印，在相当程度上，民族问题研究主要是以斯大林提出的"四个共同"的概念体系为圭臬的。在论及民族共同体时，学者们常常把它视为一个同质化的"实体"，强调其在社会、经济、文化乃至体质方面的一致性，强调其作为一个民族群体的独特性。事实上，作为数千年社会历史发展进程的产物，我国的民族格局显著地受到历史文化与地理生态因素的制约；而当前我国的民族政策则主要是一种由国家主导的人群分类系统，现实的民族格局又必然受到政治因素的影响，有时甚至是决定性的。诸因素交互影响，杂糅共存，造成了一种较为普遍的事实：就差异性而言，同一民族内部有可能大于不同民族之间；就共同性而言，不同民族之间有时多于同一民族内部不同支系之间。如果我们坚持实事求是的原则，是不能无视这种现实的。难能可贵的是，知名的民族理论与民族政策研究专家何叔涛先生早在1992年即已指出，在民族的演进过程中，"民族间的同化、一体化、民族内部的分化是最基本、最常见的民族现象和演化方式"。① 体现了不囿于理论与主义、唯实唯是的科学精神。

因此，笔者认为要正确把握我国民族关系的状况，就必须开展充分的实地调查，在不同区域、不同民族之间进行充分的比较研究。已故李绍明先生是致力于西南民族研究的前辈学者，武陵民族地区也是他关注的重点。他曾论及，"在民族学、人类学理论上，尤其在族体理论方面，必须充分利用我国丰富的民族志资料，进行认真研究，提出新的见解，

---

① 何叔涛：《同化、一体化、分化及民族过程中的内在规律和发展趋势——兼谈民族研究的哲学方法论》，《民族研究》1992年第4期。

作出新的贡献"①。笔者深以为是。

此外，比较研究的另一个维度是通过对本土民族问题的实证研究回应西方的相关理论，建构切合中国实际、具有中国特质的民族理论学说。就主要的方面来看，1949年以来，我国民族研究领域基本上形成了两大研究范式，一是马克思主义民族理论范式，二是族群理论范式。族群理论20世纪80年代经港台学界引入大陆学术圈②，在民族研究领域产生了显著的"鲶鱼效应"，反响巨大，迄今不息。就实质上而言，族群理论生发于西方社会，主要研究的是西方现代社会的族群问题。马克思主义民族理论一直主导着我国的民族研究，对于其基本原则当然应该坚持，但就其具体论断而言，也不能视其为绝对真理，不容置喙。菅志翔独具反思意识与建设性的观点是值得重视的，她指出："包括马克思主义民族理论在内的西方民族理论，其研究对象都是欧美社会以及传统文明不发达的殖民地社会，没有或者缺乏针对具有历史连续性的古老文明的深入研究，严格意义上讲，他们的理论都是针对某种具体社会历史条件的'民族志'，其适用性尚有待确定。"③

因此，无论是族群理论还是马克思主义民族理论在应用于中国实际时必然面临一个适用性的问题，需要在实证的研究中予以验证、发展。然而，如学者所指出的，"任何以其他地区民族志为基础发展出来的理论，要通过普通有效性的考验，以中国的材料进行验证，通常都是最艰难的一关"。④ 本书不自藏拙，试图通过对武陵地区民族格局与民族关系的实证研究，对相关的理论问题作出回应，或有所增益于学术。

（三）创新性有待加强

由于民族问题的敏感性与特殊性，已有研究多囿于长期以来已成定式的民族理论体系与既有的民族管理体制，主要是以经验材料证明其成

---

① 李绍明：《从中国彝族认同谈族体理论——与郝瑞教授商榷》，《民族研究》2002年第2期。
② 陈心林：《族群理论与中国的族群研究》，《青海民族研究》2006年第1期。
③ 菅志翔：《"族群"：社会群体研究的基础性概念工具》，《北京大学学报》（哲学社会科学版）2007年第5期。
④ 蒋斌、何翠萍编：《国家、市场与脉络化的族群》，"中研院"民族学研究所，2003年，第9页。

就与优越性，对其不足之处有所回避。正如学者所批评的："关于我国民族政策的研究，要么简单式地描述民族政策的演变和实践状况，要么在现有民族政策体系的框架内进行个案研究，缺乏对民族政策的设计逻辑进行反思，亦缺乏对我国民族政策实践中存在问题的深刻和系统认识。"①"基本倾向都是对现有的民族政策进行诠释、论证和颂扬，缺乏对我国民族政策和理论的必要反思"，"在研究充斥着颂扬之风而缺乏自我批判的情况下，整个研究往往陷于片面，难以走向深入。"② 在研究范式上，主要是以马克思主义民族理论为指导，这当然是应该坚持的；但从学术研究的立场出发，也应该结合我国民族状况的实际，积极关注国际民族学、人类学、社会学等相关学科的研究进展，拓展研究范式，推动学术创新。

近年来，民族问题研究领域的一个焦点是关于我国民族政策的取向问题。2004年，马戎教授厚积薄发，对我国的民族理论与政策体系作了系统、深入的建设性反思，指出了其中长期以来形成的"政治化"取向，审慎地提出了民族问题"去政治化"和"文化化"的解决思路③，引起了学界的热烈争议。陈建樾先生针锋相对地指出，民族问题本质上是政治问题，必须依靠健全的政治制度才可能从根本上解决④。王希恩先生⑤、陈玉屏先生⑥也认为民族问题"去政治化"在理论上和实践中都是行不通的。潘志平教授则尖锐地指出，2009年乌鲁木齐"7·5"事件正是民族问题高度政治化的恶果⑦。周平教授也令人警醒地指出："依据一个政治

---

① 王猛：《从单一身份到多重身份：身份视角下的我国民族政策反思》，《广西民族研究》2015年第2期。
② 贺琳凯：《新中国民族关系与民族政策的互动研究》，博士学位论文，云南大学，2010年，第12页。
③ 马戎：《理解民族关系的新思路——少数族群问题的"去政治化"》，《北京大学学报》（哲学社会科学版）2004年第6期。
④ 陈建樾：《多民族国家和谐社会的构建与民族问题的解决：评民族问题的"去政治化"与"文化化"》，《世界民族》2005年第5期。
⑤ 王希恩：《也谈在我国民族问题上的"反思"和"实事求是"》，《西南民族大学学报》（人文社会科学版）2009年第1期。
⑥ 陈玉屏：《民族问题能否"去政治化"论争之我见》，《西南民族大学学报》（人文社会科学版）2008年第7期。
⑦ 潘志平：《突破民族问题高度政治化的困局》，《西北民族研究》2010年第1期。

民族的概念来认识和分析文化民族，正是民族研究中许多问题和分歧的认识论根源。"① 迄今为止，各种观点仍然处于激烈的交锋之中。

笔者认为，相关研究中存在的一个突出问题在于学者们多是从理论或政策层面上推演，民众的观点基本上被忽略了。对于民众来说，"民族"身份究竟意味着什么，是一种文化还是一种政治性的制度安排？这应该是问题的核心和制定政策的基础，其答案则只能在实际的民族工作和实证的民族研究中追寻。本研究正是这方面的一个尝试。

就武陵地区民族关系的研究而言，目前尚无系统的研究成果，只是在相关研究中涉及本地区民族关系历史进程的某些方面，比如吴永章、田敏所著《鄂西民族地区发展史》②，游俊、李汉林所著《湖南少数民族史》③，侯绍庄所著《贵州古代民族关系史》④ 等。从总体上看来，相关成果还没有把武陵地区作为一个整体进行深入研究，缺乏整体的视角。而且，已有的研究主要是从民族史的角度展开的，对现状的研究不多，前瞻性的研究更是少见。王平的著作《武陵地区民族关系与社会稳定机制研究》以武陵地区民族关系为研究对象，立足现实问题，与本研究关系密切，特别具有借鉴与指导意义。该书主要利用文献资料从宏观层面研究了武陵地区民族关系发展与社会稳定的互动关系。⑤ 相对而言，该书在实证研究方面还有待强化，从民族学、社会学的视角进行的微观深入研究也有待加强。

近年来，随着武陵山区域开发上升为国家战略，武陵地区也日益成为学界关注的热点，成果不断涌现，课题屡获立项，堪称学术盛事。从建设性的立场出发，就笔者浅见，相关研究至少在两方面还存在一定的偏颇。其一，已有研究主要聚焦于资源、产业、金融等社会发展的经济层面，体现出突出的 GDP 导向，对于文化发展与文化建设则关注较少。事实上，在当代主流的社会发展理念中，文化发展既是社会发展不可或缺的根基，也是其内在的目标。近年来，随着中国共产党"文化自信"

---

① 周平：《政治学视野下的中国民族和民族问题》，《思想战线》2009 年第 6 期。
② 吴永章、田敏：《鄂西民族地区发展史》，民族出版社 2007 年版。
③ 游俊、李汉林：《湖南少数民族史》，民族出版社 2001 年版。
④ 侯绍庄：《贵州古代民族关系史》，贵州民族出版社 1991 年版。
⑤ 王平：《武陵地区民族关系与社会稳定机制研究》，湖北人民出版社 2007 年版。

治国理念的确立,文化建设在我国社会发展目标体系中已经居于核心的地位。其二,已有的关于武陵地区民族文化的研究成果主要是从局部、族别的视角展开的,从整体视角出发的系统研究还有待深入开展①。本研究力图从整体的视角出发,探讨文化交融互动与民族关系发展的辩证关系,期望为相关研究的深化作出些许的贡献。

从现实层面上看,武陵地区是我国内陆腹地主要的民族聚居区,对本地区民族关系和民族认同的实证研究,可以为国家民族政策的制定和实施提供依据,促进民族社会的良性运行。同时,武陵地区自古就是进入大西南的要道,向来被称为"滇黔咽喉""西南门户",具有重要的战略地位。张良皋先生曾从军事角度指出了武陵地区的重要性:"在中国的战争史上,武陵并非'兵家必争之地',却常常是兵家必'经'之地。"历史上,自强秦掠楚、蜀汉伐吴、蒙古讨宋、明末农民起义、清末太平天国起义,率皆以此地为出奇兵之道②。

同样值得重视的是,本地区各民族对中央政府一直有着较为密切的联系和忠诚的认同,这与我国历史上长期存在的"边患"以及近年来民族分裂势力的抬头形成了鲜明的对比,对本地区民族关系的实证研究可以为国家的长治久安提供借鉴。

从理论层面上看,本课题通过对武陵地区民族关系的实证研究,回应学术界关于"民族"和"族群"、民族问题"文化化"和"政治化"、"公民性"与"族性"等相关问题的争论,在一定程度上推动了相关研究的深入发展。

---

① 就笔者所见,在公开出版的研究成果中,黄柏权教授在《广西民族研究》2002年第4期上发表《论武陵文化》一文,较早地提出了"武陵文化"的概念,对武陵地区的文化格局有较为系统的论述,对本书启发良多。就笔者学习的体会而言,该文还有进一步探讨的空间:其一,在研究理念上,该文主要是以进化论学派"文化遗存"的观点来审视武陵文化,对于其当代价值的阐释稍有不足;其二,在研究格局上,该文对于武陵文化在中华文明中的地位这一重要议题也关注不够;其三,在研究取向上,该文在相当程度上仍然是以传统的族别为主要维度,对作为整体的武陵文化不免有所割裂;其四,该文发表于2002年,此后,关于这一论题不断有考古、民俗等方面的新材料出现,为进一步的讨论提供了可能。故而,笔者在此不避续貂之嫌,略加申述。

② 张良皋:《武陵土家》,生活·读书·新知三联书店2001年版,第122—123页。

第二节 研究内容与研究方案

一 主要研究内容

本课题主要从民族学、社会学、马克思主义民族理论与民族政策等相关学科视角出发，把武陵地区作为有特定历史、文化与生态联系的整体，对本地区民族关系进行整体综合性的调查研究；在武陵山区域社会历史发展进程的宏观背景之下，着眼现实，分析本地区民族关系的实际状况，探讨促进其和谐发展的路径。主要从以下几个方面展开研究。

（一）武陵地区民族关系的历史发展进程

充分利用文献和口述材料，以武陵地区三大主体民族——土家族、苗族、汉族的互动关系为纲，历时性地重构本地区民族关系的历史进程。

（二）武陵地区民族关系现状的实证研究

分析影响民族关系的核心要素（主要包括居住格局、族际通婚、语言使用、民族偏见、族际交流、区域特点、文化差异与文化融合等），探讨民族关系与民族社会发展的互动关系。

（三）武陵地区民族关系和谐发展的对策研究

实证地分析武陵地区民族关系格局中存在的问题，探讨实现民族关系稳定、和谐发展的长效机制。

（四）相关政策与学理探讨

在较为深入的实证研究的基础之上，回应学术界关于我国民族理论与民族政策取向的激烈争辩，对我国的民族政策与民族管理体制展开建设性的反思；同时，对"民族""族群""国族""认同"等近年来民族研究领域中的热点问题展开进一步的探析，以期能为推动相关研究的深化尽到绵薄之力。

二 研究方案

本课题主要在宏观、中观、微观三个层面展开调查与研究。在宏观层面上，结合已有的相关研究，充分利用田野和文献材料，重构武陵地区民族关系的历史进程，厘清本地区民族关系的基本面貌，研究民族关系与区域民族社会发展的互动关系。在中观层面上，以有代表性的社区为切入点，研究民族关系在具体民族社会中的发展和运行状况。在微观层面上，以典型的个案（个体、家庭）为切入点，研究民族认同、民族意识的变迁，进行深入的案例分析。

本课题综合运用定量研究与定性研究、实地研究与文献研究、历时性研究与共时性研究相结合的多种研究方法，并特别重视如下研究方法：

（一）田野调查方法

这是民族学最主要的研究方法，在具体的研究过程中，综合运用了参与观察、非结构式访谈以及问卷调查等方法。

（二）多点民族志（multi-sited ethnography）的田野实践

在民族学学科发展历程中，马凌诺斯基（Bronislaw Malinowski）在其名著《西太平洋的航海者》中确立了本学科最重要的研究方法——田野调查——的规范，其核心在于对一个社区进行全面、深入的参与式研究。自此以后，民族学田野调查基本上承袭了这一传统，强调对一个主要的田野调查点进行透彻的民族志研究。

20世纪后半期以来，在"后现代"（postmodernity/postmodernism）思潮影响之下，反思意识渗透于民族学学科的各个领域，其中重点之一即对所谓"单一地点民族志"（single-sited ethnography）的建设性批评，其成果则是"多地点民族志"理论的提出及其实践，影响深远。

"多地点民族志"方法是乔治·马尔库斯（George Marcus）首先系统地提出来的[①]，其要旨是围绕某一研究主题，选择多个田野点做民族志研究。从逻辑上讲，民族志工作从"单一地点"向"多元地点"的拓展，有可能摆脱单一个案的局限，也使得民族学的研究对象有可能从规模较小、较为后进的小型社会拓展至规模较大、较为先进的大型社会。

在中文学术圈，就笔者所见，台湾学者王明珂较早地把"多地点民族志"理念落实在中国民族研究领域。他明确地比较了"单一地点民族志"与"多元地点民族志"的得失："此种在中文学术界俗称'蹲点'的人类学田野法则，曾让此学科对整体社会科学有很大的贡献。然而在历史人类学中此田野方法却有不足之处，或至少限制了此学科的发展。

---

① George E. Marcus, Ethnography in/of the World System: The Emergence of Multi-Sited Ethnography, in Marcus ed. *Ethnography through Thick and Thin*. Princeton: Princeton University Press. 1998.

其原因是，历史变迁的遗痕常在广大空间人群间造成'差异'；移动的多点田野才能在人群社会差异中以及社会边缘中，见着'历史'与历史变迁之迹。"① 王明珂的代表性著作《羌在汉藏之间——一个华夏边缘的历史人类学研究》突出地彰显了他的这种研究理念②。

笔者相当认同"多地点民族志"的研究理念，认为这一议题的提出表明了民族志范式的深化。同时，本课题的研究区域为武陵地区，在长期的历史发展进程中，武陵地区虽然被中央王朝视为化外蛮夷之地，但无论是就人口规模来看，还是以历史文化积淀而论，这一区域都与民族学早期的研究对象如太平洋的岛屿社会、澳大利亚的土著社区或者非洲的游牧部落有相当的差异，绝非小规模的无文字群体，堪称大规模的文明社会。因此，"单一地点民族志"的研究方法对于武陵地区的研究不免有捉襟见肘之感，而"多地点民族志"则有助于对本地区社会文化状况的深入体察。

（三）社区研究方法

民族社区是民族社会运行的基本单位，民族关系则是其中的核心要素。本研究把民族关系置于具体的社区背景之中，探讨其与民族社会发展的互动关系。

（四）比较研究

首先是武陵地区内部不同区域、不同民族的比较，分析本地区民族关系与民族认同模式的特点；其次是将本研究与已有的相关研究比较，探讨本研究可能的典型意义与学术价值。

第三节 本课题田野工作简介

民族学研究必须建立在田野工作基础之上，这是学科前辈确立的规范，更是笔者在学习民族学过程中的切实认知。本课题将田野工作作为研究的基础，投入了主要的研究力量。

---

① 王明珂：《游移于边缘、边界的田野》，《中国社会科学报》2010年10月28日。
② 王明珂：《羌在汉藏之间——一个华夏边缘的历史人类学研究》，中华书局2008年版。

一 选择田野工作点的原则

（一）区域均衡

武陵民族地区主要包括四大区域：湖北恩施土家族苗族自治州、湖南湘西土家族苗族自治州、贵州铜仁地区、重庆黔江地区，本研究在每一地区各选 5 个调查点进行较为深入的调查，根据调查点的人口规模，针对户籍人口，每一调查点发放 80—120 份问卷，由课题组成员与调查对象简要沟通以后进行问卷调查，共计完成了 2000 份问卷调查。

（二）类型均衡

首先，从民族身份的角度考量，主要选择以土家族、苗族、汉族民众为主的村寨。无论是从历史民族格局来看，还是就现实民族状况而论，土家族、苗族、汉族及其先民都是武陵地区的三大主体民族，三者之间的互动共生关系构成了本地区民族关系最主要的方面①。因此，本研究从民族的维度而言，主要聚焦于区域内土家族、苗族与汉族之间民族关系的长程历史与发展现状。

其次，从"传统—现代"的角度考量，兼顾了较为传统和较为现代两大类型：前者主要选择交通较为闭塞、经济较为落后、传统文化保存较好的调查点，后者主要选择交通较为便利、经济状况较好、社会文化迅速转型的调查点。

最后，从社会分层的角度考量，大体上兼顾了年龄、文化程度、性别以及职业等不同类别组的均衡。

（三）以农村村寨为主，兼顾城市社区

从理论上讲，要全面研究一个多民族地区的民族关系，城市社区与农村村寨是民族关系发生、运行的两大最主要的社会场域，具有同等重要的意义。但在本书中，田野调查点以农村村寨为主，兼顾城市社区，主要是基于如下考虑：

1. 在长期的历史发展进程中，以山地农耕、渔猎采集、畜牧林业为

---

① 费孝通先生在 20 世纪 90 年代到武陵地区调研时就曾注意到本地区民族结构的这个特点，他指出，在武陵地区，"从现在的格局来看，人数最多的是汉族，其次是土家族和苗族"。参见费孝通《武陵行（上）》，《瞭望周刊》1992 年第 3 期。

主的经济文化类型在武陵地区占据主导地位，农村村寨是其社会运行的基本单位，是民族关系互动发展的基本单位；同时，村寨也是民族文化展演与传承最重要的文化空间。

2. 当前，武陵地区城市化进程的步伐日渐加快，城市与城镇已经成为武陵地区现代化发展进程的关键点。但武陵地区城市化的进程还没有完成，农民仍然占绝大多数，村寨仍然是主要的聚落形态。

因此，就武陵地区民族关系格局而言，以村寨为主要调查点，切合了区域社会发展的实际，也抓住了问题的主要方面。

二　主要田野工作点简介

（一）鄂西地区

1. 来凤县舍米湖村

来凤县百福司镇与湘西龙山县、重庆市酉阳县接壤，山连水接，素有"一脚踏三省""鸡鸣叫三省"之说。舍米湖村位于百福司镇东南方向，距来凤县城55公里。

舍米湖村是一个典型的土家族村落。1957年1月15日，潘光旦先生在武陵地区进行土家族民族识别问题调研时，曾在来凤县城专门请舍米湖村的乡亲座谈，了解摆手祭祀的详细情况[①]。2008年，舍米湖村被文化部命名为"中国民间文化艺术之乡"；2009年，入选湖北省首批五个少数民族特色村寨保护与发展试点项目；2011年，被恩施土家族苗族自治州人民政府命名为首批"少数民族特色村寨"；2017年，入选第二批"中国少数民族特色村寨"。

2. 宣恩县小茅坡营村

小茅坡营村属于宣恩县高罗镇，位于该镇西偏北约15公里处。小茅坡营村是目前湖北省最典型的苗族村寨，是省内唯一还较完整地保存有苗语的村落，有"湖北第一苗寨"之称。2003年，该村被恩施土家族苗族自治州人民政府命名为首批"民族团结进步示范村"；2017年，入选为第二批"中国少数民族特色村寨"。

---

① 张祖道：《随潘光旦师川鄂"土家"行日记》，载彭振坤编《历史的记忆》，贵州民族出版社2003年版，第239—240页。

3. 咸丰县官坝苗寨

官坝村位于咸丰县高乐山镇，在当地是一个大村，共有 28 个村民小组，约 1450 户，近 5500 人，汉族占 30.3%，土家族占 38.9%，苗族占 24.2%，其余为回族、侗族等。

官坝苗寨由于鲜明的民族文化特色与优越的地理区位条件，近年来，被地方政府着力打造。该村是农业部确定的"富民工程示范村"、湖北省少数民族特色村寨保护与发展试点村；恩施州首批"民族团结进步示范村""新农村建设示范村"，也是全州 20 个民族民间文化生态保护区之一。

4. 恩施市滚龙坝村

滚龙坝村位于恩施市崔坝镇，紧邻 318 国道，离恩施城区约 60 公里，交通便利。村民以向氏为主，均为土家族，有 200 余户，900 余人。该村有丰富的民族文化资源，特别是保存有相当可观的明清时期古建筑群落。

2006 年，滚龙坝村被批准为湖北省省级文物保护单位；2007 年 6 月，经建设部、国家文物局组织评选，滚龙坝古村落获批为全国第三批"中国历史文化名村"；2012 年 12 月，住建部、文化部、财政部公布了第一批中国传统村落入选名单，滚龙坝村获此殊荣。

5. 恩施市栖凤桥社区

栖凤桥社区为恩施市舞阳坝街道办事处所辖城市社区，地处恩施市文教、商业圈的核心地带，经济社会发达，人口约 9000 人。居民民族成分主要为土家族、汉族、苗族，还有少量的侗族、回族、朝鲜族等其他民族成分居民。

(二) 湘西地区

1. 永顺县双凤村

双凤村是永顺县灵溪镇下辖的一个村落，位于县域西南境，距县城约 25 公里。

双凤村是一个典型的土家族传统村落。在当地，老百姓更习惯于把双凤村称为"爽且"，这是一个土家语地名，地方长者解释为"两只凤凰"之意，并多举地形为佐证：该村西、北两面，有双峰对峙，形如凤凰之首。目前，全村共有 100 余户，350 余人，村民多为彭姓，绝大多数为土家族，也有少量的汉族、苗族等其他民族妇女，都是外嫁而来。

双凤村具有深厚的土家族文化传统,尤以摆手祭祀、土家语遗留闻名遐迩,很早就引起学界的关注。20世纪50年代初期,潘光旦先生就土家族民族识别问题深入武陵地区调查,曾到双凤村调研,在较为全面地了解了该村传统文化体系之后,认为双凤村可以作为土家族村落的典型①。近年来,双凤村土家族文化的影响日益扩大,先后有资中筠、吴冠中、乌丙安、罗哲文、靳之林、曲六乙等国内著名学者及日韩人士来此考察,并有中央电视台、凤凰卫视、湖南卫视等知名电视台前来录制节目。该村还先后被云南大学、中南民族大学、吉首大学、湖北民族学院等高校作为民族学学科的田野调研基地。2011年,双凤村成为湖南省第九批省级文物保护单位;2014年,国家文物局公布了"中国传统村落整体保护利用项目"第一批实施名单,双凤村名列其中,得到了整体保护,获得了新的发展机遇。

2. 吉首市德夯村

从社会美誉度而言,德夯村可算是当前湘西土家族苗族自治州最著名的苗寨。2015年以来,德夯苗寨年均接待游客达到300万人次,已经成为湘西民族村寨旅游的龙头,在国内也堪称楷模。

德夯村是吉首市矮寨镇辖下的一个典型的苗族村寨,距离矮寨镇约3公里。目前,该村有152户,约580人,除了嫁入的妇女之外,绝大多数是苗族,以石、龙为大姓,还有部分施姓。

德夯不仅在自然风光上引人入胜,更出彩的地方是其民族文化。德夯苗寨具有深厚的苗族文化底蕴,近年来,更是以苗鼓文化名扬天下。笔者第一次实地考察时,印象最深的就是寨门附近的一碑石刻:整体为苗鼓形状,上书"天下鼓乡,湘西德夯"八个大字。近年来,德夯相继举办了三届鼓文化节及六届鼓王争霸大赛,影响巨大。

自20世纪90年代以来,德夯苗寨大力发展民族文化旅游产业,获得了一系列殊荣。1991年,获批为湖南省省级风景名胜区;2005年,获评为第六批国家级重点风景名胜区;2006年,被批准为国家地质公园;2013年,获评为国家4A级景区;2014年,入选第一批"中国少数民族特色村寨"。

---

① 刘孝瑜:《土家族》,民族出版社1989年版,第1—2页。

3. 龙山县捞车村

捞车村，位于龙山县苗儿滩镇。"捞车"是一个土家语地名，意为"太阳"。该村位于靛房河与洗车河交汇处。洗车河是酉水河的一条较大的支流，经该村顺流而下，到达湘西古镇里耶汇入酉水河。该村由六个自然村寨组成：捞车、算比、巴列、惹巴拉、扎朱拉、江拉，约480户，总人口1900余人，其中土家族占95%，以向、彭、田为大姓。

捞车村是一个非常典型的土家族古村落，至今仍保存着较为完整的土家族风俗，比如土家语、哭嫁、摆手、茅古斯、打溜子、咚咚奎等。该村还以建筑文化闻名，拥有近200栋传统民居，其中明清建筑70余栋、民国建筑30余栋，包括冲天楼、窨子屋、转角楼等富有民族特色的建筑样式。近年来，该村的知名度越来越大，获得了诸如"武陵土家第一寨""中国土家第一村"等美誉。

4. 花垣县蚩尤村

蚩尤村是花垣县花垣镇下辖的一个行政村，包括四个自然寨子，全村176户，706人。该村交通十分便利，紧邻国道319线与吉首到茶峒的高速公路。蚩尤村原名"拐代坡村"，"拐代"是苗语，意为"偏僻的山沟"。该村是一个纯苗村，村民中除少数嫁进的妇女外，均为苗族。村民之间通用东部苗语，传统的苗族风俗习惯还有较好的保存。

2008年，蚩尤村被评为花垣县新农村建设示范村；2012年，其被评为湖南省社会主义新农村建设示范村；2015年，其被中央精神文明建设指导委员会评为全国文明村镇。

5. 吉首市峒河社区

峒河社区为吉首市峒河街道办事处所属城市社区，处于吉首市商业、文教的核心区域，经济社会发达，人口10000余人。居民民族成分主要为土家族、苗族、汉族、侗族，还有少量的回族、彝族等其他民族成分居民。

(三) 渝东南地区

1. 秀山县金珠村

秀山土家族苗族自治县晏龙乡金珠村以苗族为主体，约占80%，也有少数的土家族、汉族等其他民族，有300余户，1500余人。

金珠村是一个典型的苗族村落，是目前重庆市唯一保留有苗语的村子，以苗语、苗歌、苗族祭祀为核心的民族文化引起社会的广泛关注，也得到政府部门的重视，近年来被作为民族特色村寨着力打造。2009年，金珠村成功申报为重庆市第二批少数民族特色试点村寨。现在，地方民众提到金珠村时，也常常称之为"民族村"。

2. 酉阳县河湾村

在酉阳土家族苗族自治县县境的东部，风光秀丽的酉水河畔坐落着一座千年古镇——后溪镇，长潭村是位于后溪镇东南方向的一个行政村，河湾是长潭村的一个自然村，为其第五村民小组，有150余户，800余人。村民以土家族为主，多为白姓。

近年来，河湾村以其突出的土家族民俗文化与良好的生态资源作为酉阳县着力打造的乡村旅游的重点。2010年，酉阳县举全县之力，将以河湾为核心的酉水河流域后溪段成功申报为"酉水河国家湿地公园"；2013年，河湾山寨被评为国家3A级景区。中央电视台、重庆电视台、重庆日报等主流媒体相继对河湾进行了专题报道，切实地提升了其知名度。

3. 彭水县罗家坨村

罗家坨村是一个苗族村寨，是彭水苗族土家族自治县鞍子镇新式村辖下的第四村民小组。该村现有村民约60户，300余人，除了5家为入赘的女婿之外，其余全部为罗姓苗族。

罗家坨村是彭水县特色较为突出的苗族村寨，最突出的是"娇阿依"文化的传承。2009年，国家民委公布了全国第一批100个少数民族特色村寨保护与发展试点村寨，该村荣列其中。

4. 石柱县八龙村

八龙村位于石柱土家族自治县冷水镇，处于重庆市与湖北省接壤地带。该村有农户约400户，人口约1300人，姓氏较为庞杂，主要有刘、曹、沈、蒋、袁、张、杨、王等姓氏。该村境内因为有保存较为完整的巴盐古道遗存，被列为重庆市民族文化建设示范村，同时以万亩莼菜基地闻名全国。

5. 黔江区水井湾社区

水井湾社区为黔江区城西街道办事处所辖城市社区，经济社会较为发达，人口7000余人。居民民族成分主要为土家族、苗族、汉族，还有少量的回族、彝族、蒙古族等其他民族成分居民。

（四）黔东北地区

1. 松桃县蓑菜村

蓑菜村位于松桃苗族自治县正大乡境内，全村约320户、1900余人，95%为苗族，以龙、吴、石为大姓。如今已颇具规模的苗王城景区就是以蓑菜村的苗王府遗址为核心打造的。2014年，该村被国家民委命名为首批"中国少数民族特色村寨"。

2. 江口县云舍村

云舍村位于江口县太平镇，已有600多年的历史，民族文化积淀深厚，至今保留着丰富多彩的土家族文化，如"赶年""过社""女儿会""傩堂戏""金钱杆""摆手舞""哭嫁歌"等。

近年来，以该村大寨、镐寨片区的成规模传统聚落为核心，各级政府给予了大力支持，打造民俗文化旅游名村。2009年该村被评为贵州省首批省级历史文化名村，2012年被批准为第一批国家级传统村落，2014年被评为第六批中国历史文化名村。

3. 德江县铁坑村

铁坑村位于德江县稳坪镇，共900余户，3600余人，土家族占90%以上，张姓为主，还有汉族、苗族、仡佬族等其他民族。德江县享有"中国傩戏之乡"的美誉，德江傩堂戏是国家级非物质文化遗产，被学界称为"中国戏剧活化石"。

铁坑村的土家傩堂戏最为有名，有所谓"中国傩戏看德江，德江傩戏看铁坑"的说法。德江傩堂戏的国家级非物质文化遗产传承人张月福即是地道的铁坑人。

4. 印江县团龙村

团龙村是佛教圣地梵净山下的一个土家族苗族聚居山村，位于印江土家族苗族自治县紫薇镇（原永义乡），人口约920人，以土家族、苗族为主，有田、冉、杨、柴、方、王等姓氏。团龙村民族文化底蕴非常深厚，至今还较好地保存着赶年、哭嫁、哭丧、花灯、山歌、傩堂戏、女儿会、摆手舞、板凳舞等多彩的民族文化，以及吊脚楼、风雨桥等传统建筑。2011年，该村成为贵州省批准的唯一一个省级"民族文化保护传承建设示范基地"；2013年，被列入第二批中国传统村落名录；2014年，成为国家民委命名的首批"中国少数民族特色村寨"。

5. 铜仁市西门社区

西门社区为铜仁市市中街道办事处所辖城市社区，位于铜仁市城市中心区域，是其政治、经济、文教、商贸中心，人口11000余人。居民民族成分主要为土家族、苗族、汉族、侗族，还有少量的回族、仡佬族、彝族等其他民族成分居民。

第一章

武陵地区的社会、人文与生态："历史冰箱"与开发热土

武陵地区主要是指今湘、鄂、渝、黔四省市毗邻区域，从少数民族聚居的角度考量，其主体部分包括鄂西的恩施土家族苗族自治州、湘西的湘西土家族苗族自治州、重庆黔江地区、贵州铜仁地区，总面积近10万平方公里，总人口2000余万，是我国内陆腹地主要的民族地区，生活着土家族、苗族、侗族、白族、瑶族、回族、蒙古族等30多个少数民族，少数民族人口约有1100万人，约占总人口的49%。

作为地理概念的武陵地区因武陵山脉而得名。武陵山脉绵延横亘于贵州、湖南、重庆、湖北四省市毗邻地区，长约450公里，大致呈东北—西南走向，属于中国地形第二阶梯与第三阶梯的过渡地带，平均海拔约1000米；主峰梵净山海拔2494米，位于贵州省印江土家族苗族自治县、江口县、松桃苗族自治县三县交界区域；最高峰是贵州江口县境内的凤凰山，海拔2572米。

民族关系的主体是不同的人们共同体，如同人们共同体的其他社会活动一样，民族关系的历史发展进程必然是在一定的社会文化结构与地理生态背景中展开的。本章主要是从社会、文化与生态三个维度对武陵地区的历史文化内涵与地理生态特征作简要分析，以期为探讨本地区民族关系的历史与现状提供一个宏观的背景。

第一节 文化富矿与"历史冰箱"

一 文化富矿

(一) 人类文明的曙光

武陵地区山水相间,海拔多在 500 米到 2000 米,气候主要属于亚热带山区类型,气候温润,所谓冬无严寒,夏无酷暑;植被茂密,降水充沛,从河谷、台地到山地,海拔升降明显,生态多样性显著,生物多样性丰富。这样的区域,就生态条件而言,是非常有利于人类文明的发祥与繁衍的。武陵地区很可能是中华文明乃至人类文明发源的一处摇篮,考古发现在相当程度上证实了这一点。

1986 年 10 月,考古工作者在四川省(今重庆市)巫山县大庙发现了早期古人类化石,"地质时代属更新世早期(距今 180 万年左右)"[①]。学界对巫山古人类化石的重大意义给予了高度评价,认为它代表了我国境内的一种新的古人类化石类型,为人类可能起源于亚洲的观点提供了新的证据。贾兰坡先生甚至认为这一成果是为我国夺得了一块金牌[②]。根据研究,巫山人的体质特征表明,其与在东非发现的更新世早期能人(Homohabilis)处于同一发展水准,可以说是在中华大地上迄今所发现的年代最为久远的人属(Homo)的代表。1995年,美国《科学新闻》发表评论指出,在龙骨坡发现的巫山人化石"将改写人类演化的理论"[③]。

建始人遗址位于今恩施土家族苗族自治州建始县高坪镇。在该镇麻扎坪村,有一个不大的山洞,因为过去洞中挖出了大量的骨头化石,老百姓称之为"龙骨洞"。1968 年,裴文中先生组织在这里进行了考古发掘,发现了两枚古人类牙齿化石,自此,高坪龙骨洞成为我国古人类学家关注的热点。此后,以中国科学院古脊椎动物与古人类研究所为主要

---

① 杨兴隆:《论巫山早期古人类化石的发现》,《四川文物》1989 年第 1 期。
② 同上。
③ 黄万波:《从巫山龙骨坡文化探索人类的起源》,《四川三峡学院学报》1999 年第 6 期。

力量的考古队伍持续对这处遗址进行了研究。1999年至2000年,研究者在此进行了两次考古发掘,发现了四枚古人类牙齿化石。研究表明,这批人牙化石距今195万—215万年,其主人属于早期直立人,学界将其命名为"建始直立人"①。

重庆市巫山县毗邻恩施州建始县,山水相连,属于同一个地理单元,都属于武陵山区。"建始直立人以及相邻的巫山人遗址,已成为我国古人类化石分布最为密集和最有连续性的地区,体现了人类活动的传承性和完整的演化过程。"② 这两处古人类文明遗址的面世在相当程度上表明,中国的武陵地区可能是人类的起源地之一。

(二) 中华文明的摇篮

1. 史前时期武陵地区文明版图的绰约身姿

(1) 旧石器文明的横空出世:长阳人的发现

如果说巫山人、建始人还处于"人猿相揖别"的过渡时期,过于洪荒邈远,学界或有异议③,那么武陵地区所发现的长阳人文化遗存则无可辩驳地证明早在中华文明草莽初开之时,本地区即已有中华民族的远古先民生息繁衍。

1957年,著名古人类学家贾兰坡先生主持了对鄂西长阳县钟家湾一个称为"龙洞"的石灰岩洞穴的发掘,出土的古人类化石包括一件不完整的上颌骨,以及一颗单独的臼齿,确认了"长阳人"的存在④。长阳人属于早期智人,据铀系法测定,其年代距今约20万年⑤。

在人类进化史上,一般认为智人(Homo Sapiens)的出现是最关键的一环,标志着从猿到人的质变。迄今为止,在我国境内确切发现的智人多为晚期智人,年代多在距今5万年左右,如著名的山顶洞

---

① 李晓林:《"建始直立人"备忘录》,《中国民族》2011年第4期。
② 同上。
③ 比如,作为"巫山人"化石的发现者,黄万波先生认定其属于直立人(详见黄万波等《巫山猿人遗址》,海洋出版社1991年版)。而著名古人类学家吴新智先生则指出:"巫山标本被有些人作为归属人属根据的那些特征大多是人和猿共具者,其中前臼齿齿根分叉则是在人类罕见,却是禄丰古猿的特征之一,前臼齿前接触面位置和跟座比例则反映猿类特征。"(见吴新智《巫山龙骨坡似人下颌属于猿类》,《人类学学报》2000年第1期)。
④ 贾兰坡:《长阳人化石及其共生的哺乳动物群》,《古脊椎动物学报》1957年第3期。
⑤ 李天元:《古人类研究》,武汉大学出版社1990年版,第279页。

人、资阳人、穿洞人、河套人等,而长阳人则属于早期智人,年代距今约 20 万年,与早期智人的公认代表、著名的尼安德特人年代相当。因此,长阳人的发现使得中国大地上人类演化的进程基本上可以形成完整的链条,为"中国古人类连续演化说"提供了至关重要、不可或缺的一环。

(2) 新石器文明的熠熠光辉:大溪文化

为了配合长江三峡水库工程建设的需要,1958 年秋由原四川省博物馆、原重庆市博物馆、四川大学历史系整合力量,组成原四川省长江三峡水库文物调查队,展开前期文物考察工作。1958 年 11 月,文物调查队在巫山县大溪镇发现了一处重要的新石器时代文化遗址。大溪遗址以其丰富的文化遗存迅即引起学界重视,此后经过数次科学发掘,文化面貌与体系逐渐明晰,正式命名为"大溪文化"①。

大溪文化距今约 6000 年,具有丰富而典型的文化内涵,如在石器制作方面,器型丰富,特别是石斧制作技艺精美;在陶器制作方面,以红陶为主,多泥条盘筑,出现慢轮整修工艺,纹饰以素面为主,圈足器发达;房屋建筑技术较为发达,甚至出现了迄今在武陵地区广泛应用的"吊脚楼"样式的雏形;丧葬习俗繁复,文化意蕴深厚②。

大溪文化的另一卓异之处在于早期刻画字符的发现,目前主要见于宜昌市杨家湾遗址的发掘成果中。杨家湾遗址中的刻画字符主要见于陶器上,集中在圈足器底部,多达 50 余种。有学者认为,这批刻画符号可能具有记数记事的功能,"很可能是我国古代文字的'始祖'"③。

大溪文化分布广泛,在江汉平原、洞庭湖平原、汉水流域以及三峡地区均有分布。武陵地区是其核心区域之一,重要文化遗存如上述大溪

---

① 林向:《三峡考古琐记》,《四川文物》2003 年第 3 期。
② 参见李文杰《大溪文化的类型和分期》,《考古学报》1986 年第 2 期;李文杰《试论大溪文化与屈家岭文化、仰韶文化的关系》,《考古》1979 年第 2 期;杨华等《三峡坝址中堡岛古遗址考古发掘及初略认识》,《三峡大学学报》(人文社会科学版) 2002 年第 4 期;白九江《解开大溪人的丧葬之谜——巫山大溪遗址》,《文物天地》2003 年第 6 期。
③ 余秀翠、王劲:《宜昌县杨家湾新石器时代遗址》,《江汉考古》1984 年第 4 期。

文化因之命名的巫山大溪遗址，鄂西清江流域的诸多遗址①，渝东南酉水流域的笔山坝遗址②，湘西泸溪浦市遗址③，等等。

2. 先秦以降武陵地区文明谱系的瓜瓞绵绵：香炉石文化、高坎垄遗址、里耶秦简

（1）早期巴文化的代表——香炉石遗址

巴人的事迹自先秦时期就见诸史籍，巴人是武陵地区先民的主体，也是当今武陵地区土家族的主源。巴人的发展脉络遍及清江、酉水流域，巴文化遗址在鄂西、湘西、渝东南有广泛分布，香炉石遗址即早期巴文化的典型代表。

香炉石遗址位于鄂西清江中游长阳土家族自治县境内，1983年首次发现，后来数次发掘，文化面貌已基本厘清。香炉石遗址出土文物内容丰富，体系完整，体现出典型的巴文化特质，具有鲜明的地域性特征，"已被研究者命名为'香炉石文化'（即早期巴文化），其时限为距今4000—3000年间，属我国青铜时代一种地域性的考古学文化"④。

（2）苗瑶先民的空谷跫音——高坎垄遗址

高坎垄遗址1984年冬发现于湘西怀化市，其中出土的一件"双头犬形陶塑"尤为引人注目，"该陶塑出自于遗址中的一座墓葬里，陶塑为红褐色，泥质，由两犬组成，两犬头背向，头与头之间成半月形，昂首，竖耳，咀微翘，形象温柔可亲，两犬身合为一体，器内空，整体塑形似器盖状"⑤。

苗瑶族系是现今武陵地区的主体民族之一，其先民可以溯及先秦时期的"盘瓠蛮"。现在，一般研究南方民族史的学者都认同盘瓠蛮之得名主要因其崇拜盘瓠（犬）图腾之故，其证据主要出自《后汉书·南蛮列

---

① 杨华：《对巴人起源于清江说若干问题的分析》，《四川文物》2001年第1期。
② 巫玉虎：《重庆酉水流域首次发现大溪文化遗址》，《中国文物报》2007年5月25日。
③ 周明阜：《湘西先秦考古文化的多元性建构探讨》，《吉首大学学报》（社会科学版）1993年第4期。
④ 王善才：《香炉石遗址与香炉石文化》，《四川文物》2001年第2期。
⑤ 舒向今：《试论怀化高坎垄新石器时代遗址出土的双头犬形陶塑》，《中南民族学院学报》（哲学社会科学版）1989年第5期。

传》所记盘瓠事迹①。盘瓠蛮以犬为图腾已成为学界共识,事实上,在作为盘瓠蛮后裔的苗瑶民族社会中也的确形成了突出的犬崇拜文化,构成了苗瑶民族显著的文化特质。

因此,舒向今认为,高坎垄遗址所出土的这尊双头犬形陶塑即为武陵地区苗瑶先民犬崇拜文化的确凿证据②,笔者深以为是。

(3) 秦代武陵地区社会史的写实——里耶秦简

湘西的龙山县,是土家族聚居的核心区域,其下辖的里耶镇则是酉水河边一个历史悠久的商旅码头,土家族也是古镇主要的土著。"里耶"本身就是一个土家语词汇,意为"耕地、开垦",稍加引申,则也有"开辟"的含义。

2002年4月,湖南省重点工程碗米坡水库动工建设,为抢救淹没区的文物资源,考古工作者进入里耶镇进行文物抢救性发掘。6月4日,在原里耶小学校园内的一口古井里发现了第一批竹简、木牍,之后陆续有出土,总量达2万余枚。研究表明,这批简牍以官方档案为主,记载详明,时间具体到某月某日。简牍内容系统而完备,涉及秦代湘西地区政治、经济、军事、文化等社会的各个层面。专家指出,里耶秦简"将改写和填补秦朝的历史,填补《史记》《汉书》中有关秦朝历史的大片空白","中国上古社会历史总体的研究,有可能得到较大的推动"③。著名学者李学勤先生更是将里耶秦简列为近年来有关古史的十大新发现之一,

---

① 《后汉书》载:"昔高辛氏有犬戎之寇,帝患其侵暴,而征伐不克。乃访募天下,有能得犬戎之将吴将军头者,赐黄金千镒,邑万家,又妻以少女。时帝有畜狗,其毛五采,名曰槃瓠。下令之后,槃瓠遂衔人头造阙下,群臣怪而诊之,乃吴将军首也。帝大喜,而计槃瓠不可妻之以女,又无封爵之道,议欲有报而未知所宜。女闻之,以为帝皇下令,不可违信,因请行。帝不得已,乃以女配槃瓠。槃瓠得女,负而走入南山,止石室中。所处险绝,人迹不至。于是女解去衣裳,为仆鉴之结,着独力之衣。帝悲思之,遣使寻求,辄遇风雨震晦,使者不得进。经三年,生子一十二人,六男六女。槃瓠死后,因自相夫妻。织绩木皮,染以草实,好五色衣服,制裁皆有尾形。其母后归,以状白帝,于是使迎致诸子。衣裳斑兰,语言侏㒧,好入山壑,不乐平旷。帝顺其意,赐以名山广泽。其后滋蔓,号曰蛮夷。外痴内黠,安土重旧。以先父有功,母帝之女,田作贾贩,无关梁符传、租税之赋。有邑君长,皆赐印绶,冠用獭皮。名渠帅曰精夫,相呼为央徒。今长沙武陵蛮是也。"见(刘宋)范晔《后汉书》,中华书局1965年标点本,第2829—2830页。

② 舒向今:《试论怀化高坎垄新石器时代遗址出土的双头犬形陶塑》,《中南民族学院学报》(哲学社会科学版)1989年第5期。

③ 明星:《发现里耶秦简》,《瞭望新闻周刊》2002年第30期。

认为它极大地在细节上丰富了我们对秦代社会的认知，"完全超乎想象"①。

里耶秦简的发现启示我们，武陵山区绝非蛮荒隔绝之地，礼失求诸野，在特定的时期，这里还可能是相对的文化中心。

（三）多元民族文化的宝库

已故著名楚学专家张正明先生曾从地理环境与文化形貌方面高屋建瓴地论述了武陵地区的独特意义。他指出，在我国长江上游与中游的交错地带，自北向南，起于大巴山，中经巫山、武陵山，一直逶迤绵延至于南岭，形成了一条文化沉积带。该区域由于多高山大河，地势险要，相对隔绝，"历史的节拍比外围地区舒缓"，保存了巨量的历史文化资源，许多已经灭绝的古代文化事象，在这里却"尚有遗踪可寻"②。显然，武陵地区正处于这一文化沉积带的中心区域。西南民族研究的前辈学者李绍明先生也卓有见识地指出，在长期的历史发展进程中，武陵地区众多民族在区域内共生共存，互通互动，交流交融，"形成既有分又有合，你中有我，我中有你的局面，这在其他地区是较为罕见的"③。

从历史民族格局来看，武陵地区自古便是众多民族共同体如古代的巴、三苗等交往交融的区域；区域内的长江及其主要支流如清江、乌江、沅江等构成了民族迁徙的黄金水道，洞庭湖平原、江汉平原乃至中原地区的各民族多由此孔道进入西南地区，事实上形成了一条连接我国中部与西部的"民族走廊"。就历史文化区而论，武陵地区处于楚文化区、巴蜀文化区、云贵文化区以及岭南文化区的结合地带，也是中原文化与西南少数民族文化交汇的锋面，多元文化在此激荡折冲，融汇共生④。武陵山区林谷俊秀，溪河清幽，多样性的生态环境造就了民族文化的多彩面相；神奇的北纬30°线穿境而过，赋予这片密境独特的文化品质。

从当前的民族结构来看，武陵地区居住着土家族、苗族、侗族、蒙

---

① 李学勤：《有关古史的十个新发现》，《大连大学学报》（社会科学版）2005年第3期。
② 张正明：《总序》，载田万振《土家族生死观绝唱——"撒尔嗬"》，中央民族大学出版社1999年版，第4—5页。
③ 李绍明：《论武陵民族区与民族走廊研究》，《湖北民族学院学报》（哲学社会科学版）2007年第3期。
④ 陈心林：《先秦至唐宋时期武陵地区民族关系简论》，《贵州民族研究》2012年第3期。

古族、白族、回族、羌族等 20 多个兄弟民族,而土家族和苗族则是本地区人口规模最大的世居民族,两者在中华民族大家庭中都以辉煌灿烂、特色独具的民族文化而著称。

土家族主要聚居在武陵地区,自称"毕兹卡",其祖源可以溯及古代的巴人。"巴"作为一个人们共同体在甲骨文中已有记载。《华阳国志》载曰:"巴师勇锐,歌舞以凌殷人。"①《后汉书》记曰:"廪君死,魂魄世为白虎。"② 千载以下,这类历史记忆仍超越时空,使人深切地感受到土家族文化的雄奇瑰丽。

清江、酉水、乌江是土家族的三条母亲河,以其为母体,形成了土家族文化的三大沉积带,三者之间既有深层的血肉关联,体现了民族文化的共性;也形成了相对独立的文化系统,反映出地域文化的个性。在土家族文化中,既具备我国西南山地民族文化体系的某些共同的文化丛,如干栏建筑、多神信仰、山地渔猎生计方式等;也形成了极富民族和地域特色的文化事项,如丧事喜办的"撒叶尔嗬"、喜事恸哭的"哭嫁"、沟通天地的"梯玛信仰"、五彩斑斓的"西兰卡普"、杀伐凌厉的"摆手"祭祀等,展示了土家族文化的缤纷绚烂。

苗族也是我国一个古老的民族,其先民三苗部落本来生息于江汉流域,其地"左彭蠡之波,右有洞庭之水,汶山在其南,而衡山在其北"③,后因与华夏集团发生了长期的战争,终为禹所败,结果,"放欢兜于崇山"④,[注,欢兜是三苗重要的一支,所谓"欢头(注,即欢兜)生苗民"⑤] 就是说三苗中的一部被放逐于湘西,进入武陵地区。这支苗族先民在以后的历史进程中被概称为"南蛮""荆蛮"。

苗族在我国西南地区有广泛的分布,武陵地区的苗族形成了鲜明而独特的文化,比如在饮食方面,喜食酸辣,好饮酒;在服饰方面,椎髻

---

① (晋)常璩撰,刘琳校注:《华阳国志校注》卷 1《巴志》,巴蜀书社 1984 年标点本,第 21 页。
② (刘宋)范晔:《后汉书》卷 86《南蛮西南夷列传》,中华书局 1965 年标点本,第 10 册,第 2840 页。
③ (西汉)刘向 集录:《战国策》卷 2《魏一·魏武侯与诸大夫浮于西河》,上海古籍出版社 1978 年标点本,第 782 页。
④ (汉)司马迁:《史记》卷 1《五帝本纪第一》,中华书局 1959 年标点本,第 28 页。
⑤ 袁珂校译:《山海经校译》,上海古籍出版社 1985 年版,第 286 页。

右衽，多着大襟无领上衣，宽脚裤，女性衣裤以栏杆花边为装饰，且以盛装银饰闻名；在宗教信仰方面，崇尚盘瓠信仰、笃信巫鬼；节日习俗丰富多样，如四月八、六月六、赶秋等。

二 "历史冰箱"

上文论及，武陵地区本身是一座民族文化的宝库，又以其处于多元文化的汇冲激荡之地，更增添了该区域文化积淀的厚度；同时，由于武陵地区在地理和生态方面的相对独立，使得在特定的历史阶段该区域处于相对隔绝的状态，历史的节拍较为舒缓，从而有可能使得自身的文化体系免受外界的滋扰与冲击，保留文化的本真状态。

张正明先生在论及武陵地区土家族文化时曾富有诗意地指出："清江流域的跳丧和酉水流域的摆手，都能使人联想到三千多年以前的牧野之战。有些地方的土家人在跳丧时，无论识学与否，都还会唱屈原所作《九歌》的《国殇》，也是其他地方都听不到的上古流韵。"[①] 让人真切地体会到武陵地区文化堂奥之深。

张良皋先生也认为，武陵地区"几乎原封不动地冷藏了难以计数的历史奥秘"，他形象地把本地区喻为"历史冰箱"[②]。

唯其如此，千载以降，我们有可能解冻历史冰箱中的社会文化元素，复原社会历史进程的场景，对相关问题进行较为深入的探讨。

第二节 避秦渊薮与开发热土

一 避秦渊薮：武陵地区的历史记忆

在中国社会文化语境中，"武陵"二字已经积淀成为一种典型的文化意象。谈及武陵，人们首先想到的便是陶渊明的名篇《桃花源记》——"晋太元中，武陵人捕鱼为业……"陶翁记桃花源中"土地平旷，屋舍俨然，有良田美池桑竹之属"，"黄发垂髫，并怡然自乐。"自兹以来，"桃

[①] 张正明：《总序》，载田万振《土家族生死观绝唱——"撒尔嗬"》，中央民族大学出版社1999年版，第5页。

[②] 张良皋：《武陵土家》，生活·读书·新知三联书店2001年版，第128页。

花源"已成为"乐土"的同义词，流芳百世，嘉惠后人①。同时，陶翁也述及此中人"先世避秦时乱，率妻子邑人来此绝境，不复出焉，遂与外人间隔。""乃不知有汉，无论魏晋。"于是，武陵地区又成为避秦渊薮，常有时空隔绝的兴味。

武陵地区之成为逋逃薮可谓由来已久，且余绪不绝。

土家族是武陵地区人数最众的世居民族，其先民为古代的巴人。《通典·州郡十三》曰："古老相传云，楚子灭巴，巴子兄弟五人流入黔中，各为一溪之长。"②虽然巴人不一定被楚人灭国，但这条记载却明确地表明巴人在楚人势力压迫之下避遁进入武陵地区的史实。上文述及，作为武陵地区另外一个主要的世居民族，苗族的先民——古代的三苗部落——也是战败而被流放至武陵地区。

此后，每逢乱离之世，武陵地区就成为流民麇集之地。如方志所载，"当清代鼎革之初，流寇李自成、张献忠倡乱，而吴三桂复继之。海内分崩，惟容美一隅可称乾净土。于是，名流缙绅者流，多避乱于此"③。容美即容美土司，位于当今恩施州鹤峰县、建始县、巴东县及其周边区域。

二 开发热土：武陵地区的当代发展

就经济社会发展状况而言，武陵地区在长期的历史发展进程之中一直处于相当边缘的地位。这主要有两方面的原因，其一，本地区山高谷深，长期以渔猎和山地农耕为主要的生产方式，经济发展水平低下；其二，本地区向来以"蛮夷"之地著称，相对于中原文明，具有显著的文

---

① 如今，"世外桃源"已成为武陵地区旅游发展的核心营销理念。比如，武陵地区西阳土家族苗族自治县成功打造的一个5A级景区，即名为"桃花源"；凤凰县也打造了古桃花源风景区；长期以来，张家界市着力打造以张家界国家森林公园为核心的武陵源风景名胜区，于1992年被联合国教科文组织列入《世界自然遗产名录》，已成为世界级的旅游景点。此种文化寻根也反映在学术研究之中，一批武陵地区的学人不辞劳苦，或以《桃花源记》为蓝本，按图索骥，或翻山越岭，实地查勘，希望能将桃花源的实际所在落实。比如谭必友《揭开近2000年的历史之谜——凤凰都吾盆地系古桃花源遗址考》[见向熙勤主编《中国湘鄂渝黔边区研究（3）》，中国财政经济出版社1999年版]，彭秀枢《〈桃花源记〉是武陵蛮生活的缩影》[《吉首大学学报》（社会科学版）1985年第1期]。

② （唐）杜佑：《通典》卷183《州郡十三·黔州》，岳麓书社1995年版，第2558页。

③ 湖北省鹤峰县《田氏族谱·卷三·世家五》，转引自段超《土家族文化史》，民族出版社2000年版，第171页。

化异质性，加之地理奇险，道路隔绝，长期以来，中央王朝惯于把本地区作为"化外""徼外"之地对待，在政治上羁縻治之。故而，武陵地区既因其自身的区位劣势导致发展落后，又因其在国家治理体系中的边缘地位导致长期被忽视，成为国家机体的"盲肠"。

这种局面在 21 世纪得到了根本的扭转。为了解决我国东、中、西部区域间发展失衡的结构性问题，我国政府在 21 世纪相继实施了两大发展战略，极大地推进了武陵地区的跨越式发展，改变了武陵地区数千年来发展滞后的被动局面。

(一) 西部大开发与武陵地区的快速发展

早在 1991 年，费孝通先生就曾深入武陵山区就区域发展问题进行过调研①。1999 年 6 月 17 日，时任国家主席江泽民同志发出了在国家层面实施西部大开发战略的伟大号召。2000 年 10 月 26 日，国务院批准颁发了《国务院关于实施西部大开发若干政策措施的通知》，我国的西部大开发战略正式启动。2010 年 7 月，中共中央、国务院印发《关于深入实施西部大开发战略的若干意见》，明确了新的十年西部大开发战略的总体要求和发展目标。

在西部大开发战略实施的初期，其政策适用范围主要包括重庆市、四川省、贵州省、云南省、西藏自治区、陕西省、甘肃省、宁夏回族自治区、青海省、新疆维吾尔自治区和内蒙古自治区、广西壮族自治区；并明确规定湖南省湘西土家族苗族自治州、湖北省恩施土家族苗族自治州、吉林省延边朝鲜族自治州在实际工作中比照有关政策措施予以照顾②。

因此，以恩施土家族苗族自治州、湘西土家族苗族自治州、重庆黔江地区以及贵州铜仁地区为主体的武陵地区在西部大开发战略实施伊始，便在涵盖范围之内，享受到特殊的发展政策支持，且因其处于东西结合部的有利地位，获得了独特的区位优势，取得了令人瞩目的发展成绩。

(二) 武陵山经济协作区的成立与武陵地区的快速发展

把武陵山区作为一个有机联系的整体，统筹推进其经济社会发展，

---

① 参见费孝通《武陵行》(上、中、下)，《瞭望周刊》1992 年第 3、4、5 期；费孝通《在湘鄂川黔毗邻地区民委协作会第四届年会上的讲话》，《北京大学学报》(哲学社会科学版) 2008 年第 5 期。

② 国务院公报《国务院关于实施西部大开发若干政策措施的通知》，国发〔2000〕33 号，2000 年 10 月 26 日。

这种设想由来已久。2004年，全国政协在深入调研的基础上，提出并制定了《关于加快武陵山民族地区经济发展的建议》，指出应打破地区行政分割，将武陵山地区设立为"少数民族经济发展综合试验区"。同年，由全国政协民宗委牵头，国务院有关部门及鄂湘黔渝四省市有关负责人，在重庆召开了第一次"武陵山民族地区经济社会发展座谈会"，就四省市加强区域经济协作开发达成了共识，并建议将本地区的协作开发作为一个完整的板块纳入国家发展总体规划①。

2009年1月26日，国务院国发〔2009〕3号文件首次明确提出："协调渝鄂湘黔四省市毗邻地区成立'武陵山经济协作区'，组织编制区域发展规划，促进经济协作和功能互补，加快老少边穷地区经济社会发展。"② 这是首次在国家层面明确提出建立武陵山经济协作区的构想。2009年10月19日，武陵山经济协作区筹建工作座谈会在重庆召开，重庆、湖北、湖南、贵州四省市的11个地市州区县讨论并签署了《武陵山经济协作区合作框架协议》。根据协议，各方将本着政策互惠、信息互通、资源共享、市场共建的原则，决定成立武陵山经济协作区，③ 标志着武陵山经济协作区建设工作正式启动。

2011年，为进一步推动武陵地区经济社会又好又快发展，由国务院扶贫办、国家发展改革委主持制定了《武陵山片区区域发展与扶贫攻坚规划（2011—2020年）》（以下简称"《规划》"），并正式印发实施。④《规划》指出："武陵山片区跨湖北、湖南、重庆、贵州四省市，集革命老区、民族地区和贫困地区于一体，是跨省交界面大、少数民族聚集多、贫困人口分布广的连片特困地区，也是重要的经济协作区。"《规划》明确了武陵山片区的范围："包括湖北、湖南、重庆、贵州四省市交界地区的71个县（市、区），其中，湖北11个县市（包括恩施土家族苗族自治州及宜昌市的秭归县、长阳土家族自治县、五峰土家族自治县等）、湖南37个县市区（包括湘西土家族苗族自治州、怀化市、张家界市及邵阳市的新邵县、邵阳县、隆回县、洞口县、绥宁县、新宁县、城步苗族自治县、

---

① 侯春灯：《试论构建武陵山经济协作区》，《探索》2011年第3期。
② 《国务院关于推进重庆市统筹城乡改革和发展的若干意见》，国发〔2009〕3号。
③ 《武陵山经济协作区为老少边穷地区发展探路》，《领导决策信息》2009年第41期。
④ 《国务院扶贫办国家发展改革委关于印发武陵山片区区域发展与扶贫攻坚规划的通知》，国开办发〔2011〕95号，2011年10月31日。

武冈市、常德市的石门县、益阳市的安化县、娄底市的新化县、涟源市、冷水江市等)、重庆市7个县区(包括黔江区、酉阳土家族自治县、秀山土家族苗族自治县、彭水苗族土家族自治县、武隆县、石柱土家族自治县、丰都县)、贵州16个县市(包括铜仁地区及遵义市的正安县、道真仡佬族苗族自治县、务川仡佬族苗族自治县、凤冈县、湄潭县、余庆县等)。"显而易见,这里所划定的武陵山片区的范围涵盖了本课题所关注的武陵地区的范围,同时,主要是着重考虑了"集中连片贫困"的因素而有所扩大。

西部大开发与武陵山片区扶贫开发都是国家层面的发展战略,前者涵盖了武陵地区的基本范围,后者更是专门针对武陵地区,两者政策支持力度很大,着眼长远,规划科学,极大地促进了武陵地区经济社会发展,使得这片长期偏处一隅的老少边穷区域成为开发的热土,其成效最突出地体现在如下两个方面。

一是武陵地区综合经济实力的显著提升。这方面可以以武陵地区四个主要的地市州——恩施州、湘西州、黔江区、铜仁市2005年与2016年国内生产总值的增长情况来说明这一点(见表1—1)。

表1—1　恩施州、湘西州、黔江区、铜仁市2005年与2016年国内生产总值简况

地区	2005年GDP总值（亿元）	2016年GDP总值（亿元）	增幅（%）
恩施州	173.00	735.70	325.26
湘西州	123.87	530.90	328.59
黔江区①	36.54	218.84	498.91
铜仁市	128.05	856.97	569.25

资料来源:《2016年恩施州国民经济和社会发展统计公报》《2005年恩施州统计年鉴》《湘西州2016年国民经济和社会发展统计公报》《湘西州2005年国民经济和社会发展统计公报》《2016年黔江区国民经济和社会发展统计公报》《黔江区2005年国民经济和社会发展统计公报》《铜仁市2016年国民经济和社会发展统计公报》《铜仁地区2005年国民经济和社会发展统计公报》。

---

① 此处的"黔江区"系指重庆直辖后设置的黔江区,与本书所专指的"黔江地区"并不一致,后者还包括石柱土家族自治县、彭水苗族土家族自治县、酉阳土家族自治县、秀山土家族苗族自治县。

上述数据清楚地表明，自 2005 年到 2016 年，武陵地区腹地四个主要的地市州的国内生产总值有了飞跃式的增长，其推进因素当然是多样而系统的，但相继实施的西部大开发战略与武陵山片区区域发展与扶贫攻坚规划作为国家层面的开发战略，针对性强，实施力度大，无疑已成为推动武陵山区经济社会全面发展的不可或缺的核心制度要素。

二是以航空、铁路、高速公路为骨架的立体交通体系基本形成，交通瓶颈基本打通。

山区发展之难，首先在于交通。在长期的历史进程中，莽莽武陵山如同胸怀博大的母亲接纳养育了各民族同胞；但在现代化的进程中，武陵山区的高山深谷又如同道道锁链束缚了各族群众前进的步伐。

在 2005 年以前，武陵地区虽有机场，但一方面机票价格昂贵，另一方面班次也少，是小众的高档选择。本地区对外交通主要依靠几条国道：国道 319 线沟通长沙市区—吉首—黔江—重庆市区一线，国道 320 线沟通铜仁—贵阳市区一线，国道 318 线沟通武汉市区—恩施一线，国道 209 线沟通恩施—吉首一线，而恩施、黔江、铜仁之间并无国道连接，只有省道、县道沟通。武陵山区的四个中心城市恩施、黔江、吉首、铜仁在各自省份都属于最偏远的地区，离省会城市的距离均在 600 公里左右。山区公路崎岖艰险，极易发生地质灾害，即使是国道也相当难行。就笔者见闻，这四个城市在所属省份大致都有"西伯利亚"或类似的戏称。

笔者自 1994 年起，就学习生活在武陵山区腹地的恩施市，对过去武陵山区交通极度不便的体会可以说是刻骨铭心。以前，笔者从恩施市出发到武汉，只能走 318 国道先到宜昌，再上汉宜高速，如果顺利的话，要 15 个小时左右，加上中间休息、吃饭，一般要一天一夜；如果不顺利，比如冬天大雪，或者夏季暴雨，则所需时间可能会翻倍。笔者记忆最深的一次，到武汉花了近 40 小时。当时，从恩施到黔江大约需要 8 小时，到吉首需要 15 小时左右，到铜仁需要 20 小时左右。笔者最深刻的感受，就是每次出山之后，不想回来；回来之后，则不想出去。

近年来，随着一批重大交通项目的完成，武陵地区的交通格局发生了巨变。

第一，高速公路网络基本完备。

2008 年 12 月 18 日，常（德）吉（首）高速正式开通。这是通向湘西土家族苗族自治州的第一条高速公路，极大地改变了湘西的交通格局。

2010年1月18日，沪渝高速（G50）公路实现全线通车，以恩施为起点，走沪渝高速6小时到武汉，4.5小时到重庆，均可当日往返。

2012年3月31日，渝湘高速建成，黔江到重庆主城只需2.5小时，黔江到吉首3小时左右，吉首到长沙大约5小时。

2015年12月31日，杭（州）瑞（丽）高速（G56）全线贯通，连通了吉首与铜仁，将原本5小时的行车时间缩短为1.5小时。此前，2012年10月28日，铜（仁）大（龙）高速公路开通，使得黔东南境内的杭瑞高速公路和沪昆高速公路（G60）联成网络。

2014年12月27日，沪蓉高速（G42）重庆至湖北宜昌段贯通，标志着G42沪蓉高速全线贯通，为鄂西又增添了一条快速通道。

2016年1月1日，恩黔高速贯通，自恩施至黔江仅需1.5小时。恩黔高速是沪渝高速公路（G50）、包茂高速公路（G65）的连接线。

2016年9月28日，恩吉高速贯通。恩吉高速亦称吉恩高速，是贯通湖北恩施与湖南吉首的省际高速公路，建成后将把湖南境内的张（家界）花（垣）高速、包（头）茂（名）高速（G65）及湖北境内的恩黔高速、沪渝高速（G50）连接起来，形成高速网络。

目前，武陵地区已经形成了以恩施、吉首、黔江、铜仁为中心，以县级城市为节点的高速公路网，与全国高速公路网无缝对接，东西南北畅通无阻，可以说已经全面步入了"高速时代"。

第二，高速铁路网络稳健发展。

在2010年之前，武陵地区腹地只有两条普通铁路。1978年12月1日，枝（城）柳（州）铁路全线贯通，连通了张家界、吉首、怀化。2007年4月18日，渝怀铁路全线客运通车，将重庆主城、黔江、铜仁、怀化连接起来，使得黔东南与渝东南连为一体。两者虽然使得本地区的交通状况大为改观，但显然已经落后于高铁时代社会发展的步伐。

2010年12月22日，宜（昌）万（州）铁路正式通车。2014年7月1日，宜万铁路正式通行动车，标志着沪汉蓉高速铁路全线贯通。2015年6月18日，沪昆高铁贵阳至新晃段正式开通运营，在铜仁市设站。高速铁路的开通标志着武陵地区正式进入了高铁时代。

而且，随着又一批重大项目的实施，区域内高铁网络将更加优化。

比如，张吉怀高铁（张家界—吉首—怀化）已进入勘探阶段，可望2016年开工建设；黔（江）张（家界）常（德）高铁已经动工，预计2022年建成，途经渝东南的黔江、恩施州的咸丰县与来凤县以及湘西州的龙山、永顺两县，经过张家界，到达常德。

高铁网络的贯通从根本上打通了武陵地区的进出通道。以笔者所生活的恩施市为例，目前，每天进出恩施站的列车达到100余趟，其中动车、高铁70余趟，基本上实现了公交化。从恩施乘车可直达武汉、重庆、成都、北京、上海、郑州、深圳、广州、杭州、厦门、南京、青岛、长沙等大中城市，到重庆只需要3小时，到武汉、成都分别为4小时、5小时。恩施，这个湖北曾经的"西伯利亚"，已经与全国的高铁网络实现了无缝对接。恩施高铁已经开通数年，但笔者每次乘坐，都或多或少有如在梦中之感，主要是因为以前出行太难，现在很方便，今昔对比太过强烈了。

第三，民航客运升级换代。

武陵地区民用航空机场主要有恩施许家坪机场、黔江武陵山机场、铜仁凤凰机场、张家界荷花机场。

恩施许家坪机场1993年11月建成交付使用，2010年扩建完成后，飞行区等级为4C，目前开通到达北京、武汉、海口、广州、西安、上海、杭州等地航线，年均发送旅客40余万人次。

黔江武陵山机场为4C级民用机场，距黔江城区4公里，2010年通航，目前开通到达北京、重庆、成都、广州、昆明、上海等地航线，近年来年均发送旅客量达到10余万人次。

铜仁凤凰机场始建于1958年，1998年改扩建后成为4C级民用机场，目前开通到达北京、贵阳、深圳、广州、昆明、上海、成都、南京、福州、宁波、南宁等地航线，近年来年均发送旅客量达到15余万人次。

张家界荷花国际机场1994年8月18日通航，得益于张家界世界旅游胜地的聚集效应，荷花国际机场发展态势良好，目前是湖南省骨干机场、武陵山区域内唯一的4D级民用机场、唯一开通国际航线的机场、唯一年发送旅客量达到百万量级的机场，可以说是武陵山区民航业的标杆。

在高速铁路和高速公路客运的良性竞争下，目前，武陵山区各民用机场越来越重视服务质量和自身竞争力的提升，航线不断增加，价格越来越亲民，乘坐飞机出行再也不是"领导"的特权，已经成为各族群众普遍的选择。

清代文人顾彩在论及康熙时期鄂西民族地区社会状况时，谓之"草昧险阻之区也"，"地广人稀，山险迷闷，入其中者，不辩东西南北"，"路极险远，多蛇虎，难行"①。前文述及，自《史记》以下，典范历史关于包括武陵地区在内的西南区域的描述大抵以"徼外""蛮夷""化外"为标签，顾彩对于鄂西民族地区的这种认识也在相当程度上承续了这种历史叙事。

时移世易，今日之武陵断非与世隔绝的蒙昧之地，经济社会发展突飞猛进；特别是随着国家发展战略向本地区的倾斜，一批重大项目持续地布局武陵地区，本地区已经成为开发的热土。以恩施市为例，诸如碧桂园、苏宁、国美、红星美凯龙、万达集团等一批全国性的企业集团纷纷进入恩施市场。走在恩施街上，必胜客、肯德基、哈根达斯、永和豆浆、阿迪达斯、耐克的招牌引人注目，各大商场、写字楼时尚堂皇，北上广深等一线城市的风尚很快就能体现在城市男女的衣着打扮上，街上路虎、宝马、凯迪拉克、奔驰之类的豪车也不会太让人惊讶。民众关心的话题也离不开国家领导人、各路明星以及房价。子女出国留学已是不少家庭认真考虑的事了。

本章小结

武陵地区首先是一个地理概念。本地区背依云贵高原，山高谷深，林壑幽奇，岩溶地貌发育，境内有乌江、清江、澧水、沅江、酉水、阿蓬江、贡水、唐崖河等河流，山河阻隔使得武陵地区自成一体，孤标天外②。武陵地区又北接江汉平原，南邻洞庭湖平原，两地都是闻名遐迩的

---

① 高润身主笔《容美纪游注释》，天津古籍出版社1991年版，第1—7页。清康熙四十二年（1703年），江南无锡文人、戏剧家顾彩受当时容美宣慰司宣慰使田舜年之请，赴容美宣慰司游历。容美宣慰司治域与今恩施土家族苗族自治州辖地大致相当。顾彩在容美之地交游长达五月有余，与容美土司上层唱和频繁，与下层民众也有深入交往，按照民族学的学科理念，可以说是进行了一次深入的田野调查。顾彩返程之后，根据亲身经历，写成《容美纪游》一书，对当时鄂西民族地区社会、经济、文化状况有细致、系统的记叙，具有珍贵的民族学学科价值。

② 抗战时期，日寇气焰嚣张，自北而南横行无忌，武汉会战之后，更欲进犯西南，觊觎重庆；但倭寇纵使穷凶极恶，孤注一掷，占领宜昌以后，却被阻滞于鄂西长阳一线，始终无法逾越，故而西南不致倾覆，陪都无恙。这当然首要地应在于中国人民的上下用命，浴血奋战，但客观而言，以鄂西为前沿的武陵地区，山川奇险，实为天设屏障，不可忽视。

鱼米之乡，文明昌盛之区；区域间的族际往来，平原农业文明体系与山地农耕渔猎畜牧复合文化系统之间的交流、交融应是势所难免，不可阻隔。故而，武陵地区又绝非与世隔绝。

　　武陵地区其次是一个具有深厚历史文化内涵的历史区域概念。"武陵"之名得自于西汉初年"武陵郡"的设置。本地区战国时属楚地，秦时设为黔中郡，汉初改设为武陵郡。《汉书·地理志》载："武陵郡，高帝置。"① 据考证，以现今的地理区域论，"汉武陵郡地囊括了北起清江，南达巫、渠二水，东接洞庭，西包乌江中游的广大地区"②。实则与今日通常所指的"武陵地区"基本一致。

　　从历史上形成的民族格局与文化区域来看，本地区自古便是多种民族、多元文化共生共存、交流交融的地带，形成了鲜明的文化特质与区位特点；就学术积淀而言，自20世纪30年代凌纯声、芮逸夫二位先生关于湘西苗族的专题研究，到20世纪50年代潘光旦先生对土家族的研究，再到20世纪90年代费孝通先生关于武陵地区现代化发展问题的探讨，可以说，本地区虽僻处大荒，但一直是中国民族学研究的中心。因此，武陵地区堪称我国民族学研究具有学科意义的田野基地。

　　就地理区域而言，武陵地区属于我国西南地区。自先秦以降，文献中关于西南地区的记载就以民族状况的复杂著称：民族种类多样繁杂、此消彼长，民族文化多姿多彩、奇瑰陆离，民族关系杂糅共生、变动不居③。从历史民族志的角度考量，西南地区的材料是最为丰富的，也最为学界所看重。近年来，台湾"中研院"历史语言研究所王明珂研究员以西南民族研究名重学界，从历史人类学的视角出发对西南地区民族关系

---

　　① （汉）班固：《汉书》卷28《地理志第八上》，中华书局1962年标点本，第1594页。
　　② 张雄：《汉魏以来"武陵五溪蛮"的活动地域及民族成分述考》，《中南民族学院学报》（哲学社会科学版）1985年第1期。
　　③ 其最典型者当如《史记·西南夷列传》所记："西南夷君长以什数，夜郎最大；其西靡莫之属以什数，滇最大；自滇以北君长以什数，邛都最大：此皆魋结，耕田，有邑聚。其外西自同师以东，北至楪榆，名为嶲、昆明，皆编发，随畜迁徙，毋常处，毋君长，地方可数千里。自嶲以东北，君长以什数，徙、筰都最大；自筰以东北，君长以什数，冄駹最大。其俗或土著（著），或移徙，在蜀之西。自冄駹以东北，君长以什数，白马最大，皆氐类也。此皆巴蜀西南外蛮夷也。"见（汉）司马迁《史记》卷116《西南夷列传第五十六》，中华书局1959年标点本，第2991页。

与民族格局的研究在大陆学术界引起了广泛关注,每多发覆之见。他深有见地地指出,自20世纪上半叶以来,我国早期致力于边疆民族研究的学者多以西南地区为主要研究对象,在相当程度上"显示本地民族状态远较其他边疆地区复杂"。即使在新中国民族识别工作完成之后,仍有西方学者基于族群理论的立场对我国西南的民族识别提出异议,而西南地区个别民族内部的某些群体间或也有重新识别的诉求①。凡此种种,均反映出包括武陵地区在内的西南地区民族状况的复杂性与相关研究的重要意义。

在数千年中华文明的发展历程之中,虽然武陵地区并非与世隔绝,但本地区山重水复,险峻异常,地理阻隔客观上使得武陵地区一直偏居西南一隅,历史社会的律动节奏缓慢不迫。

斗转星移,时移世易。进入21世纪以来,随着国家西部大开发战略的实施,特别是《武陵山片区区域发展与扶贫攻坚规划(2011—2020年)》的正式实施,武陵地区获得了前所未有的发展机遇,真正实现了跨越式发展。近年来,随着区域内高速公路、铁路与航空网络的基本建成,武陵地区以空前的广度与深度融入国内乃至国际市场,其发展真可谓日新月异。

综上所论,若从法国年鉴学派所特别重视的"长时段"历史的视角出发对武陵地区的社会、人文与生态进行整体的概括,笔者认为,就历史文化层面而言,武陵地区蕴藏着巨量的文化宝藏,堪称文化富矿,为本地区的现代化进程提供了不可或缺的内生性的文化根基;它又恰如一个巨型的"历史冰箱",保存着诸多社会历史的本真形貌,成为解读武陵文化乃至中华文明诸多关键问题的不二法门。就现实的经济社会发展来看,武陵地区又是开发的热土,其变化翻天覆地,其发展日新月异。

---

① 王明珂:《由族群到民族:中国西南历史经验》,《西南民族大学学报》(人文社会科学版)2007年第11期。

第 二 章

武陵地区民族关系发展的历史进程[①]

武陵地区不仅在地理生态上因同属武陵山区而山水相连,枯荣与共,成为一个天然的整体;在长期的历史发展进程之中,其社会历史互嵌共生,息息相通,也形成了相当密切的联系。

在导论部分,笔者曾论及,综观学界关于武陵地区民族关系研究的已有成果,其中一个有待改进的方面即在于相关研究受现有行政区划格局的影响,惯于把武陵地区分为湘西、鄂西、渝东南、黔东北四个区域来考察,在一定程度上割裂了武陵地区在地理生态方面的天然联系,及其在社会历史方面的内在逻辑。

本章把武陵地区作为一个有机联系的整体,力图从纵向的维度对该区域民族关系的历史发展进程作简要的论述,以期为武陵地区当前民族关系的研究提供一个宏观的历史分析框架。

需要说明的是,尽管按照当前我国的民族分类体系,中华民族是由56个民族构成的,各民族之间的边界是基本清晰的[②],但在中华民族发展史上,各民族之间的交往交流交融是主流,民族之间的边界又是相对模糊甚至变动不居的。就武陵地区而言,自秦汉以来,史籍常以"蛮夷"概称本地区的各民族群体,各民族在其发展历程中也是杂糅共生,绝非

---

① 本章部分内容已经作为课题研究前期成果公开发表。参见冯惠玲、陈心林《国族建构与民族认同的博弈及互惠——民国时期武陵地区民族关系刍论》,《江西社会科学》2017年第2期;陈心林《元明清时期武陵地区民族关系简论》,《湖北民族学院学报》(哲学社会科学版)2013年第4期;陈心林《先秦至唐宋时期武陵地区民族关系简论》,《贵州民族研究》2012年第3期。

② 最显著的边界应是用法律和制度来确认并固化公民的民族身份,比如在身份证上标明民族成分。

泾渭分明的单线独立式发展，而常常是纠结如丝麻的。这虽然使得在考据源流时常常使人有云山雾罩之感，但反映了中华民族共同体发展的实际。

因此，本章在探讨武陵地区民族关系发展的历史进程时，主要是通过对相关文献的梳理，尽可能地厘清本地区主体民族发展的脉络及其互动关系，绝不以今律古，削足适履。

第一节　先秦时期武陵地区民族关系的发展

先秦时期，武陵地区就已是诸多民族竞相逐鹿的热土。当时的两大霸主楚国和秦国在此争斗，拓殖，濮、越、庸、罗、麇等诸多民族在其间博弈发展。若以对武陵地区民族格局历史发展进程的影响而论，则廪君巴人、三苗民族、盘瓠蛮夷是其中最主要的民族群体，本节即以三者为重点作简要论述。

一　"廪君"巴人在武陵地区的发展

巴人是我国一个古老的民族，在中华文明发展的早期，就以喷薄之势活跃在华夏大地上。夏禹"会诸侯于会稽，执玉帛者万国，巴、蜀往焉"①。及至商代，巴人的势力已经不容小觑，以致能与商人抗衡，遭到其讨伐，甲骨文中已有关于商伐"巴方"的记载②。商周鼎革，巴人更是直接参与其事，武功卓著，史载"周武王伐纣，实得巴、蜀之师。著乎《尚书》。巴师勇锐，歌舞以凌殷人，前徒倒戈"③。

巴人又是一个分布广泛的民族，种系繁多，从早期的文献记载来看，其在鄂陕交界的汉水流域、鄂西的清江流域以及川东等地都有分布④。繁

---

① （晋）常璩撰，刘琳校注：《华阳国志校注》卷1《巴志》，巴蜀书社1984年标点本，第21页。

② 如"壬申卜，争，贞令妇好其从沚馘伐巴方"。见胡厚宜主编《甲骨文合集释文·06479正》，中国社会科学出版社1999年版。

③ （晋）常璩撰，刘琳校注：《华阳国志校注》卷1《巴志》，巴蜀书社1984年标点本，第21页。

④ 田敏：《廪君为巴人始祖质疑》，《民族研究》1996年第1期。

衍于武陵地区的巴人实为其中的一个支系——"廪君"巴人，也是今天武陵地区人口最众的少数民族——土家族——的主源。廪君巴人之得名源自《后汉书》中的一段记载：

> 巴郡南郡蛮，本有五姓：巴氏、樊氏、瞫氏、相氏、郑氏。皆出于武落钟离山。其山有赤黑二穴，巴氏之子生于赤穴，四姓之子皆生黑穴。未有君长，俱事鬼神，乃共掷剑于石穴，约能中者，奉以为君。巴氏子务相乃独中之，众皆叹。又命各乘土船，约能浮者，当以为君。余姓悉沉，唯务相独浮。因共立之，是为廪君。乃乘土船，从夷水至盐阳。……廪君于是君乎夷城。①

夷水即今鄂西之清江②。夷城、盐阳两地具体所在，虽难以落实，但均应沿今鄂西清江分布则无疑义。武落钟离山一般皆认为在今长阳土家族自治县境内③。因此，上述记载或许神异，但透过如顾颉刚先生所谓之"层累"造成的历史叙事，它的确揭示了廪君巴人发祥于清江流域的事实。

商末，巴人因参与伐纣有功，"武王既克殷，以其宗姬封于巴，爵之以子"④，可知巴地已为周王朝的属国。至春秋战国时期，巴国势力不断壮大，一度称王，如史籍所载："及七国称王，巴亦称王。"⑤ 且一度与

---

① （刘宋）范晔：《后汉书》卷86《列传第七十六·南蛮西南夷》，中华书局1965年标点本，第2840页。

② 《水经注·卷三十七·夷水》载："夷水，即狼山（按，即佷山）清江也。水色清照十丈，分沙。蜀人见其澄清，因名清江也。昔廪君浮土舟于夷水，据捍关而王巴。"参见王国维《王国维全集》第13卷《水经注校下》，浙江教育出版社2009年版，第498页。

③ 《水经注》卷37《夷水》载：夷水"东径难留城南，城即山也，独立峻绝。……东北面又有石室，可容数百人，每乱，民人室避贼，无可攻理，因名难留城。昔巴蛮有五姓，未有君长，俱事鬼神，乃共掷剑于石穴，约能中者，举以为君。巴氏子务相乃中之"（王国维：《王国维全集》第13卷《水经注校下》，浙江教育出版社2009年版，第499页）。《太平寰宇记》卷147《峡州》记载："武落钟山，一名难留山，在县（按，即今长阳县）西北七十八里，本廪君所出处也。"［（宋）乐史：《太平寰宇记》，中华书局2007年标点本，第2864页］

④ （晋）常璩撰，刘琳校注：《华阳国志校注》卷1《巴志》，巴蜀书社1984年标点本，第21页。

⑤ 同上书，第31页。

秦、楚结成军事同盟，拓殖疆土①；甚而有以下克上、讨伐楚人的壮举②。然而，巴国毕竟国力有所不逮，在强秦暴楚的压迫之下，势力范围不断从汉水流域经清江、三峡向武陵山区退缩，继而向西南地区滋蔓③，与古代蜀人交错杂糅，后世常以巴、蜀并举④，流俗至今。

先秦时期，巴国主要是在当时两大霸主楚、秦之间博弈，巴楚、巴秦关系构成了巴人民族关系的两个主要方面。

（一）巴楚关系

巴楚之间在政治、文化方面有着非常密切的交往。

在政治方面，楚国为南方霸主，巴国多数情况下只能臣服于楚。据史书记载，当时巴国希望与邓国结好，却必须先告知楚国，得到其许可，并由楚国引荐方可⑤。表明了巴国对于楚国的从属地位。当然，这种从属地位有时也意味着同盟关系。比如，据《华阳国志》记载，当"周之季世，巴国有乱"，巴国将军蔓子请求楚国出师相助，在巴蔓子以三座城池许于楚国的条件下，"楚王救巴"。虽然最后蔓子为保全巴国城池，自刎以谢楚王，但诚如蔓子所言，巴国"藉楚之灵，克弭祸乱"，则是实情⑥。

巴楚既相互毗邻，则民族交往交融势在必行，这突出地表现在两国高层及民间的联姻方面。《华阳国志》记载："战国时，（巴）尝与楚婚。"⑦ 据《左传》所载，楚共王娶有巴姬，当楚共王欲从五个儿子当中

---

① 史载："鲁文公十六年，巴与秦、楚共灭庸。"见（晋）常璩撰，刘琳校注《华阳国志校注》卷1《巴志》，巴蜀书社1984年标点本，第31页。

② 史载："哀公十八年，巴人伐楚"。（晋）常璩撰，刘琳校注：《华阳国志校注》卷1《巴志》，巴蜀书社1984年标点本，第31页。

③ 至晋代，常璩撰《华阳国志》称巴国地域"东至鱼复，西至僰道，北接汉中，南极黔、涪"，就是说巴国疆域大抵包括今武陵山区以及三峡、嘉陵江、涪江区域，而不见汉水流域的记载。见（晋）常璩撰，刘琳校注《华阳国志校注》卷1《巴志》，巴蜀书社1984年标点本，第25页。

④ 比如，《华阳国志》载曰"周武王伐纣，实得巴、蜀之师"（第21页），"巴有将，蜀有相"（第90页）。见（晋）常璩撰，刘琳校注《华阳国志校注》卷1《巴志》，巴蜀书社1984年标点本。

⑤ 史载："巴子使韩服告于楚，请与邓为好，楚子使道朔将巴客以聘于邓。"见（清）洪亮吉撰，李解民点校《春秋左传诂》卷5《传·桓公九年》，中华书局1987年标点本，第222页。

⑥ （晋）常璩撰，刘琳校注：《华阳国志校注》，巴蜀书社1984年标点本，第32页。

⑦ 同上。

选择继位者时，巴姬直接参与其事①。巴国王室为姬姓②，巴姬就是巴国嫁到楚国的宗室之女③。这充分说明巴楚上层之间存在婚姻之好，且对楚国国政有重要影响。张正明先生也指出，巴楚公室之间的联姻早在西周与东周之交就已经开始④。不仅如此，根据相关研究成果，巴楚之间的联姻在民间也有相当规模的开展，甚至"民族间的联姻通婚"已成为巴楚文化的主要特征之一⑤。

巴楚之间在文化方面也有广泛而深入的交流。比如，在著名的赋体作品《对楚王问》中，楚国文学家宋玉写道，当有人在楚国的都城中唱起巴地民间的乐章时，"属而和者数千人"⑥。可见巴楚两地民众之间文化交流的普遍性。近20年来，武陵地区的民族考古发掘与研究有了相当的发展，巴楚之间的文化交流也得到了考古材料的印证。比如，在原楚国故都纪南城附近的荆南寺遗址中，其文化形态中显著地存在巴文化的因素⑦。原恩施州博物馆馆长邓辉研究员也指出："战国时期，巴楚之间的文化，从考古发现中，在湘西北、川东、鄂西南、三峡地区，都可以看到巴楚文化同处一地，互相影响的实例。……他们的文化习俗里、文化氛围中，有更多的东西是互通的。"⑧

作为两个相邻的国家，巴楚之间除了政治、文化上的合作与交流，

---

① 史载："共王无冢嫡，有宠子五人，无适立焉。乃大有事于群望，而祈曰请神择于五人者，使主社稷。乃遍以璧见于群望，曰：'当璧而拜者，神所立也，谁敢违之？'既乃与巴姬密埋璧于大室之庭，使五人齐，而长入拜。"见（清）洪亮吉撰，李解民点校《春秋左传诂》卷16《传·昭公十三年》，中华书局1987年标点本，第708页。

② 《华阳国志》记载："武王既克殷，以其宗姬封于巴"（第21页），"巴国远世则黄、炎之支封，在周则宗姬之戚亲"（第101页），证明巴国为姬姓。见（晋）常璩撰，刘琳校注《华阳国志校注》卷1《巴志》，巴蜀书社1984年标点本。

③ 《史记·周本纪》索隐云："礼妇人称国及姓。"依此制度，则可推知"巴姬"一词中巴为国名，姬为国姓，巴姬即姬姓巴国嫁予楚国的宗室之女。见（汉）司马迁《史记》卷117《司马相如列传第五十七》，中华书局1959年标点本，第147页。

④ 萧洪恩主编：《巴文化研究》，北京出版社2002年版，第158页。

⑤ 彭万廷：《三峡宜昌地带的巴楚文化》，《光明日报》1994年12月19日。

⑥ 原文为："客有歌于郢中者，其始曰下里巴人，国中属而和者数千人。"见（清）严可均校辑《全上古三代秦汉三国六朝文（一）》，中华书局1958年标点本，第78页。

⑦ 何驽等：《湖北荆南寺遗址陶器中子活化技术与文化因素综合分析》，《考古》1999年第10期。

⑧ 邓辉：《土家族区域的考古文化》，中央民族大学出版社1999年版，第178页。

更本质的还是两个政治实体之间的争斗与竞争。因为整体上的楚强而巴弱，其结果便是巴人在楚国势力威压之下不断地向武陵山区退缩。前引《后汉书》所载廪君系巴人"从夷水至盐阳"的事迹已经反映了廪君巴人由今日的长阳沿清江向恩施迁徙的西迁历程。其后，廪君巴人以峡江、清江、乌江、酉水、溇水及其支流忠建河、唐崖河、洗车河等天然水道为迁徙走廊，以鄂西南为依托，四散地向渝东南、湘西北和黔东北地区扩展。《十道志》云："楚子灭巴，巴子兄弟五人，流入黔中。汉有天下，名曰酉、辰、巫、武、沅等五溪，为一溪之长，故号五溪。"① 虽然历史研究表明巴并非为楚灭国，但这条记载却确凿地反映了巴人在楚人压迫之下，流亡四散，散布于整个武陵地区的史实②。

（二）巴秦关系

战国时期，秦楚争霸，表现之一即在巴地的反复争夺，最后巴为秦所灭。公元前361年，"楚自汉中，南有巴、黔中"③。继而"秦击夺楚巴、黔中郡"④。而最终，巴国灭亡的直接原因实则竟因自身的引狼入室。史载周慎靓王五年（公元前316年），"蜀王伐苴侯，苴侯奔巴，巴为求救于秦。秦惠王遣张仪、司马错救苴、巴，遂伐蜀，灭之。仪贪巴、苴之富，因取巴，执王以归，置巴、蜀及汉中郡，分其地为三十一县"⑤。秦灭巴以后，在巴地实行羁縻之治，或以夷治夷，如史载"及秦惠王并巴中，以巴氏为蛮夷君长"⑥；或在租赋、律法方面予以宽待，如对板楯

---

① （宋）李昉等：《太平御览》卷171《州郡部十七·辰州》，中华书局1960年标点本，第835页。

② 前文述及，今日武陵地区以其历史建制而言，秦时设为黔中郡，汉初改设为武陵郡。《水经注·卷三十七·沅水》云："武陵有五溪，谓雄溪、樠溪、无溪、酉溪，辰溪其一焉。夹溪悉是蛮左右所居，故谓此蛮五溪蛮也。"（参见王国维《王国维全集》卷13《水经注校下》，浙江教育出版社2009年版，第509页）所谓"五溪"地区，实则也是指今武陵地区中以湘西北沅水中上游为中心、溪河密布的区域。

③ （汉）司马迁：《史记》卷5《秦本纪第五》，中华书局1959年标点本，第202页。

④ （汉）司马迁：《史记》卷116《西南夷列传第五十六》，中华书局1959年标点本，第2993页。

⑤ （晋）常璩撰，刘琳校注：《华阳国志校注》卷1《巴志》，巴蜀书社1984年标点本，第32—33页。

⑥ （刘宋）范晔：《后汉书》卷86《列传第七十六·南蛮西南夷》，中华书局1965年标点本，第2841页。

蛮,"刻石盟要,复夷人顷田不租,十妻不筭,伤人者论,杀人者得以倓钱赎死。盟曰:'秦犯夷,输黄龙一双;夷犯秦,输清酒一钟'。夷人安之"①。这些政策对于加强巴地与内地的联系,促进巴人与华夏族的交融无疑具有相当的推动作用。

此后,"巴"作为一个民族的称谓在史书中已较为鲜见,而代之以诸"蛮"的名称,如廪君蛮、板楯蛮、武陵蛮等;或名之为"某某人",如賨人、蜑人等,大抵都是巴人后裔。

二 三苗民族在武陵地区的繁衍

大致与尧舜禹三代在黄河流域拓殖同一时期,在长江中下游流域活跃着"三苗"部落集团。"三苗"又称"有苗"或"苗"。三苗部落分布广泛,其地域四至为:"左彭蠡之波,右有洞庭之水,汶山在其南,而衡山在其北。"② 现在,学界已达成共识,三苗之"三"并非确数,而是概指,言其多也;三苗实际上是一个包括众多支系的民族集团③。

就已有材料来看,史籍提及三苗,多言其作乱、不驯。《尚书·大禹谟第三》云:"有苗弗率","苗民逆命。"《尚书·周书·吕刑》孔颖达"疏"曰:"三苗复九黎之恶,是异世同恶。"《尚书·周书·吕刑》卷19孔安国"注"云:"三苗之君,习蚩尤之恶。"《左传·文公十八年》卷14则将三苗贴上"凶族"的标签。这表明从华夏民族集团立场来看,三苗是异己的、邪恶的,是打击的对象。事实上,三苗也的确与华夏集团长期争斗,历经尧舜禹三代而无休止④。甚而舜帝"南征三苗,道死苍梧"⑤。舜帝征苗而亡固然不一定为事实,但这无疑反映了相关战争的激

---

① (刘宋)范晔:《后汉书》卷86《列传第七十六·南蛮西南夷》,中华书局1965年标点本,第2842页。
② (西汉)刘向集录:《战国策》卷22《魏一·魏武侯与诸大夫浮于西河》,上海古籍出版社1978年标点本,第782页。
③ 事实上,我国的苗族现在也是支系庞杂,分布广泛,其民族内部语言、服饰、习俗的差异较为显著。
④ 《尚书·大禹谟》卷四孔颖达"疏"云:"尧初诛三苗","舜即位之后,往徙三苗也","禹率众征之,犹尚逆命",可知三苗与华夏集团的战争贯穿尧舜禹三代。参见《十三经注疏》整理委员会整理《十三经注疏·尚书正义》,北京大学出版社1999年版,第98页。
⑤ 顾迁译注:《淮南子》卷19《脩务传》,中华书局2009年版,第263页。

烈。争斗的结果是三苗败绩，如史籍所载："苗师大乱，后乃遂几"①，"三苗之亡，五谷变种，鬼哭于郊。"②

最终，三苗民众或被华夏同化，或被迁徙流放。其中的欢兜支系则被流放到崇山③。崇山所在，一般认为在今湘西。根据相关研究，现在湘西的张家界市、泸溪县、花垣县等地的苗族聚居区尚有崇山、欢兜冢、欢兜庙等相关遗址；湘西苗族中的石姓有大小之分，其中苗语把大石直呼为"欢兜"④。这些民俗材料正可与史料互证。

自此，欢兜支系苗民以湘西为基础，逐渐向武陵地区滋蔓，成为今日苗瑶民族先民的主源。

三　盘瓠蛮夷在武陵地区的生息

20世纪40年代，日寇气焰嚣张，穷凶极恶，锋芒不断南侵。包括武陵山区在内的西南山区成为拱卫陪都重庆的战略缓冲区，大批文教界人士随之撤往西南地区，其中有一位名为陆次云的文化人流寓至湘西泸溪县，写有《五溪杂咏》一首，很好地描绘了当地多样的民族文化面貌：

　　祖每尊盘瓠，祠皆祀伏波。峒氏参汉俗，溪女唱苗歌。⑤

诗中所提及的"盘瓠"，即《后汉书》中所记之"槃瓠"蛮夷。槃瓠本为帝高辛氏的畜狗，高辛氏征伐犬戎吴将军不克，于是约定能得犬戎吴将军头者，重赏，且"妻以少女"。后"槃瓠遂衔人头造阙下"，"帝不得已，乃以女配槃瓠"。槃瓠与高辛氏之女结为夫妻，"其后滋蔓，号曰

---

① 司马哲编著：《墨子》，中国长安出版社2008年版，第101页。
② 黄晖：《论衡校释》附编1《论衡佚文》，中华书局1990年版，第1215页。
③ 史载："三苗在江淮、荆州数为乱"，"放欢兜于崇山"。[见（汉）司马迁《史记》卷1《五帝本纪第一》，中华书局1959年标点本，第28页] 欢兜是三苗重要的一支，所谓"欢头（按，即欢兜）生苗民"（见袁珂校译《山海经校译》，上海古籍出版社1985年版，第286页）。
④ 游俊、李汉林：《湖南少数民族史》，民族出版社2001年版，第48页。
⑤ 中华平民教育促进会驻泸办事处编：《在泸溪》（油印本），中华平民教育促进会驻泸办事处，民国二十八（1939）年，第50页。

蛮夷"①。

　　后世文献中"槃瓠"多写作"盘瓠"。据南方民族史专家吴永章先生考证："盘瓠的神话传说，秦和西汉时期尚未见。自东汉以后，历代正史、志异小说、笔记中多有涉及"，相关记载虽不免"自圆其说"，但盘瓠传说有其真实性，可以透过它"来探求其时南方盘瓠系统民族的社会生活、图腾遗习、民族起源等问题，并把它作为研究原始民族和上古史的不可多得的珍贵历史资料"②。可为佐证的是，在向以考订精严著称的《水经注》中，郦道元言之凿凿地指出："有武溪，源出武山，与酉阳分山。水源石上有盘瓠迹犹存矣。"③

　　盘瓠蛮夷广泛分布于中南地区，是苗瑶畲民族的主要先民。就武陵地区而言，本区域内的苗族则是其直接的后裔，如《后汉书》所云，盘瓠后裔"今长沙武陵蛮是也"④。其他相关记载也所载多有，如《蛮书》记载："黔、泾、巴、夏四邑苗众，……祖乃盘瓠之后。"⑤《宋史》云："西南溪峒诸蛮皆盘瓠种"。⑥《晋纪》载曰："武陵、长沙、庐江郡夷，盘瓠之后也。杂处五溪之内。……糅杂鱼肉，叩槽而号，以祭盘瓠。俗

---

①　《后汉书》记载："昔高辛氏有犬戎之寇，帝患其侵暴，而征伐不克。乃访募天下，有能得犬戎之将吴将军头者，赐黄金千镒，邑万家，又妻以少女。时帝有畜狗，其毛五采，名曰槃瓠。下令之后，槃瓠遂衔人头造阙下，群臣怪而诊之，乃吴将军首也。帝大喜，而计槃瓠不可妻之以女，又无封爵之道，议欲有报而未知所宜。女闻之，以为帝皇下令，不可违信，因请行。帝不得已，乃以女配槃瓠。槃瓠得女，负而走入南山，止石室中。所处险绝，人迹不至。于是女解去衣裳，为仆鉴之结，着独力之衣。帝悲思之，遣使寻求，辄遇风雨震晦，使者不得进。经三年，生子一十二人，六男六女。槃瓠死后，因自相夫妻。织绩木皮，染以草实，好五色衣服。制裁皆有尾形。其母后归，以状白帝，于是使迎致诸子。衣裳斑兰，语言侏离，好入山壑，不乐平旷。帝顺其意，赐以名山广泽。其后滋蔓，号曰蛮夷。外痴内黠，安土重旧。以先父有功，母帝之女，田作贾贩，无关梁符传、租税之赋。有邑君长，皆赐印绶，冠用獭皮。名渠帅曰精夫，相呼为央徒。今长沙武陵蛮是也。"见（刘宋）范晔撰，（唐）李贤等注《后汉书》卷86《列传第七十六·南蛮西南夷》，中华书局1965年标点本，第2829—2830页。
②　吴永章：《瑶族史》，四川民族出版社1993年版，第11—16页。
③　王国维：《王国维全集》卷13《水经注校下》，浙江教育出版社2009年版，第509页。
④　（刘宋）范晔撰，（唐）李贤等注：《后汉书》卷86《列传第七十六·南蛮西南夷》，中华书局1965年标点本，第2830页。
⑤　（唐）樊绰撰，向达校注：《蛮书校注》卷10《南蛮疆界接连诸蕃夷国名第十》，中华书局1962年标点本，第254页。
⑥　（元）脱脱等撰：《宋史》卷493《列传第二百五十二·蛮夷一·西南溪峒诸蛮上》，中华书局1977年标点本，第14171页。

称'赤髀横裙',即其子孙。"①

据学者调查,在现今武陵地区的花垣、凤凰、吉首、泸溪、麻阳等苗族聚居的区域,世代流传着名为《奶夔爸苟》的古歌和传说,即主要内容为"公主母""犬父"的故事②。就笔者调查所见,至今在湘西苗族聚居的区域还有不少关于盘瓠的文化遗迹,比如在泸溪县就有数处盘古岩、辛女岩、辛女溪等类似的地名,县城里面有"辛女宾馆";麻阳县锦河两岸还有不少的"盘瓠庙"遗址等等。这些都曲折地反映了盘瓠传说这种穿越时空的历史记忆。

第二节 秦汉至隋时期武陵地区民族关系的发展

公元前221年,秦王嬴政称帝。秦朝的统一天下标志着中国进入大一统时代,其建立的中央集权的专制主义制度奠定了中国2000余年封建政治制度的基本格局。在两汉近400年的大一统时期,"华夏"群体与其他民族进一步交融互动,形成了汉族这一稳定的人们共同体。秦汉时期中央王朝对武陵地区的治理进一步强化,推动了本地区民族关系的发展。

秦汉俱为大一统的王朝,开疆拓土,无远弗届,对于民族问题十分重视,在民族观念方面,整体上而言秉持"天下一家"的理念,不过于强调夷夏之防。诚如《淮南子·俶真训》所言:"夫天之所覆,地之所载,六合所包,阴阳所晌,雨露所濡,道德所扶,此皆生一父母而阅一和也……是故自其异者视之,肝胆胡越;自其同者视之,万物一圈也。"③秦汉王朝在民族治理理念方面也有共通之处,总体上是采取羁縻怀柔之策,诚如学者所言:"秦汉时期以中原王朝为本位的民族文化观念两大思潮基本形成,或鼓吹'夷夏之防';或提倡'夷夏一体'、'王者无外',

---

① (刘宋)范晔撰,(唐)李贤等注:《后汉书》卷86《列传第七十六·南蛮西南夷》,中华书局1965年标点本,第2830页。
② 伍新福:《湖南民族关系史》(上卷),民族出版社2006年版,第93页。
③ 《诸子集成》,浙江古籍出版社1999年版,第1040页。

而以后者占主导地位。"①

三国两晋南北朝时期战乱不已，生灵涂炭，是中国历史上的大分裂时期；同时，这一时期也是我国历史上各民族交往、融合的快速发展时期，武陵地区各民族的交往互动进一步密切。

隋朝虽然国祚短暂，但其继"五胡乱华"之后重新统一南北，促进了包括武陵地区各民族在内的中华民族共同体的进一步发展。

一　中央王朝对武陵地区各民族的怀柔招徕

武陵地区僻处西南，相关民族"往往邑居，散在溪谷。绝域荒外，山川阻深，生人以来，未尝交通中国"②，经济、社会、文化状况均与中原地区迥异。基于这种现实情况，自秦汉迄于隋代，就武陵民族地区的治理而言，中央王朝也主要采取怀柔招徕之策，主要体现在如下方面。

（一）行政设置上的因地制宜、因事制宜

为维护和促进国家的统一，秦朝废除三代以来的分封制，实行郡县制度；汉朝继续推行，且加以强化。但秦汉时期，中央王朝对于民族地区则因地制宜、因事制宜，采取了有区别的制度安排。

秦代在民族地区设"道"，与内地的"县"对应。睡虎地秦简中有"道"及其属官"道啬夫"的记载③。2016年5月28日，笔者在湘西龙山县里耶镇参观里耶秦简博物馆时，亲眼见到一枚竹简上刻有"道啬夫"三字。《后汉书·百官志五》谓："凡县主蛮夷曰道……皆秦制也。"④ 明确指出道是在蛮夷之地设置的县级行政机关，且是汉因秦制。汉代继续在南郡设道，《汉书·地理志》记南郡属县有"夷道"⑤。秦汉时期的南

---

① 黄朴民：《"夷夏观"与"文明圈"——秦汉民族文化片论》，《浙江社会科学》2003年第1期。
② （刘宋）范晔撰，（唐）李贤等注：《后汉书》卷86《列传第七十六·南蛮西南夷》，中华书局1965年标点本，第2848页。
③ 睡虎地秦墓竹简整理小组：《睡虎地秦墓竹简·语书》，文物出版社1990年版，第13页。
④ （刘宋）范晔撰，（唐）李贤等注：《后汉书》《志第二十八·百官五》，中华书局1965年标点本，第3623页。
⑤ （汉）班固撰，（唐）颜师古注：《汉书》卷28《地理志第八上》，中华书局1962年标点本，第1566页。

郡包括今宜昌及恩施土家族苗族自治州在内，亦即今武陵地区的范围，可知当时武陵地区很可能有"道"的设置。

此外，秦汉时期还设置了专门处理民族事务的机构。比如，秦代设有"属邦"以管理少数民族事务①。汉代改称"属国"，设属国都尉等官，仍"掌蛮夷降者"②。秦代在中央政府设有"典客""典属国"之职，"掌诸归义蛮夷"，汉景帝时更名为"大行令"，武帝时又更名为"大鸿胪"，职责不变③。成帝时设置"客曹尚书"一职，"主外国夷狄事"④。这些机构既是专司蛮夷之事，必然也涉及武陵民族地区相关事务的管理。

后世踵武前元，多设置专门职官管理蛮夷事务。晋"武帝置南蛮校尉于襄阳……及安帝时，于襄阳置宁蛮校尉"⑤。南朝依仍晋制，设置诸蛮校尉，以其"部领蛮左，故别置蛮府焉"⑥。其中南蛮校尉、三巴校尉及平蛮校尉所辖区域与武陵地区关系密切，武陵蛮夷事务治理当是其重要职责。

（二）赋税上的优待与律法上的宽免

赋税上的优待主要体现在两个方面：

其一，赋税负担相对较轻。

比如，秦时，对板楯蛮"顷田不租，十妻不算"⑦，在黔中郡"薄赋敛之，口出钱四十"⑧。汉代内地编户之民的赋税负担一般包括十五税一

---

① 睡虎地秦墓竹简整理小组：《睡虎地秦墓竹简·语书》，文物出版社1990年版，第65页。

② （刘宋）范晔撰，（唐）李贤等注：《后汉书》《志第二十八·百官五》，中华书局1965年标点本，第3621页。

③ （汉）班固撰，（唐）颜师古注：《汉书》卷19《百官公卿表第七下》，中华书局1962年标点本，第745页。

④ （刘宋）范晔撰，（唐）李贤等注：《后汉书》《志第二十六·百官三》，中华书局1965年标点本，第3597页。

⑤ （唐）房玄龄等：《晋书》卷24《志第十四》，中华书局1974年标点本，第747页。

⑥ （梁）萧子显：《南齐书》卷1《志第七·州郡下》，中华书局1972年标点本，第282页。

⑦ （刘宋）范晔撰，（唐）李贤等注：《后汉书》卷86《列传第七十六·南蛮西南夷》，中华书局1965年标点本，第2842页。

⑧ （唐）房玄龄等：《晋书》卷120《载记第二十·李特》，中华书局1974年标点本，第3022页。

的田赋和120钱的口赋①,高祖时对板楯蛮七姓"不输租赋,余户乃岁入賨钱,口四十"②,则是明显宽免了。晋代对边地民族地区也实行赋税方面的优待,"制户调之式:丁男之户,岁输绢三匹,绵三斤,女及次丁男为户者半输。其诸边郡或三分之二,远者三分之一"③。南朝宋时,"蛮之顺附者,一户输谷数斛,其余无杂调","蛮无徭役"④。

其二,"依约计征",以征收方物为主,纳钱为辅。

秦汉时期在内地是计口收钱,在民族地区以征收方物为主,即后世之"土贡"。武陵地区亦复如此。比如,秦时,廪君蛮"其民户出幏布八丈二尺,鸡羽三十鍭"⑤。又如"始置黔中郡。汉兴,改为武陵。岁令大人输布一匹,小口二丈,是谓賨布"⑥。此项政策一直延及后世,比如晋代也允许"夷人输賨布,户一匹,远者或一丈"⑦。隋时,"诸蛮陬俚洞,沾沐王化者,各随轻重,收其賧物,以裨国用"⑧。

中央政府对待武陵地区诸蛮夷在律法上也有所宽免。比如,秦时,廪君蛮"其民爵比不更,有罪得以爵除"⑨,也就是说廪君蛮犯法之后,可以用爵位相抵,可谓网开一面。

(三)"简选良吏",兴文教化

比如,东汉时期宋均为武陵郡辰阳县令时,其地"俗少学者而信巫鬼,均为立学校,禁绝淫祀,人皆安之"⑩。应奉为武陵太守时,"兴学

---

① 韩连琪:《汉代的田租口赋和繇役》,《文史哲》1956年第7期。
② (刘宋)范晔撰,(唐)李贤等注:《后汉书》卷86《列传第七十六·南蛮西南夷》,中华书局1965年标点本,第2842页。
③ (唐)房玄龄等:《晋书》卷26《志第十六·食货》,中华书局1974年标点本,第790页。
④ (唐)李延寿:《南史》卷79《列传第六十九·夷貊下》,中华书局1975年标点本,第1980页。
⑤ (刘宋)范晔撰,(唐)李贤等注:《后汉书》卷86《列传第七十六·南蛮西南夷》,中华书局1965年标点本,第2841页。
⑥ 同上书,第2831页。
⑦ (唐)房玄龄等:《晋书》卷26《志第十六·食货》,中华书局1974年标点本,第790页。
⑧ (唐)魏征等:《隋书》卷24《志第十九·食货》,中华书局1973年标点本,第673页。
⑨ (刘宋)范晔撰,(唐)李贤等注:《后汉书》卷86《列传第七十六·南蛮西南夷》,中华书局1965年标点本,第2841页。
⑩ (刘宋)范晔撰,(唐)李贤等注:《后汉书》卷41《列传第三十一·宋均》,中华书局1965年标点本,第1411页。

校，举仄陋，政称变俗"①。

（四）册封蛮夷君长，羁縻而治

秦汉王朝对于民族地区的治理方式，一般实施间接统治，保留蛮夷君长，"赐以衣冠、印绶"，旨在"解兵息民，亦欲渐而臣之"②。在武陵地区也是如此。比如，史载："及秦惠王并巴中，以巴氏为蛮夷君长。"③ 盘瓠蛮夷"有邑君长，皆赐印绶"④。东汉岑彭"将伐蜀汉"，"喻告诸蛮夷，降者奏封其君长"⑤。东晋太兴三年（320年），建平夷王向弘等"诣台求拜除"，"元帝诏特以弘为折冲将军、当平乡侯"，"赐以朝服"⑥。

二 中央王朝对武陵地区各民族的征讨招抚

秦汉王朝毕竟是中央集权的专制主义体制，对于民族地区始终是欲其就范，达成一统。武陵地区在这种控制与反制的争斗过程中，各民族的反叛与中央王朝的征讨此消彼长，显著地制约着民族关系的发展。

秦汉时期，武陵地区各民族经济社会有了进一步发展，蛮夷君长势力日炽，如史籍所云："武陵蛮夷特盛。"⑦ 此种情形之下，或因王朝治理的严苛，或因地方势力的起衅，武陵地区各民族与中央王朝展开了激烈的争斗，尤以两汉为甚。据《后汉书·南蛮西南夷列传》所记，两汉时期，武陵地区蛮夷蜂起，影响较著者如建武二十三年（47年）精夫相单程、建武二十三年（47年）南郡潳山蛮雷迁、建初元年（76年）澧中蛮陈从、建初三年（78年）溇中蛮覃儿健、永元四年（92年）溇中澧中蛮

---

① （刘宋）范晔撰，（唐）李贤等注：《后汉书》卷48《列传第三十八·应奉》，中华书局1965年标点本，第1608页。

② （北宋）王钦若等：《册府元龟》卷978，中华书局1982年标点本，第11486页。

③ （刘宋）范晔撰，（唐）李贤等注：《后汉书》卷86《列传第七十六·南蛮西南夷》，中华书局1965年标点本，第2841页。

④ 同上书，第2829—2830页。

⑤ （刘宋）范晔撰，（唐）李贤等注：《后汉书》卷17《冯岑贾列传第七》，中华书局1965年标点本，第659页。

⑥ （梁）萧子显撰：《南齐书》卷58《列传第三十九·蛮》，中华书局1972年标点本，第2008页。

⑦ （刘宋）范晔撰，（唐）李贤等注：《后汉书》卷86《列传第七十六·南蛮西南夷》，中华书局1965年标点本，第2831页。

潭戎、永元十三年（101年）巫蛮许圣、元嘉元年（151年）武陵蛮詹山、延熹三年（160年）武陵蛮、光和三年（180年）巴郡板楯蛮、中平三年（186年）武陵蛮等等，可谓烽火连天，史不绝书。

面对武陵地区蛮夷的反抗，中央政府采取了有力措施予以应对，要而言之，主要有三大方略。

（一）征讨为主，辅以招降

针对武陵地区各民族的反抗斗争，中央王朝的首选之策便是大加挞伐，以武力荡平。其中不乏荼毒惨烈之战，如"延熹三年（160年），武陵蛮夷更攻其郡，太守陈奉率吏人击破之，斩首三千余级"。黄龙三年（231年），吴国以潘濬为帅发兵五万讨伐武陵蛮夷，"斩首获生，盖以万数，自是群蛮衰弱，一方宁静"①。永安六年（263年），吴国以钟离牧"领武陵太守"，适逢蛮夷有变，钟离牧"斩恶民怀异心者魁帅百余人及其支党凡千余级"，"五溪平"②。

这其中最著名的当属东汉时马援征讨武溪一役。东汉建武二十三年（47年），"精夫相单程等据其险隘，大寇郡县"。东汉王朝"遣武威将军刘尚发南郡、长沙、武陵兵万余人"，讨伐击之。刘尚轻敌冒进，"食尽引还，蛮缘路徼战，尚军大败，悉为所没"③。建武二十五年（49年），伏波将军马援再次领兵征讨，亦因不晓蛮情地理，久战不克，一代名将马援本人也殁于沅陵壶头山，并留有《武溪深行》一首：

滔滔武溪一何深，鸟飞不渡，兽不敢临。嗟哉武溪兮多毒淫！④

其后，监军宋均恩威并用，"告以恩信，因勒兵随其后。蛮夷震怖，即共斩其大帅而降，于是入贼营，散其众，遣归本郡，为置长吏

---

① （晋）陈寿撰，（宋）闻喜裴松之注：《三国志》卷61《吴书·潘濬陆凯传第十六》，中华书局1971年标点本，第1397页。

② （晋）陈寿撰，（宋）闻喜裴松之注：《三国志》卷60《吴书·钟离牧传》，中华书局1971年标点本，第1394页。

③ （刘宋）范晔撰，（唐）李贤等注：《后汉书》卷86《列传第七十六·南蛮西南夷》，中华书局1965年标点本，第2831—2832页。

④ （后汉）马援：《武溪深行》，见（宋）郭茂倩编《乐府诗集》卷74《杂曲歌辞十四》，中华书局1979年标点本，第1048页。

而还"①。

三国时，武陵地区成为吴、蜀交锋的拉锯地带，大体看来，武陵地区诸蛮夷先顺从于蜀，后臣服于吴。蜀章武元年（221年），刘备伐吴，"武陵五溪蛮夷遣使请兵"。次年二月，刘备"遣侍中马良安慰五溪蛮夷，咸相率响应"②。魏黄初二年（221年），"五溪民皆反为蜀"③。随着蜀吴势力的消长，吴国逐渐向武陵地区腹地扩张。后"武陵蛮夷反乱，攻守城邑"，黄盖为太守，"诛讨魁帅，附从者赦之。自春讫夏，寇乱尽平，诸幽邃巴、醴、由、诞邑侯群长，皆改操易节，奉礼请见，郡境遂清"④。

两晋时期，武陵地区"诸蛮怨望，并谋背叛"⑤。南北朝以降，因"徭赋过重，蛮不堪命"⑥，群蛮蜂起。其中著名者如南朝宋"孝武大明中，建平蛮向光侯寇暴峡川，巴东太守王济、荆州刺史朱修之遣军讨之。光侯走清江，清江去巴东千余里。时巴东、建平、宜都、天门四郡蛮为寇，诸郡人户流散，百不存一。"⑦南朝齐"永明初，向宗头与黔阳蛮田豆渠等五千人为寇"⑧。南朝宋"时沈攸之责赕，伐荆州界内诸蛮，遂（及）五溪，禁断鱼盐。群蛮怒，酉溪蛮王田头拟杀攸之使，攸之责赕千万，头拟输五百万，发气死。其弟娄侯篡立，头拟子田都走入獠中，于是蛮部大乱，抄掠平民"⑨。

---

① （刘宋）范晔撰，（唐）李贤等注：《后汉书》卷41《列传第三十一·宋均》，中华书局1965年标点本，第1412页。

② （晋）陈寿撰，（宋）闻喜裴松之注：《三国志》卷32《蜀书·先主传第二》，中华书局1971年标点本，第890页。

③ （晋）陈寿撰，（宋）闻喜裴松之注：《三国志》卷47《吴书·吴主传第二》，中华书局1971年标点本，第1122页。

④ （晋）陈寿撰，（宋）闻喜裴松之注：《三国志》卷55《吴书·黄盖传》，中华书局1971年标点本，第1285页。

⑤ （唐）房玄龄等：《晋书》卷70《列传第四十·应詹》，中华书局1974年标点本，第1858页。

⑥ （唐）李延寿：《南史》卷79《列传第六十九·夷貊下》，中华书局1975年标点本，第1981页。

⑦ 同上书，第1981页。

⑧ （梁）萧子显：《南齐书》卷58《列传第三十九·蛮》，中华书局1972年标点本，第2008页。

⑨ （梁）萧子显：《南齐书》卷22《列传第三·豫章文献王》，中华书局1972年标点本，第405页。

隋朝时期，武陵地区各民族反抗中央政府的斗争也相当激烈，其中以黔安蛮夷为最突出。炀帝大业四年（608年），"黔安夷向思多反，杀将军鹿愿，围太守萧造，法尚与将军李景分路讨之。法尚击思多于清江，破之，斩首三千级"①。"后数岁，黔安首领田罗驹阻清江作乱，夷陵诸郡民夷多应者。"②

自三国至隋代，武陵蛮夷势力不断发展，乃至形成了相对割据的局面，如史书所载："有冉氏、向氏、田氏者，陬落尤盛。余则大者万家，小者千户。更相崇树，僭称王侯，屯据三峡，断遏水路，荆、蜀行人，至有假道者。"③

在武力镇压的同时，中央政府对武陵地区蛮夷也辅以招降之策。比如"桓帝元嘉元年（151年）秋，武陵蛮詹山等四千余人反叛，拘执县令，屯结深山。至永兴元年（153年），太守应奉以恩信招诱，皆悉降散"④。"桓帝之世，板楯数反，太守蜀郡赵温以恩信降服之。"⑤ 隋时，赵轨"迁硖州刺史，抚缉萌夷，甚有恩惠"⑥。

（二）以夷制夷，使相攻击

中央政府还利用武陵蛮夷内部的分化，以夷制夷，征调所谓"善蛮"讨伐反抗的蛮夷。

比如，"肃宗建初元年（76年），武陵澧中蛮陈从等反叛，入零阳蛮界。其冬，零阳蛮五里精夫为郡击破从，从等皆降"。"肃宗建初四年（79年）春，募充中五里蛮精夫不叛者四千人，击澧中贼。""安帝元初二年（115年），澧中蛮以郡县徭税失平，怀怨恨，遂结充中诸种二千余

---

① （唐）魏征等：《隋书》卷65《列传第三十·周法尚》，中华书局1973年标点本，第1529页。
② （唐）魏征等：《隋书》卷50《列传第十五·郭荣》，中华书局1973年标点本，第1320页。
③ （唐）令狐德棻等：《周书》卷49《列传第四十一·异域上》，中华书局1971年标点本，第887页。
④ （刘宋）范晔撰，（唐）李贤等注：《后汉书》卷86《列传第七十六·南蛮西南夷》，中华书局1965年标点本，第2833页。
⑤ 同上书，第2843页。
⑥ （唐）魏征等：《隋书》卷73《列传第三十八·循吏》，中华书局1973年标点本，第1678页。

人，攻城杀长吏。州郡募五里蛮六亭兵追击破之，皆散降。""安帝元初三年（116年）秋，溇中、澧中蛮四千人并为盗贼。又零陵蛮羊孙、陈汤等千余人，著赤帻，称将军，烧官寺，抄掠百姓。州郡募善蛮讨平之。"①

（三）内迁安置，招徕教化

为图长治久安，中央政府还采取了把反叛蛮夷迁徙于内地的措施，以绝其根本。其规模亦颇为可观，如建武二十三年（47年），南郡蛮雷迁等反叛，平破之后，"徙其种人七千余口置江夏界中"；永元十三年（101年），巫蛮许圣等屯聚反叛，"明年夏，遣使者督荆州诸郡兵万余人讨之"，后"圣等乞降，复悉徙置江夏"②。

武陵地区与江汉平原、洞庭湖平原地理相接，至迟自汉代时起，汉人便以各种方式进入武陵地区，如屯垦、商贸、避乱、仕宦等，规模不断扩大。至南北朝时，本地区已形成蛮、汉杂处的格局，如《南齐书·州郡志下》所载："以临沮西界，水陆纡险，行径裁通，南通巴、巫，东南出州治，道带蛮、蜑，田土肥美，立为汶阳郡，以处流民。"③ 民族格局的这种结构性变化，必然会对武陵地区的民族状况与民族关系产生显著的影响，促进民族之间的交流与融合。

综上所论，自秦汉至隋代，武陵地区民族关系进一步发展，中央王朝与武陵地区、汉族与少数民族、武陵地区各民族内部的互动关系进一步密切。

整体上看来，中央政府对武陵地区的治理原则是"以其故俗治"，要在羁縻怀柔，能结合武陵地区的实际采取因地制宜的政策，如赋税上的宽免，律法上的宽贷，以夷制夷，简选良吏，等等。虽然其实质是中央政府在力有不逮之时采取的权宜之策，但客观上促进了民族地区的发展，改善了民族关系，也促进了统一的中华民族共同体的发展。史载王莽篡

---

① （刘宋）范晔撰，（唐）李贤等注：《后汉书》卷86《列传第七十六·南蛮西南夷》，中华书局1965年标点本，第2833页。

② 同上书，第2841页。

③ （梁）萧子显：《南齐书》卷15《志第七·州郡下》，中华书局1972年标点本，第273页。

汉之后，武陵蛮酋田强誓曰："吾等汉臣，誓不事莽。"① 可见当时武陵地区各民族对于中央政府具有高度的认同。

与此同时，针对本地区各民族的反抗斗争，中央王朝也采取了断然的镇压手段，甚而荼毒惨烈；在平定之后，往往内迁其部落，安置教化。客观而论，无论是正面的安抚教化，还是反面的武力镇压，实则都加深了民族交流与互动。

尤其值得注意是，自秦汉至隋代，武陵地区的民族格局与民族关系出现了三个值得重视的发展趋势。

一是汉族与少数民族、各少数民族之间的交往日益密切，民族融合趋势明显加强。如史籍所载，獠户"富室者颇参夏人为婚，衣服居处言语，殆与华不别"，"又有獽狿蛮賨，其居处风俗，衣服饮食，颇同于獠，而亦与蜀人相类"②，"（夷陵、沅陵、清江诸郡）多杂蛮左，其与夏人杂居者，则与诸华不别"③。

二是武陵地区各民族的民族特征日益突出，各民族共同体边界逐渐明晰。首先，表现为民族称谓的增多。先秦乃至秦汉时期，史籍提及武陵地区各民族，一般概称为"蛮""夷"，反映了其时期民族分化不显著的特点。而到了隋代，史书论及本地区民族格局则有"獽狿蛮賨""獠"④"莫徭"⑤的民族分类。其次，体现为各民族文化习俗的差异日益显著。如："（蛮左）其僻处山谷者，则言语不通，嗜好居处全异。"⑥ "诸蛮本其所出，承盘瓠之后，故服章多以班布为饰。"⑦ 莫徭"自云其先祖有功，常免徭役，故以为名。其男子但著白布裈衫，更无巾袴

---

① 转引自伍新福《湖南民族关系史》（上卷），民族出版社2006年版，第100页。
② （唐）魏征等：《隋书》卷29《志第二十四·地理上》，中华书局1973年标点本，第829—830页。
③ （唐）魏征等：《隋书》卷31《志第二十六·地理下》，中华书局1973年标点本，第897页。
④ （唐）魏征等：《隋书》卷29《志第二十四·地理上》，中华书局1973年标点本，第830页。
⑤ 同上书，第898页。
⑥ （唐）魏征等：《隋书》卷31《志第二十六·地理下》，中华书局1973年标点本，第897页。
⑦ 同上书，第897页。

(裤);其女子青布衫、班布裙,通无鞋履。婚嫁用铁钴䥈为聘财。"①

三是民族内部的分化已然出现。这种分化又可以分为两类:一是从中央政府的立场出发,以汉化、驯服为标准,将一部分蛮夷定为"善蛮"。如史籍所载,安帝元初三年(116年)秋,潕中、澧中蛮叛乱,"州郡募善蛮讨平之"②。二是从蛮夷的角度,部分蛮夷因文教濡化,对自身蛮夷身份的排斥。如史载,诸蛮"本其所出,承盘瓠之后","其相呼以蛮,则为深忌"③。这表明对于武陵地区各民族而言,民族间的自然同化在不断发展。笔者认为,相较于民族间的强制同化,这是有利于本地区民族关系的和谐发展的。

第三节　唐、五代十国至宋时期武陵地区民族关系的发展

唐、五代十国至宋时期在中国历史上具有特殊的地位,包括武陵地区各民族在内的中华民族共同体进一步发展,各民族之间的联系更加紧密,民族格局与民族关系呈现新的发展态势。

唐代是中国历史上气象恢宏的大一统王朝,宋代尤其是北宋虽然国力稍逊,且自始至终面临着北方游牧民族的强力挑战,但也不失为泱泱天朝。唐宋时期,中央政府对边境民族地区的治理主要采取羁縻州县制度。作为一种处理民族关系的理念,"羁縻"之道由来已久,如史籍所云:"盖闻天子之于夷狄也,其义羁縻勿绝而已。"④《辞海》释"羁縻"为"笼络使不生异心"⑤。羁縻政策的实质是中央王朝在条件尚未具备的情况下,对民族地区实施间接统治,保留其原有的社会结构与治理体系;

---

① (唐)魏征等:《隋书》卷31《志第二十六·地理下》,中华书局1973年标点本,第898页。
② (刘宋)范晔撰,(唐)李贤等注:《后汉书》卷86《列传第七十六·南蛮西南夷》,中华书局1965年标点本,第2833页。
③ (唐)魏征等:《隋书》卷31《志第二十六·地理下》,中华书局1973年标点本,第897页。
④ (汉)司马迁:《史记》卷117《司马相如列传第五十七》,中华书局1959年标点本,第3049页。
⑤ 辞海编辑委员会编:《辞海》(缩印本),上海辞书出版社1980年版,第1686页。

同时，民族地区被纳入国家版图之中，须依制纳贡，接受征遣，与中央政府的联系又较前代更紧密。作为一项正式的制度安排，羁縻制度创始于唐代①，两宋继之②，诚如史载："树其酋长，使自镇抚，始终蛮夷遇之，斯计之得也。"③ 在这种治理理念主导下，中央政府对于包括武陵地区在内的羁縻州县主要采取怀柔优抚之策。如《通典》所载："诸边远州有夷獠杂类之所，应输课役者，随事斟量，不必同之华夏。"④《宋史》载："西南诸蛮夷，重山复岭，杂厕荆、楚、巴、黔、巫中，四面皆王土。乃欲揭上腴之征以取不毛之地，疲易使之众而得梗化之氓，诚何益哉！"⑤

五代十国时期，群雄竞起，神州动荡，向称乱世。然而，从民族关系发展的角度审视，这一时期又是中华民族共同体浴火重生、继往开来的关键时期。五代十国时期，我国的人口迁徙规模空前，南方民族与北方民族之间的交流、交融达到新的水平。就武陵地区而言，当时的楚、南平两国所控制的区域与本区域有相当程度的重合，对于本地区的民族格局有着直接的制约性影响。

自唐、五代十国至宋朝时期，武陵地区民族关系与民族格局的发展呈现出如下几个方面的突出特征。

---

① 史载："唐兴，初未暇于四夷，自太宗平突厥，西北诸蕃及蛮夷稍稍内属，即其部落列置州县。其大者为都督府，以其首领为都督、刺史，皆得世袭。虽贡赋版籍，多不上户部。然声教所暨，皆边州都督、都护所领，著于令式。"可见唐代羁縻之制已大致完备。见（宋）欧阳修、宋祁《新唐书》卷43下《志第三十三下·地理七下》，中华书局1975年标点本，第1119页。

② （宋）范成大原著，胡起望、覃光广校注：《桂海虞衡志辑佚校注》，四川民族出版社1986年版。（元）马端临：《文献通考》，浙江古籍出版社2000年版。《桂海虞衡志辑佚校注·志蛮·羁縻州峒》记载宋朝政府在南方民族地区参照唐代制度，"分析其种落，大者为州，小者为县，又小者为峒。……择其雄长者为首领。藉其民为壮丁。其人物犷悍，风俗荒怪，不可尽以中国教法绳治，姑羁縻之而已"（第179页）；《文献通考》卷331《四裔八·南丹州蛮》也记载宋朝对南方民族"以其蛮夷，但羁縻而已"（考二五九七）。

③ （元）脱脱等：《宋史》卷493《列传第二百五十二·蛮夷一·西南溪峒诸蛮上》，中华书局1977年标点本，第14171页。

④ （唐）杜佑撰：《通典》卷6《食货六》，中华书局1988年标点本，第109页。

⑤ （元）脱脱等：《宋史》卷493《列传第二百五十二·蛮夷一·西南溪峒诸蛮上》，中华书局1977年标点本，第14171页。

一 武陵地区主要的少数民族共同体进一步发展，民族特征日益彰显

就当前的民族结构来看，武陵地区最主要的少数民族分别是土家族与苗族，其他世居民族人口较少。这种民族格局在唐宋时期即已形成。

就土家族而论，前文论及，土家族的主源是巴人民族集团中的一支——廪君巴人。先秦时期，"巴"作为一个民族群体的称谓频繁见于史籍。自秦汉以降，"巴"作为一个民族称谓逐渐湮没，其所属各民族支系概被称为"诸蛮"或"某人"，如根据历史文化特征区分的廪君蛮、板楯蛮、賨人、蜑人等，根据分布地域区分的豫州蛮、荆雍州蛮、武陵蛮等。巴人民族称谓的消亡当然不能理解为巴民族实体的消亡，而是表明巴人群体在不断分化，以及与其他民族的渐次融合，所以其民族特征也逐渐隐而不彰。

在武陵地区，廪君巴人一直繁衍生息于此，发展到唐宋时期，逐渐奠定了今日土家族民族共同体的基本格局，其突出标志，便是在这一时期，首次而且集中地出现了有别于其他民族、专门冠以"土"的族别称谓，如"土兵""土丁""土人"，等等，应是专指今日土家族先民而言。早在20世纪50年代，潘光旦先生在梳理土家族历史发展进程时，就已经指出在属于武陵地区的湘西北，"从五代起，巴人之称在这地区是不见了，代之而起的是带有'土'字的一些称呼"①。文献中的证据也较为充分，如史载："施、黔、思三州义军土丁，总隶都巡检司。"②"徽宗崇宁元年，湖北都铃辖舒亶奉旨相度召募施、黔州土丁，致讨辰、沅山瑶"。③"诏荆湖南、北路溪峒头首土人及主管年满人合给恩赐，俾各路帅司会计覆实以闻。"④ 自潘光旦先生立论以来，学界在讨论土家族民族共同体形

---

① 潘光旦：《湘西北的"土家"与古代的巴人》，载中央民族学院研究部编《中国民族问题研究集刊》，第四辑，1955年，第582页。
② （元）脱脱等：《宋史》卷191《志第一百四十四·兵五》，中华书局1977年标点本，第4743页。
③ （元）脱脱等：《宋史》卷193《志第一百四十六·兵七》，中华书局1977年标点本，第4805页。
④ （元）脱脱等：《宋史》卷494《列传第二百五十三·蛮夷二》，中华书局1977年标点本，第14188页。

成与发展的历史进程时,具体观点或有差异,但一般都认为土家族形成于唐宋时期。正如知名民族学专家彭英明先生所指出的:"土家族作为一个民族共同体……形成于唐宋年间。"①

就苗族而言,学界一般认为其与先秦时期的三苗民族集团有直接的渊源。有关三苗的记载多见于先秦典籍,自秦汉以下,史籍中鲜有关于"苗"民族的记载,当是其被归入各种蛮夷之列了。诚如学者所论:"秦汉至南北朝时期,大部分苗族属于'武陵蛮'和'五溪蛮'。"② 及至唐宋,"苗"之称谓又见载于文献。如唐代樊绰《蛮书》记载"黔、泾、巴、夏四邑苗众……祖乃盘瓠之后",③ 明确地将"苗"作为一个民族群体,并指出了其与盘瓠蛮的渊源关系。专擅于西南民族研究的尤中先生认为,上述"黔、泾、巴、夏"应为"黔、涪、巴、夔",④ 那么就其地方而言,樊绰《蛮书》所记"四邑苗众"的分布范围正在今日武陵地区的腹地。这表明至唐宋时期,今日武陵地区苗族的先民已经形成了相当突出的民族特征,足以区别于其他民族。

二 族际互动规模不断扩大,族际交流程度日益深化

(一) 汉族向武陵地区的迁徙

唐宋时期,北方以及中原地区的汉族持续南下,极大地改变了南方地区的人口结构,"南人多是北人来"⑤ 之句虽是诗家之语,却也真实地反映了当时自北而南的移民大潮。其中又形成了两次高峰:一是唐代"安史之乱"及唐末五代连年动乱引发的汉族人口迁徙,二是宋代"靖康之变"及南宋偏安江南时期大量汉族人口南下。其中就有大量的汉族人口进入武陵地区。比如,史载"自至德后,中原多故,襄、邓百姓,两京衣冠,尽投江、湘,故荆南井邑,十倍其初,乃置荆南节度使。上元

---

① 彭英明:《试论土家族形成和稳定的历史过程》,《广西民族学院学报》2004年第4期。
② 伍新福、龙伯亚:《苗族史》,四川民族出版社1992年版,第76页。
③ (唐)樊绰撰,向达校注:《蛮书校注》卷10《南蛮疆界接连诸蕃夷国名第十》,中华书局1962年标点本,第254页。
④ 尤中:《西南民族史札记三则》,《思想战线》1980年第3期。
⑤ 语出宋代诗人韩淲之句:"莫道吴中非乐土,南人多是北人来。"转引自吴涛《中原文化的传播载体》,《洛阳师范学院学报》2017年第31期。

元年九月，置南都，以荆州为江陵府，长史为尹，观察、制置，一准两京。以旧相吕諲为尹，充荆南节度使，领澧、朗、硖、夔、忠、归、万等八州，又割黔中之涪，湖南之岳、潭、衡、郴、邵、永、道、连八州，增置万人军，以永平为名"①。此处言及的荆南节度使，其所辖范围已经包括了今武陵地区中鄂、渝、湘交界区域的大部。又如，南宋高宗绍兴五年（1135 年），屯田郎中樊宾言道，"中原士民扶携南渡，几千万人"，②虽不免夸张，但的确反映了当时中原汉人南迁的规模。而据洪迈所记，"西北士大夫遭靖康之难，多挈家南寓武陵"，③则明确地表明武陵地区在当时已成为北方流民蚁集之渊薮。

除了宏观层面的家国兴亡导致了大规模的汉人进入武陵地区，唐宋时期，在较为微观的社会流动层面也有相当数量的汉人进入本地区，其途径也相当多元。

首先是大量汉人军民进入武陵地区屯田，这是最主要的途径。唐宋时期，屯田制度是国家的一项重要治策。唐代设专司负责屯田事务，屯田"郎中、员外郎之职，掌天下屯田之政令。凡边防镇守，转运不给，则设屯田，以益军储"。④屯田以军屯为主，即征调军人镇戍的同时，也为其划拨土地，供其耕种，亦兵亦农。唐宋时期，中央政府在武陵民族地区实行了大规模的军屯。如史籍所载："今辰、沅、澧、靖等州乏兵防守，窃虑蛮夷生变叵测。若将四州弓弩手减元额，定为三千五百人，辰州置千人，沅州置千五百人，澧州、靖州各置五百人，分处要害，量给土田，训练以时，耕战合度，庶可备御。"⑤军屯以外，还有民屯。宋代民屯制度规定："一夫授田百亩，……凡授田，五人为甲，别给蔬地五亩

---

① （后晋）刘昫等：《旧唐书》卷 39《志第十九·地理二》，中华书局 2000 年标点本，第 1068 页。
② （元）马端临：《文献通考》卷 7《田赋七》，浙江古籍出版社 2000 年版，考七三。
③ 洪迈：《夷坚三志·辛志·卷四·武陵布龙帐》，转引自张全明《试析宋代中国传统文化重心的南移》，《江汉论坛》2002 年第 2 期。
④ （后晋）刘昫等：《旧唐书》卷 43《志第二十三·职官二》，中华书局 2000 年标点本，第 1256 页。
⑤ （元）脱脱等：《宋史》卷 494《列传第二百五十三·蛮夷二》，中华书局 1977 年标点本，第 14188 页。

为庐舍场圃。……民屯以县令主之"。① 景德二年（1005年）九月，夔州路转运使"募民垦施、黔等州荒田。戊辰，颜奏今岁获粟万余石"。②

其次，汉人流民受招纳进入武陵地区。自唐宋以来，武陵地区经济社会持续发展，富豪之家为扩大垦殖，大量招纳汉人流民。唐宋时期均实行严格的户籍制度，政府对此种随意招纳流民的行为本是予以严禁的，但因屡禁不止，且流民的进入也的确促进了武陵地区经济社会的发展，故逐渐开禁。如史载："施、黔等州，界分荒远，绵亘山谷，地旷人稀，其占田多者，须人耕垦。富豪之家，争地客，诱说客户，或带领徒众举室般徙。乞将皇祐官庄客户逃移之法稍加校定。诸凡为客户者，许役其身，而勿得及其家属；妇女皆充役作；凡典卖田宅，听其从条离业，不许就租以充客户，虽非就租，亦勿得以业人充役使；凡借钱物者，止凭文约交还，不许抑勒以为地客；凡为客户，身故，而其妻愿改嫁者，听其自便；凡客户之女，听其自行聘嫁。庶使深山穷谷之民，得安生理，不至为强有力者之所侵欺。"③

最后，汉人被掠入武陵地区。武陵地区一些豪强大户为发展生产或增强实力，还强行掠夺汉人，其规模也较为可观。比如，宋真宗咸平五年（1002年），夔州路转运副使丁谓与蛮酋约定赎回所掠夺"汉民男女"，"每归一人，与绢一匹，于是凡得万余人"④。咸平六年（1003年）"四月，丁谓等言，高州义军务头角田承进等擒生蛮六百六十余人，夺所略汉口四百余人"⑤。景德二年（1005年）"辛酉，峡路都监侯延赏等言施、黔溪洞掠去汉口七百余户归业"⑥。

---

① （元）脱脱等：《宋史》卷176《志第一百二十九·食货上四》，中华书局1977年标点本，第4271页。
② （宋）李焘：《续资治通鉴长编》卷61《景德二年丁卯条》，中华书局1980年标点本，第1368页。
③ （清）徐松辑：《宋会要辑稿》第161《食货六九之六八》，中华书局1957年标点本，第6363页。
④ （清）毕沅编著，"标点续资治通鉴小组"校点：《续资治通鉴》卷23《宋纪二十三·真宗咸平五年（一零零二）》，中华书局1958年标点本，第521页。
⑤ （元）脱脱等：《宋史》卷493《列传第二百五十二·蛮夷一》，中华书局1977年标点本，第14175页。
⑥ （宋）李焘：《续资治通鉴长编》卷59《景德二年辛酉条》，中华书局1980年标点本，第1311页。

（二）武陵地区各民族进入内地

上文述及，自秦汉以来，武陵地区与内地的联系就较为紧密，各民族群众持续地以多种方式进入内地，就史籍所见，其主要的途径是在抗争失败后被中央政府内迁安置，以便控制。

唐宋时期，在羁縻州县体制之下，武陵地区与中央政府以及内地的联系更加密切，各民族民众以更为主动的态势和更加多元的方式进入内地，主要有如下几种方式。

首先，武陵地区各民族频繁地、大规模地进入内地向中央政府朝贡，密切了区域间的联系，促进了族际交流。有唐一代，向中央政府朝贡原本就是羁縻州的固有义务，所谓："督首领，制羁縻，审土物之有无，定封略之远迩。度职贡，每岁充于王国；会车赋，应期奉于军郡。"① 各羁縻州实际上也是"朝贡不绝"②。迄至宋代，朝贡体制更为规范。"（天圣四年）诏施州溪峒首领三年一至京师"③，即规定三年一贡；又因朝廷以招徕教化之意，对于朝贡者多予厚赐，故各羁縻州朝贡规模日益扩大，以致"道途往来，公私劳费"；宋廷遂规定："诏转运使定其当赴阙者，具名奏裁，余止就本路量行支赐遣还。"④ 这一时期，武陵地区各民族朝贡行为的规模相当可观。如"（咸平五年）七月，高州刺史田彦伊子承宝等百二十二人来朝"⑤，"（景德）三年，高州新附蛮酋八十九人来贡。……又高州诸名豪百余人入贡"⑥。"（大中祥符）四年，安、远、顺、南、永宁、浊水州蛮酋田承晓等三百七十三人来贡。……（五年）

---

① （唐）佚名：《唐故右领军中郎将使持节招慰仆罗大使赵府君（臣礼）志文并序》，载吴钢主编《全唐文补遗·千唐志斋新藏专辑》，三秦出版社2006年版，第211页。
② （后晋）刘昫等：《旧唐书》卷41《志第二十一·地理四·剑南道》，中华书局2000年标点本，第1163页。
③ （元）脱脱等：《宋史》卷9《本纪第九·仁宗一》，中华书局1977年标点本，第182页。
④ （宋）李焘：《续资治通鉴长编》卷79《大中祥符五年冬十月乙巳条》，中华书局1980年标点本，第1793页。
⑤ （元）脱脱等：《宋史》卷493《列传第二百五十二·蛮夷一》，中华书局1977年标点本，第14175页。
⑥ 同上书，第14176页。

夔蛮千五百人乞朝贡"①，"（天圣）四年，归顺等州蛮田思钦等以方物来献，时来者三百一人"②。

其次，武陵地区各民族与内地的经济联系日益密切，促进了民族间的交流。武陵地区与江汉平原、洞庭湖平原地理相接，本有长江、沅江等天然水道相通，经济交往频繁。如"（咸平六年）夏四月壬戌，禁蛮人市牛入溪洞"③，由于各民族群众不断从内地购买牛，以致中央政府发出禁令，可见其规模和影响。有学者指出，到了南宋时期，"由于跨区域的土地买卖和流转，人口的迁移"，部分溪峒蛮夷在内地购置土地，所谓省地与非省地的界限划分日趋模糊不清，民族地区与内地的联系日益紧密④。

第四节 元明清时期武陵地区民族关系的发展

元明清三代在中华民族发展历程中具有特殊的地位。首先，三朝继唐代之后重新实现并巩固了大一统的格局，且开疆拓土远较前代为盛，人口规模亦复空前，中华民族多元一体化格局进一步发展；同时，元、清王朝是少数民族入主中原，其对于民族问题的治理理念也体现出不同的取向，推进了中华民族内部的结构性变迁与和谐发展。

元明清时期，中央政府在民族地区建立和推行了土司制度⑤，成为这一时期最主要的治理民族问题的制度设计，成效显著，影响深远；而发轫于明末、以清雍正时期为高潮的改土归流同样是相关民族地区剧烈的

---

① （元）脱脱等：《宋史》卷493《列传第二百五十二·蛮夷一》，中华书局1977年标点本，第14176页。

② 同上书，第14182—14183页。

③ （宋）李焘：《续资治通鉴长编》卷54《咸平六年夏四月壬戌条》，中华书局1980年标点本，第1187页。

④ 安国楼、刘向港：《宋代西南边区的人户身份与税征》，《中国农史》2015年第3期。

⑤ 方铁先生认为："元代的土官制度与明清两代的土司制度，在完善程度与具体内容上虽有所不同，但其内涵、治理思想与施用范围大体一致。"笔者认同方先生的观点，也将元代的土官制度与明清两代的土司制度统称"土司制度"。见方铁《清雍正朝改土归流的原因、策略与效用》，《河北学刊》2012年第3期。

社会变革，直接制约着民族地区政治、经济、文化结构的发展路径，对于民族关系的发展产生了重要的结构性影响。

基于这种认识，本节在论述元明清时期武陵地区民族关系的发展时，以土司制度和改土归流为两大线索，分两个阶段加以论述。

一 土司时期武陵地区民族关系的发展

自元、明两朝迄至清初，土司制度是中央王朝在民族地区实行的最主要的治理体制。就本质而言，土司体制仍然是中央王朝在条件尚不具备的情况下实行的对民族地区的间接统治，所谓"假我爵禄，宠之名号，乃易为统摄，故奔走惟命"①。与此前的羁縻制度可谓一脉相承。但是，土司制度又有新的发展。土司制度的核心是中央任命民族地区的豪酋首领担任地方长官，虽然其要害仍是以夷制夷，但土司体制已被纳入国家统一的职官系统之中，民族地区与中央政府的联系也更加紧密而体制化，"袭替必奉朝命，虽在万里外，皆赴阙受职"②。另外，土司体制经由王朝的确认获得合法性之后，又使得相关民族通过其上层精英在相当程度上实现了政治上的自治、对特定地域的专有以及在文化上的自觉，促进了民族特质的形成，进而激发民族共同体的认同意识，明确和强化了民族共同体的边界，对民族格局与民族关系产生了深远的影响。

土司时期，武陵地区的民族关系与民族格局呈现如下特点。

（一）武陵地区与内地形成了大规模的族际迁徙，极大地促进了各民族交往、交流的进程

1. 内地汉族向武陵地区的大量流动。土司时期内地汉族进入武陵地区主要有如下途径。

（1）卫所军人屯戍居留于武陵地区。元代为强化对南方民族地区的控制，加强了驻军。南方民族地区山河险峻，交通不便，为解决军队的后勤供应问题，元政府实施了大规模的屯田制度，收效甚好，所谓"不

---

① 赵尔巽等：《清史稿》卷512《列传二百九十九·土司一·湖广》，中华书局1977年标点本，第14203页。
② （清）张廷玉等：《明史》卷310《列传第一百九十八·土司》，中华书局1974年标点本，第7982页。

烦士卒而馈饷有余"①。元朝初期，湘西土酋田万顷叛乱，平定之后，政府即实行屯田，以固疆域，时任湖北道廉访司佥事张经认为："叛蛮田万顷等虽已诛，靖、辰、澧等州接界，率多旷土，宜招民耕种，使蛮疆日渐开拓，异时皆为省地。""湖广行省然其言行之。"②屯田制度有效地促进了民族交流与融合，如学者所指出的："汉族与各少数民族之间通过屯田，促进民族交往和融合，形成我中有你，你中有我；彼此之间互相依存，互相渗透；在历史发展中，关系愈来愈密切，形成了难以分割的血肉联系。"③史籍中关于元政府在武陵地区屯田的记载虽然较为匮乏，但本地区民族关系的发展必然会受到当时屯田制度的影响则是在情理之中的。明代也实行了大规模的卫所屯田制度，而且在武陵地区还较为集中，比如，在鄂西设置施州卫、大田所、麻寮所，湘西设置永定卫、九溪卫、辰州卫、崇山卫、安福所、大庸所、镇溪所等，在黔东南设置五开卫，渝东南则有重庆卫、瞿塘所、黔江所等。卫所士兵规模较大，如当时施州卫屯兵计4679人，大田所屯兵计3127人④。卫所不仅有屯兵驻屯，更有家小共同生活，使得卫所人口常常倍增。卫所军人的来源主要来自内地⑤。据方志所载："施郡之民，分里屯二籍，里籍土著，俗尚俭朴，水耕火薅，男女杂作，房间设火铺，饮斯，食斯。……屯籍皆明末国初调拨各省官军之家，而河南、江南为多，言语服食各从本贯。"⑥可知当时施州军屯之人单独立籍，从侧面反映出屯户人口众多。

（2）移民。宋元鼎革、明清易代之际，由于大规模的军事征战，导致了大规模的流民潮。首先，是北方与中原地区的汉人大规模南迁，如

---

① （明）宋濂等：《元史》卷136《列传第二十三·哈喇哈孙》，中华书局1976年标点本，第3292页。

② （清）席绍葆等修，（清）谢鸣谦、（清）谢鸣盛纂：《辰州府志》卷12《备边考》，清乾隆三十年刻本。

③ 蔡志纯：《略论元代屯田与民族迁徙》，《民族研究》2002年第4期。

④ （明）徐学谟纂修：《（万历）湖广总志·卷二十九·兵防一》（缩微制品），全国图书馆文献缩微中心，1992年。

⑤ 杨昌沅、范植清：《略述明代军屯制度在鄂西山地的实施》，《史学月刊》1989年第6期。

⑥ （清）王协梦修，（清）罗德昆撰：《施南府志》卷10《典礼·风俗》，清光绪十七年刻本。

史籍所载，元世祖时"内地百姓流移江南避赋役者，已十五万户"①。其次，在我国南方则以"湖广"为中心形成了影响深远的汉族人口大迁徙，这与武陵地区的关系更为直接而密切。曹树基指出，明代洪武大移民的主要路径即"江西填湖广""湖广填四川"②。路遇、滕泽之也认为，在清初大规模的移民充实四川的过程中，湖广地区是主要的移民来源地③。在当时四海鼎沸的情形下，武陵地区僻处山林，地旷人稀，相对安宁，成为流民重要的目的地。谭其骧先生指出，元末明初之际，江西是湖南最主要的移民来源地④。汉族由"江西""湖广"向武陵地区迁徙的历史进程至今仍能得到田野调查材料的支持。就笔者在武陵地区调查所见，在鄂西、湘西、黔东北以及渝东南地区，许多家谱在追溯世系时，多称其祖上来自江西、湖广，而"江西吉安府""湖广麻城孝感"已经成了箭垛式、最集中的祖源之地。这其中虽然不乏土著的"造谱""攀附"现象，但无疑说明的确有相当数量的汉人移民进入武陵地区开枝散叶。这种情形，在方志中也有相应的记载，如鄂西地区，"迨康熙初，始就荡平，而逃亡复业之家亦仅十之一二，由是荆州、湖南、江西等处流民竞集，维时土旷人稀，随力垦辟"⑤。"地远山荒，种植无人，避土烧畲，惟视力所能任。嗣是而四处流人闻风渐集。"⑥"当清代鼎革之初……海内分崩，惟容美一隅可称干净土。于是，名流缙绅者流，多避乱于此。"⑦ 湘西沅陵县，"邑中老籍，有开封者，有江南者，尤以江西为最多。……父老相传，有'江西填湖广，湖广填四川'之说。今所指土著十之九皆江

---

① （明）宋濂等撰：《元史》卷173《列传第六十·崔彧》，中华书局1976年标点本，第4040页。
② 曹树基：《中国移民史》（第五卷），福建人民出版社1997年版，第128—159页。
③ 路遇、滕泽之：《中国人口通史》，山东人民出版社2000年版，第846—851页。
④ 谭其骧：《湖南人由来考》，转引自曹树基《中国移民史》（第五卷），福建人民出版社1997年版，第81—82页。
⑤ （清）熊启咏纂修：《建始县志·卷六·风俗志》，清同治五年（1866年），刻本。
⑥ （清）多寿修，（清）罗凌汉撰：《恩施县志·卷七·风俗志》，清同治七年（1868年）刻本，民国六年（1917年），增刻。
⑦ 湖北省鹤峰县《田氏族谱》卷3《世家五》，转引自段超《土家族文化史》，民族出版社2000年版，第171页。

西人，可见其说之非无据也"。①

（3）部分汉人经由商贸、匠作等途径进入武陵地区。武陵地区与两湖平原地理相接，有长江及其支流如沅江、清江等水道通达，区域内物产丰富，资源富集。本地区与内地的商贸往来由来已久，至土司时期则更为兴盛，比如在湘西地区，"多辰、澧、江右、闽、广人贸易于此"②，"有大兴作，百工皆觅之远方"③；鄂西地区"山货如桐、茶、漆、桸、吴芋、兰靛、冻绿皮，多归外来行商专其利"④；容美土司"客司中者，江、浙、秦、鲁人俱有，或以贸易至，或以技艺来"⑤。

2. 武陵地区各民族以相当的规模进入内地。土司时期武陵地区各民族进入内地主要有如下途径。

（1）土司军队应中央政府征调进入内地。土司制度本为兵农合一的体制，所谓"土人无不为兵"⑥，"永、保诸宣慰，世席富强，每遇征伐，辄愿荷戈前驱，国家亦赖以挞伐，故永、保兵号为虓雄"⑦。面对国家的征调，土司也积极响应，所谓"调兵三千辄以六千至，调兵五千辄以万人至"⑧。武陵地区土司军队从征内地的规模相当可观，尤以明代为盛，其著名者如"（嘉靖）三十三年诏调宣慰彭尽臣帅所部三千人赴苏、松征倭。……既又调保靖土兵六千赴总督军前"⑨。"（万历）四十七年调保靖

---

① 民国《沅陵县志》卷6，转引自伍新福《湖南民族关系史》（上卷），民族出版社2006年版，第172页。

② （清）张天如纂修：《永顺府志》卷11《檄示·详革土司积弊略》，清乾隆二十八年（1763年），刻本。

③ （清）李勋修，（清）何远鉴、（清）张钧纂：《来凤县志》卷13《食货·户口》，清同治五年（1866年），刻本。

④ （清）张梓修，（清）张光杰纂：《咸丰县志》卷《建置》，清同治四年（1865年），刻本。

⑤ 高润身主笔《容美纪游注释》，天津古籍出版社1991年版，第47页。

⑥ （清）王鳞飞、（清）张秉堃修，（清）冯世瀛、（清）冉崇文纂：《增修酉阳直隶州总志》卷10《武备志·兵志》，清同治三年（1864年），刻本。

⑦ （清）张廷玉等撰：《明史》卷310《列传第一百九十八·湖广土司》，中华书局1974年标点本，第7983页。

⑧ （清）魏源撰，韩锡铎、孙文良点校：《圣武记》附录卷14《武事余记·议武五篇》，中华书局1984年标点本，第549页。

⑨ （清）张廷玉等：《明史》卷310《列传第一百九十八·湖广土司》，中华书局1974年标点本，第7998页。

兵五千，命宣慰彭象乾亲统援辽"①。"（万历）二十五年，东事棘，调永顺兵万人赴援。"②"（万历）四十六年调酉阳兵四千"援辽③。

土司军队大规模地应征进入内地，必然强化了武陵地区与内地的联系，对武陵地区各民族与兄弟民族特别是汉族的交往、交融，是有其积极意义的。同时，也是常常为此前学界所避讳的一点是，或因为风俗文化的差异，或由于纪律的废弛，土司军队在内地也有扰民不法的行为。如史载："时保、永二宣慰破倭后，兵骄，所过皆劫掠，缘江上下苦之。御史请究治，部议以土兵新有功，遽加罚，失远人心，宜谕责之。并令浙、直练乡勇，嗣后不得轻调土兵。"④ 此种情形必然会破坏民族关系的良性发展。

（2）土司及其部属朝贡进入内地。向朝廷纳贡本是土司应尽之责。自元代以来，武陵地区土司对于纳贡一事十分主动，史籍多有所载。比如，元代至顺三年（1332年）四月，"四川师壁、散毛、盘速出三洞蛮野王等二十三人来贡方物"。"四川大盘洞谋者什用等十四人来贡方物。"⑤ 洪武四年（1371年）"故元施南道宣慰使覃大胜弟大旺、副宣慰覃大兴，隆中路宣抚司同知南木什用、金洞安抚副使达谷什用、忠孝安抚司同知墨谷什用、隆奉宣抚同知驴谷什用、东乡五路军民府知府徒剌什用及四川容美洞宣抚使田光宝子答谷什用等来朝贡方物"。"永乐十六年，宣慰彭源之子仲率土官部长六百六十七人贡马。"⑥ "嘉靖七年，容美宣抚司、龙潭安抚司每朝贡率领千人。"⑦ 武陵地区僻处西南，朝贡之路可谓既阻且长，如此人员规模在当时是相当浩大了。

---

① （清）张廷玉等：《明史》卷310《列传第一百九十八·湖广土司》，中华书局1974年标点本，第7998页。

② 同上书，第7994页。

③ （清）张廷玉等：《明史》卷312《列传第二百·四川土司二》，中华书局1974年标点本，第8058页。

④ （清）张廷玉等：《明史》卷310《列传第一百九十八·湖广土司》，中华书局1974年标点本，第7994页。

⑤ （明）宋濂等：《元史》卷36《本纪第三十六·文宗五》，中华书局1976年标点本，第802—803页。

⑥ （清）张廷玉等：《明史》卷310《列传第一百九十八·湖广土司》，中华书局1974年标点本，第7991—7992页。

⑦ 同上书，第7989页。

对于土司的朝贡，中央政府基本上采取厚予薄取的优宠之策，所以土司朝贡除了取得了政治合法性之外，在物质利益方面也是大有可图。故有时土司不免以朝贡为生财捷径，甚至违法擅自朝贡，对地方多有骚扰。如史载，"嘉靖七年，容美宣抚司、龙潭安抚司每朝贡率领千人，所过扰害，凤阳巡抚唐龙以闻。礼部按旧制，进贡不过百人，赴京不过二十人，命所司申饬。忠孝安抚司把事田春者数十人称入贡，伪造关文，骚扰驿传，应天巡抚以闻。兵部议，土司违例入贡，且所过横索，恐有他虞，宜严禁谕。二十六年，腊壁峒等长官司入贡，礼部验印文诈伪，诏革其赏，并下按臣勘问"。①

故而，武陵地区土司及其部属大规模地朝贡，从其主流来看，必然促进了民族间的交往交流与民族关系的发展，但有时也不免引发一些冲突。

（二）汉文化在武陵地区的传播

土司时期，中央政府除了在制度、军事方面渐次强化了对武陵地区的控制，还在武陵民族地区大力推行汉文化教育，以更好地实施治理。

有元一代，"遐陬绝漠，先王声教所未暨者，皆有学焉"②。元至元十二年（1275年），宋末进士、蜀人王申子隐居湘西大庸天门山，设馆授徒，传授儒学③。在鄂西，元大德年间（1297—1307年）今恩施就建有学宫④。

迄至明清，汉文化教育更为风行。明洪武二十八年（1395年），朱元璋下令："诸土司皆立县学。"⑤ 弘治十四年（1501年），朝廷规定"土官

---

① （清）张廷玉等：《明史》卷310《列传第一百九十八·湖广土司》，中华书局1974年标点本，第7989页。
② （元）苏天爵：《元文类》卷41《杂著·礼典·学校》，转引自高福顺《民族多元互动与儒家文化认同下边疆民族区域文教举措的演进特征》，《中国边疆史地研究》2016年第1期。
③ 《大明一统志》卷62，转引自伍新福《湖南民族关系史》（上卷），民族出版社2006年版，第242页。
④ （清）王协梦修，（清）罗德昆撰：《施南府志》卷7《建置·学校》，清光绪十七年（1891年），刻本。
⑤ 《大明一统志》卷62，转引自伍新福《湖南民族关系史》（上卷），民族出版社2006年版，第242页。

应袭子弟，悉令入学，渐染风化，以格顽冥。如不入学者，不准承袭"①。清代则规定"应袭土官年十三以上者，命入学习礼，由儒学起送承袭。其族属子弟愿入学读书者，亦许仕进"②。这就从制度层面保障了汉文化教育的推行。诸土司也切实推行，比如鄂西卯洞土司向同廷发布《广修学舍告示》，倡修学校③；容美土司田世爵则自齐家做起，严格要求儿孙，"有不学者叱犬同系同食"④。

土司时期，历经数百年汉文化的浸润涵化，武陵民族地区社会文化面貌为之一变。比如，在武陵地区诸土司之中，出现了前所未有的文学世家。鄂西容美土司"每月初二、十六为诗会期，风雨无废"⑤。五世司主田世爵"博洽文史，工诗古文，下笔千言不休"⑥。自田世爵以下，人人有诗集，并由十世司主田舜年集成《田氏一家言》，传诸后世。田世爵之子田九龄与当时名擅文坛的公安三袁相互唱和，可见其文名之盛⑦。湘西永顺宣慰使彭世麟著有《永顺宣慰司志》⑧，就笔者所见，堪称我国第一部关于土司制度的著作，具有重要意义。此外，我们还可以从文化遗存中发现土司时期汉文化的流布。比如，鄂西唐崖土司遗址是武陵地区目前保存较为完好的土司遗址。2015年，湖北唐崖土司城遗址和湖南永顺老司城遗址、贵州播州海龙屯遗址，联合代表中国土司遗址申报世界文化遗产项目获得成功。笔者曾多次到唐崖土司遗址调研或观光，其最具代表性的遗存是大石坊，正、反两面分别镌题"荆南雄镇""楚蜀屏翰"，书法极具功底；四围所刻图案主要为"渔樵耕读""哪吒闹海""龙凤呈祥""断桥相会""槐荫送子""麒麟狮象"等，体现出鲜明的汉

---

① （清）张廷玉等：《明史》卷310《列传第一百九十八·湖广土司》，中华书局1974年标点本，第7997页。
② 赵尔巽等：《清史稿》卷273《列传六十·赵廷臣》，中华书局1977年标点本，第10030页。
③ （清）李勖修，（清）何远鉴、（清）张钧纂：《来凤县志》卷30《艺文志·广修学舍告示》，清同治五年（1866年），刻本。
④ 湖北省鹤峰县：《田氏族谱》卷3《世家五》，转引自段超《土家族文化史》，民族出版社2000年版，第212页。
⑤ 高润身主笔：《容美纪游注释》，天津古籍出版社1991年版，第47页。
⑥ 同上书，第4页。
⑦ 参见陈湘锋、赵平略《〈田氏一家言〉诗评注》，中央民族大学出版社1999年版。
⑧ 曹学群：《彭士愁的族属及来源新探》，《贵州民族研究》2003年第2期。

文化特质。

（三）武陵地区各民族的反抗斗争此起彼伏

土司时期，由于中央政府的苛政，或为灾荒所驱使，武陵地区各民族的反抗斗争此起彼伏。

比如，元至元十八年（1281年），"大小盘诸峒蛮叛，命（石抹按只）领诸翼蒙古、汉军三千余人戍施州，既而蛮酋向贵誓用等降，其余峒蛮之未服者悉平"。① 元至元二十一年（1284年）"时思、播以南，施、黔、鼎、澧、辰、沅之界，蛮獠叛服不常，往往劫掠边民，乃诏四川行省讨之。……十一月，诸将凿山开道，绵亘千里，诸蛮设伏险隘，木弩竹矢，伺间窃发，亡命迎敌者，皆尽杀之。遣谕诸蛮酋长率众来降，独散毛洞潭顺走避岩谷，力屈始降"。② 元至元年间，"初，黔中诸蛮酋既内附复叛，又巴洞何世雄犯澧州，泊崖洞田万顷、楠木洞孟再师犯辰州，朝廷尝讨降之。升泊崖为施溶州，以万顷知州事。三十一年，万顷复叛，攻之，不能下"。③ 延祐二年（1315年）二月，"辰、沅洞蛮吴千道为寇"。④ 明"洪武三年，慈利安抚使覃垕连构诸蛮入寇，征南将军周德兴平之。五年，复命邓愈为征南将军，率师平散毛等三十六洞，而副将军吴良复平五开、古州诸蛮凡二百二十三洞，籍其民一万五千，收集溃散士卒四千五百余人，平其地。未几，五开、五谿诸蛮乱，讨平之。十八年，五开蛮吴面儿反，势獗甚。命楚王桢将征虏将军汤和，击斩九谿诸处蛮僚，俘获四万余人，诸苗始惧。而靖、沅、道、澧之间，十年内亦寻起寻灭"。⑤ 洪武二十三年（1390年）"凉国公蓝玉克散毛洞，擒刺惹长官覃大旺等万余人。……时忠建、施南叛蛮结寨于龙孔，玉遣指挥徐

---

① （明）宋濂等：《元史》卷154《列传第四十一·石抹按只》，中华书局1976年标点本，第3642页。

② （明）宋濂等：《元史》卷162《列传第四十九·李忽兰吉》，中华书局1976年标点本，第3794—3795页。

③ （明）宋濂等：《元史》卷162《列传第四十九·刘国杰》，中华书局1976年标点本，第3811页。

④ （明）宋濂等：《元史》卷25《本纪第二十五·仁宗二》，中华书局1976年标点本，第568页。

⑤ （清）张廷玉等：《明史》卷310《列传第一百九十八·湖广土司》，中华书局1974年标点本，第7983页。

玉将兵攻之,擒宣抚覃大胜,余蛮退走。玉复分兵搜之,杀获男女一千八百余人,械大胜及其党八百二十人送京师。磔大胜于市,余成开元,给衣粮遣之"。①

相关记载可谓史不绝书,且其中不乏荼毒惨烈之战,如平定五开蛮吴面儿、施南蛮覃大胜等,反映了封建专制政府对武陵地区各民族的压迫,必然会严重破坏民族关系,造成民族间的隔阂。

(四)在一定程度上,武陵地区三大主体民族土家族、苗族、汉族之间形成了不平等的民族格局

对于土家族而言,其在武陵地区已经占据了主体民族的地位。从史籍记载来看,武陵地区土司多由土家族担任,如鄂西容美宣慰司田氏、施南宣抚司覃氏,湘西永顺宣慰司彭氏、保靖宣慰司彭氏、桑植宣慰司向氏,渝东南酉阳宣慰司冉氏,贵州思南宣慰司田氏,从其姓氏上来看皆为现今土家族中的大姓,应属土家族无疑。潘光旦先生也曾指出:"元代以来,湘西的土司一般地、十有八九地,由'土家'人充当。"② 汪明瑀先生在论及湘西地区历史发展进程时更进一步指出:"远自唐代起,无论在土司制度实行前后,凡属当土官的一贯是土家人。"③ 20世纪50年代,对武陵地区的民族社会状况调查也表明:"土家未受压迫歧视,昔时富室以土家为多,科名以土家为盛,绅权以土家为大,并不像苗、瑶、侗各族在政治经济文化方面都受到压迫和歧视。"④ 可以说,相关学者的观点都是这种历史格局的体现。

就苗族而言,则基本上处于受压迫的地位。一方面,苗族在政治权力体系中处于相当边缘的位置。吴永章先生认为,在我国历史上,苗族土司"较为罕见"⑤,即便间或有苗族土司之设,"其土官衙门级别很低,

---

① (清)张廷玉等:《明史》卷310《列传第一百九十八·湖广土司》,中华书局1974年标点本,第7985—7986页。

② 潘光旦:《湘西北的"土家"与古代的巴人》,载潘乃穆、潘乃和编《潘光旦文集》,北京大学出版社2000年版,第432页。

③ 汪明瑀:《湘西土家概况》,载中央民族学院研究部编《中国民族问题研究集刊第四辑》,中央民族学院研究部1955年版,第196页。

④ 瞿崇文:《省政协民族工作组土家族识别问题讨论会第三、四次会议记录附件第一》,载彭振坤编《历史的记忆》,贵州民族出版社2003年版,第293页。

⑤ 吴永章主编:《中南民族关系史》,民族出版社1992年版,第276页。

维持的时间也不长"①。另一方面，苗族常常受到土家族土司辖制与宰割。如方志所载，"明代土司最重，盖借以防苗也"。②"苗民受土司荼毒，更极可怜，无官民之礼，而有万世奴仆之势。"③"古丈坪之苗人，夙隶于土弁，威足钳制，遇有征调，辄抽苗丁口，督令先驱，无敢违者。"④ 相沿日久，在武陵地区的民族格局中已经形成了某种程度上的土家族对于苗族的优势地位，如湘西龙山"原系土司之地，土势盛而苗势微也"⑤。永绥、凤凰、乾州三厅"苗叛时，惟沿边土蛮不从乱。土蛮者，故土司遗民也，聚众自保，苗甚惮"。⑥"故论苗疆挞伐之师，集官兵不如练乡勇，而练乡勇不如团土人"，"永顺、保靖土人前代征苗宣力最多……自雍正间改土归流，土兵亦革，而察其耐劳习险，素为苗人所慑服。"⑦ 在武陵地区，苗族长久以来被弹压之下的悲情境遇已经成为某种历史记忆，影响深远，在20世纪上半叶沈从文先生对湘西世界的描述中仍有踪迹可循⑧。

至于汉族，则基本上处于对于土司的依附地位，具有明显的"流民"特征。如方志所载："土司旧例，外来穷民来至土司地方挖山种地，该管舍把每年勒送盐米，并四时节礼，方许耕种。"⑨"土司旧例，每逢年节，凡商贾客人，俱须馈土官、家政、舍把、总理等礼物，名曰节礼。倘有

---

① 吴永章主编：《中南民族关系史》，民族出版社1992年版，第272页。
② （清）林继钦、（清）龚南金修，（清）袁祖绶纂：《保靖县志》卷12《杂识》，清同治十一年（1872年），刻本。
③ （清）蓝鼎元：《论边省苗蛮事宜书》，见（清）贺长龄辑《皇朝经世文编》卷86《兵政》，广百宋斋1925年铅印本。
④ （清）董鸿勋纂修：《古丈坪厅志》卷6《建置三》，清光绪三十三年（1907年），铅印本。
⑤ （清）缴继祖修，（清）洪际清纂：《龙山县志》卷16《艺文下》，清嘉庆二十三年（1818年），刻本。
⑥ 《皇朝经世文编卷88》，转引自伍新福《湖南民族关系史》（上卷），民族出版社2006年版，第253页。
⑦ （清）严如煜编：《苗防备览》卷22《杂识》，1644年，刻本。
⑧ 在沈从文的名篇《长河》中，写到老水手与船主聊天时，谈到地方上军队的调动，船主说："怎么省里还调兵上来？又要大杀苗人了吗？苗人不造反，也杀够了！"参见沈从文《沈从文文集》卷七《小说》，花城出版社、香港三联书店1983年版，第103页。
⑨ （清）张天如纂修：《永顺府志》卷11《檄示·详革土司积弊略》，清乾隆二十八年（1763年），刻本。

不周，非强取其货物，即抄掠其资本。"① 至今，在武陵地区，土家族还惯于把汉族称为"客家"，也隐晦地反映了这种历史上形成的依附关系。

二 改土归流与武陵地区民族关系的发展

前文论及，土司制度在本质上是中央王朝在条件尚不具备的情况下，对民族地区实行的间接统治，其与大一统的政治格局是相悖的。把民族地区纳入国家统一的疆域与行政治理体系之中是中央王朝的政治目标，其根本措施就是废除主要由地方豪酋世袭的土官制度，推行由中央政府任命的流官制度，即"改土归流"。只要条件许可，改土归流必然会成为中央王朝的首选之策，所谓"欲安民必先制夷，欲制夷必改土归流"②。改土归流把民族地区直接纳入中央王朝的政治、经济乃至文化教育体系之中，虽然地理阻隔依旧存在，但民族地区再也不是"徼外""化外"之地，必然会极大地促进民族间的交往交融，促进中华民族共同体的发展壮大。同时，需要正视的是，改土归流也是封建专制发展的结果，其具体的政策、措施不乏"强制同化"的因素，对于民族关系的发展有着不可忽视的负面影响。

武陵地区改土归流肇始于明永乐十二年（1414年），废思南、思州二宣慰，"遂分其地为八府四州，贵州为内地，自是始"③。在清雍正年间达到顶峰，所谓"两府（施南府、永顺府）既设，合境无土司名目"④。改土归流对于武陵地区民族关系的深远影响主要体现在如下方面。

（一）促进了武陵地区经济社会发展，推动了区域经济结构与社会性质的转型

从经济社会发展的角度考察，改土归流对武陵民族地区而言可以说

---

① （清）张天如纂修：《永顺府志》卷11《檄示·详革土司积弊略》，清乾隆二十八年（1763年），刻本。
② 赵尔巽等：《清史稿》卷512《列传二百九十九·土司一·湖广》，中华书局1977年标点本，第14204页。
③ （清）张廷玉等：《明史》卷316《列传第二百四·贵州土司》，中华书局1974年标点本，第8178页。
④ 赵尔巽等：《清史稿》卷512《列传二百九十九·土司一·湖广》，中华书局1977年标点本，第14208页。

是一场规模空前的大开发,推动了武陵地区经济社会的发展,促进了武陵地区经济结构与社会性质的转型,为区域内各民族共同体的进一步发展与质的飞跃奠定了经济与制度基础。

1. 改土归流以后,流官政府实行了一定程度的善治,推动了武陵地区民族经济的繁荣,促进了区域内各民族共同体的稳定与发展。

首先,中央政府强化吏治,以稳定和巩固对民族地区的控制。流官一般较有德政,比如鹤峰知州毛竣德、永顺知府袁承宠,都为一时名吏。流官政府积极劝务农耕,如来凤知县丁周发布《谕阖邑诸民区种田法、家桑山桑蚕法示》推广种田技术,鼓励蚕桑之业①;鹤峰知州毛峻德有《劝民蓄粪》《劝民告条》《劝积贮》诸告示,劝勉发展农桑②。对于作奸犯科者也严加约束,如雍正六年(1728年),永顺府"副将杨凯不能严束兵丁""同知铁显祖私派强占",俱交有司"一一解审,定拟具奏"。③ 雍正七年(1729年),永顺府土、苗民众控告同知潘果"酷刑重耗,滥差妨民,纵役强奸民妇女",劣迹昭著,清廷迅即派员审理,以平民愤④。

其次,为收拾人心,清廷在武陵地区实行了轻徭薄赋的政策,与民休息,比如鄂西施南"自改府设县以来,计其征输之入,按以俸工兵饷之支,仰给藩库者,且什九焉"。⑤"至乾隆二年未完秋粮,一并豁免。"⑥ 在湘西,雍正八年(1730年),"著将永顺一府秋粮二百八十两豁免一年,俾土民咸知向日火坑等项,从此永远蠲除"。⑦ 土司时期的许多苛取之规,也被废止。如"查土司向日,凡民间烧锅一口名为火坑一个,每一火坑每年派征银三钱。如有多者,照数加征,倘有别项事故,亦照火

---

① 鄂西土家族苗族自治州民族事务委员会编:《鄂西少数民族史料辑录》,鄂西土家族苗族自治州民族事务委员会1986年版,第269页。
② (清)毛峻德:《鹤峰州志》卷首,清乾隆六年(1741年),刻本。
③ (清)张天如:《永顺府志》卷首《上谕》,清乾隆二十八年(1763年),刻本。
④ 同上。
⑤ (清)松林等:《增修施南府志》卷12《食货》,清同治十年(1871年),刻本。
⑥ 鄂西土家族苗族自治州民族事务委员会编:《鄂西少数民族史料辑录》,鄂西土家族苗族自治州民族事务委员会1986年版,第286页。
⑦ (清)林继钦、(清)龚南金修,(清)袁祖绶纂:《保靖县志》卷1《天章志·诏谕》,清同治十一年(1872年),刻本。

坑另派，以致穷苦土民，实不堪命。……宜永行革除"。①

改土归流后，武陵地区的社会经济有了较大发展，整体风貌为之一变。以鄂西施南府为例，史载"施在前代，……生齿凋敝极矣。……迨诸土司革心向化，始改土归流，重以圣圣相继，休养生息，涵煦百有余年，遂使学校、农桑同乎内地。户口之滋生，物产之繁殖，近古以来所未闻也"。②

2. 改土归流以后，武陵地区民族社会的生产关系与经济结构出现了结构性的转型，各民族共同体的发展实现了质的飞跃。

土司时期，武陵地区各民族经济社会发展比较落后，有些还处于从游耕到定居农业的过渡阶段。比如，湘西的部分苗族，"既种三四年，则弃地别垦"，"弃之数年，地力既复，则仍垦之"③。鄂西容美土司"地土瘠薄，三寸以下皆石，耕种止可三熟，则又废而别垦，故民无常业"。④

改土归流之后，武陵地区封建地主经济得到较大发展，逐渐取代了封建领主制经济，主要表现在土地占有状况和生产者身份的变化上。改土归流以前，土司占有势力所及范围内大部分的山地林木川河，是最大的封建领主。改土归流之后，清廷将原土司及属下人等占有的田土，或没作官田，或由土民垦种。例如鹤峰"州属官田，系改土以后，知州毛峻德奉文，将土司之入官田产，置庄招佃，领种纳租"。⑤ "土官之官山，任民垦种。其鱼塘、茶园、竹林、树木、崖腊等项，任民采用，一无严禁，并不存在公家之物，而民咸优游往取，视若已有矣。"⑥ 流官政府还鼓励垦荒，如鹤峰州，"民间有主荒土，到处尚多未开。原限本年全熟，因何宽缓延挨。来年如有未垦，外地招农进来。不论有主无主，概作官

---

① （清）张天如：《永顺府志》卷11《檄示》，清乾隆二十八年（1763年），刻本。
② 鄂西土家族苗族自治州民族事务委员会编：《鄂西少数民族史料辑录》，鄂西土家族苗族自治州民族事务委员会1986年版，第274页。
③ （清）严如煜编：《苗防备览》卷8《风俗》，1644年，刻本。
④ 高润身主笔：《容美纪游注释》，天津古籍出版社1991年版，第89—90页。
⑤ 鄂西土家族苗族自治州民族事务委员会编：《鄂西少数民族史料辑录》，鄂西土家族苗族自治州民族事务委员会1986年版，第263页。
⑥ （清）李瑾纂修，（清）王伯麟续撰修：《永顺县志·原序》，清乾隆十年（1745年），刻本。

土赏栽。并即发给印照，永远管业不改，敢有执据阻拦，按律计荒究解"。① 清廷在改土归流地区统一丈量田亩，保护土地私有，所谓有产之家"官给印照，永远为业，按田肥瘠，分别给科"②。改土归流后，原为土司庄园奴隶的土民摆脱了奴隶的地位，如容美土司改流后，被其掠夺为奴的原保靖司之民即获准还家复业③；原为土司统治下的农民统一编册入籍，人身依附关系有所改变，成为封建地主经济制度下的农民。在湘西永顺府地区，土民"有产之家，令有司详明劝谕，许将伊等祖父遗留，或用价置买，或招佃开垦，已经成熟田若干亩，开明四至，并将上中下地亩价值若干之处，限一年内自行开报，地方官给与印照，准其永远为业"。④ 即承认土地私有，表明封建地主土地所有制取得了合法地位。

同时值得注意的是，改土归流后，武陵地区商业渐趋发达，商品经济也有相当发展。外地商人大量贩入食盐、布匹等本地不出之物，药材、生漆、桐油、碱等土产品也大量销往山外。诚如同治《来凤县志》所记："贾人列肆，所卖汉口、常德、沙市之货不一，广货、川货，四时皆有，京货、陕货亦已时至。""邑之卯洞，可通舟楫，直达江湖，县境与邻邑，所产桐油、靛、倍，俱集于此，以江左楚南贸易麇至，往往以桐油诸物，顺流而下，以棉花诸物逆水而上。"⑤ 施南府设置以后，"荆楚吴越之商，相次招类偕来"⑥。湘西永顺府"江右闽广之人亦贸易于此"⑦。

马克思主义民族理论认为，民族是生产力和生产关系这一对人类社会基本矛盾运动发展到一定阶段的必然产物，一般而言，民族形成于原始社会末期，随着人类社会的不断发展，民族也呈现多样的形态，表现

---

① 鄂西土家族苗族自治州民族事务委员会编：《鄂西少数民族史料辑录》，鄂西土家族苗族自治州民族事务委员会1986年版，第265页。

② 吴永章：《中国土司制度渊源与发展史》，四川民族出版社1988年版，第263页。

③ （清）张天如：《永顺府志》卷12《杂记》，清乾隆二十八年（1763年），刻本。

④ （清）林继钦、（清）龚南金修，（清）袁祖绶纂：《保靖县志》卷1《天章志·诏谕》，清同治十一年（1872年），刻本。

⑤ 鄂西土家族苗族自治州民族事务委员会编：《鄂西少数民族史料辑录》，鄂西土家族苗族自治州民族事务委员会1986年版，第274页。

⑥ （清）多寿修，（清）罗凌汉撰：《恩施县志·风俗》卷7，清同治七年（1868年）刻本，民国六年（1917年）增刻。

⑦ （清）张天如：《永顺府志》卷10《风俗》，清乾隆二十八年（1763年），刻本。

出各自的特点①。如上所述，改土归流以后，武陵地区民族社会在社会性质上逐渐由封建领主制发展到封建地主制，个体家庭已经成为社会基本的生产单位和组织单位，地缘关系进一步成为民族成员之间最主要的联系纽带；与之相应的是，各民族也发展成为封建主义阶段的民族共同体，并为向现代民族的过渡做好了准备。

（二）武陵地区各民族汉化进程明显加快，主流是自然同化，也有一定程度的强制同化

学校教育成为武陵地区主要的教育方式，儒学得到广泛传播，武陵地区各民族汉化进程明显加快，主流是自然同化，也有一定程度的因封建专制与文化冲突导致的强制同化。

1. 以儒学为核心的汉文化教育在武陵地区得到大力推行，武陵地区各民族汉化进程加快。

改土归流后，流官政府在武陵地区大兴学校，推行汉文化。如鹤峰知州毛峻德有《义馆示》倡设义馆，以兴文化②。利川县"邑中义学，凡十有四"，其中四所为改土归流后设立③。

在湘西，"在原湘西'生苗'区，康熙四十三年（1704年），建凤凰厅学宫；雍正十一年（1733年），建永绥厅学。雍正十二年（1734年），建乾州厅学"。④ 雍正八年（1730年），清廷征服六里红苗，"每里设义学二处"，"化导日多，义馆随时增设"⑤。"雍正十一年题定府学设教授一员，四县学各训导一员，建学宫、学署，永顺府城建考棚一所，照例岁科两试。"⑥ 清廷在平定乾嘉苗民起义之后，在苗疆大举兴学。嘉庆十二年（1807年），"添设屯苗义学各五十馆，令丁勇、苗民子弟就近读书，并于朔望宣讲圣谕广训，以资化导"。⑦

---

① 金炳镐：《民族理论通论》（修订本），中央民族大学出版社2007年版，第91—97页。
② （清）毛峻德：《鹤峰州志》卷首，清乾隆六年（1741年），刻本。
③ （清）黄世崇纂修：《利川县志》卷8《学校》，清光绪二十年（1894年），刻本。
④ 伍新福：《湖南民族关系史》（上卷），民族出版社2006年版，第348页。
⑤ （清）李瀚章等修，（清）曾国荃等纂：《湖南通志》卷84《武备·苗防四》（光绪），商务印书馆民国二十三年（1934年）影印本，第1926页。
⑥ （清）张天如：《永顺府志》卷5《学校》，清乾隆二十八年（1763年），刻本。
⑦ 《苗疆屯防实录》卷5，转引自伍新福《湖南民族关系史》（上卷），民族出版社2006年版，第350页。

政府还采取特殊的制度措施鼓励武陵地区各民族子弟参与科举考试。比如，在录取名额上，对土民、苗民子弟特示照顾。如在鄂西，乾隆四年（1739年），"宣恩、来凤、咸丰、利川四县新疆土童，另编新字号，附入恩施县学一体考试"①。如在湘西，"桑植县……酌定八名，内客取二名，其六名，俱取土民。永、保、龙三县，亦多取土童，少取客童，……以土三客一为率"②。乾隆五十年（1785年）"酌定苗疆学额"③。此外，对于苗民子弟赴考还给予经济支持，如"苗生则无论科考之正案录取与否，凡赴乡试者，各给盘费银十两"④。

大力推行儒学教育，极大地促进了武陵地区文化事业的发展。如方志所记，鄂西施南府"文治日新，人知向学"⑤。湘西龙山"土籍子弟，气质移易。衣冠语言，灿于观听"⑥。永顺府"诗书弦诵，野有秀民"⑦。古丈坪"土人大都移易旧风，仕宦为将吏显名者多人，一切同于民籍，读书能文者，亦时有之"⑧。

2. 流官政府出于强化治理的需要，以及基于文化中心主义的立场，在武陵地区进行强制的移风易俗，导致了相当程度的强制通化。

改土归流以后，流官政府对武陵地区的一些所谓"积弊""陋俗"进行了强制性的革除。一方面，流官政府从统治治理的角度，先入为主地判定这些"积弊""陋俗"妨碍了封建统治秩序的建立与稳定；另一方面，流官概由中央政府任命，都是经由科举取士而来，受儒家文化浸淫颇深，惯于从自身文化中心主义的立场出发，将武陵地区各民族不合儒

---

① （清）李勖修，（清）何远鉴、（清）张钧纂：《来凤县志》卷8《建置》，清同治五年（1866年），刻本。
② （清）张天如：《永顺府志》卷5《学校》，清乾隆二十八年（1763年），刻本。
③ （清）李瀚章等修，（清）曾国荃等纂：《湖南通志》卷84《武备·苗防四》（光绪），商务印书馆民国二十三年影印本，第1930页。
④ 《苗疆屯防实录》卷29，转引自伍新福《湖南民族关系史》（上卷），民族出版社2006年版，第351页。
⑤ （清）多寿修，（清）罗凌汉撰：《恩施县志》卷7《风俗志》，清同治七年（1868年）刻本，民国六年（1917年），增刻。
⑥ （清）符为霖、（清）吕懋恒修，（清）刘沛纂，（清）谢宝文续修，（清）刘沛续纂：《龙山县志》卷11《风俗》，清同治九年（1870年），刻本，清光绪四年（1878年），续刻。
⑦ （清）张天如：《永顺府志》卷10《风俗》，清乾隆二十八年（1763年），刻本。
⑧ （清）董鸿勋：《古丈坪厅志》卷10《民族下》，清光绪三十三年（1907年），铅印本。

家礼仪的民风民俗视作荒诞不经之事。如清廷在开辟生苗地区以后,时任湖广提督俞益谟即提出《抚苗六条》,其三为"薙发去环",强迫苗民改服易俗①。鹤峰知州毛峻德发布了《禁端公邪术》《禁肃内外》等文告②。保靖知县王钦命专门颁布《示禁短衣赤足》檄示,要求居民衣着"照汉人服色",同时还颁布了《示禁白布包头》《示禁婚嫁襁负》《示禁火床同居》等禁令③。永顺知府袁承庞颁布《详革土司积弊略》凡二十一条,举凡"杀牲饮血""骨种、坐床""摇手摆项""男女服饰均皆一式""翁姑子媳联为一榻"等土家族风俗,都视作"土司恶俗之宜急禁也"④。永顺知县王伯麟亦颁布《禁陋习四条》,"禁勒取骨种","禁违律转房","禁违例争赎远年田产","禁男女混杂坐卧火床"⑤。不难发现,流官政府所禁者,都是武陵地区各民族的传统民族文化。

这种强制性的文化变迁必然极大地加速了武陵地区各民族传统文化消亡的进程,也必然会引起相关民族的抗争。以乾嘉苗民起义而论,孙秋云教授从文明传播史的角度出发,认为十八世纪雍乾、乾嘉苗民起义,其要旨是反对中央王朝的政治同化和文化整合,维护苗族原生文明和苗文明体利益的武装暴动⑥。笔者深以为是。

(三)武陵地区三大主体民族土家族、苗族、汉族的民族特征日益彰显,民族边界日益固化

检阅武陵地区诸方志,就民族格局而言,一个突出的现象是改土归流之后出现了大量的土、苗、客(汉)并举的材料。如"永顺隶楚极边,土人、汉人、苗民杂处。土人十分之四,汉人三分,苗民亦仅三分"。⑦

---

① (清)但湘良:《湖南苗防屯政考·卷三》,转引自伍新福《湖南民族关系史》(上卷),民族出版社2006年版,第276页。
② (清)毛峻德:《鹤峰州志》卷首,清乾隆六年(1741年),刻本。
③ (清)林继钦、(清)龚南金修,(清)袁祖绶纂:《保靖县志》卷11《祥异志》,清同治十一年(1872年),刻本。
④ (清)张天如:《永顺府志》卷11《檄示》,清乾隆二十八年(1763年),刻本。
⑤ (清)李瑾纂修,(清)王伯麟续撰修:《永顺县志》卷4《风土志》,清乾隆十年(1745年),刻本。
⑥ 孙秋云:《文明传播视野下的雍乾、乾嘉苗民起义》,《中南民族大学学报》(人文社会科学版)2007年第3期。
⑦ (清)李瑾纂修,(清)王伯麟续撰修:《永顺县志》卷4《风土志》,清乾隆十年(1745年)标点本,刻本。

"嗣后无论汉苗土客,由各属按季清查,切实详报。"① "土蛮与苗种类各别。"② 乾隆年间,湘西永顺、保靖、龙山三县科考,童生"俱已遵照填明土、客、苗三籍"③。光绪《古丈坪厅志》在述及民族状况时,专门分为土族、客族、苗族④。乾隆二十五年(1760年),永顺府在作户口统计时,也分立土家户、苗户、客户三大类别⑤。

可见在改土归流之后,武陵地区三大主体民族——土家族、苗族、汉族的民族特征已经非常显著,民族边界已相当清晰,并因得到官方的体制性确认而固化下来。

(四)武陵地区各民族交往交融的程度有所加深,民族关系进一步良性发展

改土归流之后,由于行政治理体系的统一,加之汉文化教育的强化,武陵地区各民族在文化习俗方面进一步相互影响,民族关系更加密切。比如,湘西地区"苗瑶相化,乐与民人亲近,而民人亦因其亲近,遂与之交往,或认干亲,或结弟兄,彼此绸缪"。⑥"兵苗纵非结亲,而苗人子女寄拜兵丁为干爷名色。"⑦ 龙山县"旧寨三十二,苗、土杂居,今同编户"。⑧ "永、保、酉、平诸土司,实环诸苗境外……土人具与苗为婚姻。"⑨ "土人能官话,苗人亦间有学官话者。客户则杂,各从其乡谈土音也。"⑩ 可见各民族在婚姻、语言等民族关系的核心层面上都出现了相当程度的交融。

---

① (近)刘锦藻:《清朝续文献通考(1)》卷25《户口一》,浙江古籍出版社2000年标点本,考7763。

② (清)严如煜编:《苗防备览》卷17《要略》,1644年,刻本。

③ (清)张天如:《永顺府志》卷11《檄示·桑植县客童应考详》,清乾隆二十八年(1763年),刻本。

④ (清)董鸿勋:《古丈坪厅志》卷9《民族上》,清光绪三十三年(1907年),铅印本。

⑤ (清)张天如:《永顺府志》卷4《户口》,清乾隆二十八年(1763年),刻本。

⑥ (清)张天如:《永顺府志》卷11《檄示·抚苗条款》,清乾隆二十八年(1763年),刻本。

⑦ (清)严如煜编:《苗防备览》卷22《杂识》,1644年,刻本。

⑧ (清)李瀚章等修,(清)曾国荃等纂:《湖南通志》卷81《武备·苗防一》(光绪),商务印书馆民国二十三年(1934年)影印本,第1878页。

⑨ 《明世宗实录》卷315,转引自伍新福《湖南民族关系史》(上卷),民族出版社2006年版,第181页。

⑩ (清)张天如:《永顺府志》卷10《风俗》,清乾隆二十八年(1763年),刻本。

（五）民族关系出现了一定程度的紧张与隔阂

特定时期剧烈的民族冲突，以及因为过度移民而导致的资源压力，在一定程度上造成了民族关系的紧张与隔阂。

1. 改土归流进程中，清廷政府对武陵地区的军事征讨与镇压导致了相关民族的苦难，不可避免地造成了民族关系的鸿沟。

比如，清廷在开辟苗疆的过程中，就进行了血腥的杀戮，斩首动辄数百，乃至数千，灭寨无数。时任湖广提督俞益谟颁布《戒苗八条》等文告，措辞森严，如"杀内地一人者，我定要两苗抵命"，"即将尔寨子先行屠戮"，"定行诛戮"，等等，可谓杀气毕露①。

改土归流以后，武陵地区发生的最重大的民族冲突事件当属乾嘉苗民起义，起义自乾隆六十年（1795年）爆发，清廷以云贵总督统领两湖、两广、云贵川七省官兵，计十余万人，至嘉庆十年（1805年）方才平定局势。乾嘉苗民起义期间，苗民反抗至为激烈悲壮，清廷镇压也极其酷烈荼毒②。乾嘉苗民起义对武陵地区民族关系的进程产生了重大影响。

第一，就苗汉关系而言，苗民起义的重要诱因即因汉人对苗民的盘剥，从而激化了苗民仇恨汉人的积怨。改土归流以后，大量汉人进入苗族地区，文化程度、经济地位均占优势，平日对苗民也多有欺压盘剥之举，为数甚多，以致乾隆二十四年（1759年），时任湖南巡抚曾颁布檄文严禁民人盘剥苗、瑶民众，文曰："每有民人知其困乏，或以谷米，或以银钱，重利放贷。苗、瑶止顾目前，称贷以后，无力偿还，利上盘剥，积少成多，更难清楚，以致受民追迫凌辱。"③且此种放贷多是以谋夺田产为目的，如史籍所载："往往收获甫毕盘无余粒，此债未清，又见彼债，盘剥既久，田产罄尽。"④这势必造成苗民产业的被剥夺，如永绥厅始设时，"环城外寸地皆苗，不数十年尽占为民地"⑤。所以，"逐客民，

---

① （清）但湘良：《湖南苗防屯政考》卷3，转引自伍新福《湖南民族关系史》（上卷），民族出版社2006年版，第276页。
② 参见伍新福《湖南民族关系史》（上卷）第五章第四节，民族出版社2006年版。
③ （清）张天如：《永顺府志》卷11《檄示·抚苗条款》，清乾隆二十八年（1763年），刻本。
④ （清）严如煜编：《苗防备览》卷22《杂识》，1644年，刻本。
⑤ （清）魏源撰，韩锡铎、孙文良点校：《圣武记》卷7《土司苗瑶回民·乾隆湖贵征苗记》，中华书局1984年版，第314页。

复故地"就成为苗民起义的一项重要主张①。"当乾隆乙卯逆苗蠢动……辄有杀客人口号也。"② 也有学者指出,乾嘉苗民起义之所以发生,显然是"客民"——即汉族移民——大量涌进苗疆的结果③。

第二,就苗土关系而论,前文述及,土司时期,土家族就已成为武陵地区的主体民族;改土归流以后,土家族对于苗族的优势继续得到强化。方志所载多有,比如"苗民不知文字……有所控告者必倩土人代书。"④"归化既久,苗犹知畏土也。"⑤ "土俗……劲勇善斗。沿边苗寨,虽犷悍,于土官,决不敢轻犯。"⑥

自苗民起义以来,流官政府皆视苗民为顽敌,地方大员概以剿抚苗民为要务,如傅鼐《治苗论》、严如煜《总论苗境事宜务为筑堡议》⑦、刘应中《平苗序》、黄中理《抚苗记》⑧、俞益谟《戒苗条约》⑨、杨瑞珍《剿苗论》等等⑩。

为强化控制,流官政府还颁布了一系列禁令,实施民族隔离政策。如康熙四十六年(1707年),湖广总督郭世隆"请沿边安设塘汛,禁内地民与苗往来,并勿与为婚姻"⑪。乾隆二十四年(1759年),时任永顺巡抚颁布《抚苗条款》,"禁民苗私相结纳……有苗各厅、州、县务须严禁,不许与苗私相交结,并令峒寨各总长晓谕各苗瑶,不得与民人往来,

---

① 游俊、李汉林:《湖南少数民族史》,民族出版社2001年版,第250页。
② (清)林继钦、(清)龚南金修,(清)袁祖绶纂:《保靖县志》卷12《杂识》,清同治十一年(1872年),刻本。
③ [美]费正清、[美]刘广京编:《剑桥中国晚清史》(上),中国社会科学院历史研究所编译室译,中国社会科学出版社1985年版,第140—141页。
④ (清)严如煜编:《苗防备览》卷8《风俗上》,1644年,刻本。
⑤ (清)严如煜编:《苗防备览》卷2《村寨上》,1644年,刻本。
⑥ (清)林继钦、(清)龚南金修,(清)袁祖绶纂:《保靖县志》卷12《杂识》,清同治十一年(1872年),刻本。
⑦ (清)董鸿勋:《古丈坪厅志》卷16《艺文下》,清光绪三十三年(1907年),铅印本。
⑧ (清)王玮:《乾州厅志》卷3《艺文志》,清乾隆四年(1739年),刻本。
⑨ (清)蒋琦溥等纂修,(清)林书勋续修,(清)张先达续纂:《乾州厅志》卷7《苗防志一》,清同治十一年(1872年),刻本,清光绪三年(1877年),续刻。
⑩ (清)周玉衡等修,(清)杨瑞珍纂:《永绥直隶厅志》卷4《艺文门》,清同治七年(1868年),刻本。
⑪ 赵尔巽等:《清史稿》卷275《列传六十二·郭世隆》,中华书局1977年版,第10062页。

违者究处"。① 直至光绪十五年（1889 年），流官政府还"禁止苗官苗民住城内"②。

尤为甚者，苗民起义之后，清廷在湘黔苗区大修碉堡哨卡，形成所谓边墙，更是将苗民特别是所谓"生苗"与其他民族隔离开来。如史载："苗疆沿边七百余里，均已寸节安设碉卡，将苗地全行圈围在内，苗人不能窜越内地。"③ 此举必然阻遏了民族间的往来交融，破坏了民族关系的发展。

2. 改土归流以后，以汉族为主的移民大规模地进入武陵地区，必然占有大量的生存资源，在一定程度上导致了民族关系的紧张。

土司时期，"土人不许出境，汉人不许入峒"④。改土归流以后，此项禁令被打破，大量汉人进入武陵地区。比如，在鄂西地区，施南府设置以后，"四处流人闻风渐集"⑤。利川"自改土以来，流人麇至"⑥，恩施"流民挈妻负子"，"户口较前奚啻十倍"⑦。湘西地区，"其属巨族，自来客籍为多"⑧，"土著之民不娴匠作，所需木石铜铁之工，多自桃源、蒲圻、辰州来者。"⑨

一般而言，某一"资源—生态"体系的承载能力必然是有上限的，人口越多越集中，对该体系的压力也越大。武陵地区也是如此，改土归

---

① （清）张天如：《永顺府志》卷 11《檄示·抚苗条款》，清乾隆二十八年（1763 年），刻本。

② （清）但湘良：《湖南苗防屯政考》卷 6，转引自伍新福《湖南民族关系史》（上卷），民族出版社 2006 年版，第 313 页。

③ （清）但湘良：《湖南苗防屯政考》卷 11，转引自伍新福《湖南民族关系史》（上卷），民族出版社 2006 年版，第 301 页。

④ （清）李焕春等纂修，（清）龙兆霖续纂修，（清）郑敦祜再续纂修：《长乐县志》卷 3《山水志》，清咸丰二年（1852 年）刻本，清同治九年（1870 年）补刻，清光绪元年（1875 年）续补刻。

⑤ （清）多寿修，（清）罗凌汉撰：《恩施县志》卷 7《风俗志》，清同治七年（1868 年）刻本，民国六年（1917 年）增刻。

⑥ （清）何惠馨修，（清）吴江纂：《利川县志稿》卷 7《选举志》，清同治四年（1865 年），刻本，民国三十二年（1943 年），利川县合作金库，抄本。

⑦ （清）多寿修，（清）罗凌汉撰：《恩施县志》卷 7《风俗志》，清同治七年（1868 年）刻本，民国六年（1917 年）增刻。

⑧ （清）缴继祖修，（清）洪际清纂：《龙山县志》卷 11《武功》，清嘉庆二十三年（1818 年），刻本。

⑨ （清）周来贺：《桑植县志》卷 3《学校》，清同治十一年（1872 年），刻本。

流以后人口的大量涌入导致了对区域内自然资源的过度开发。如地方文献所记："从前所弃为区脱者,今皆尽地垦种之,幽岩深谷,亦筑茅其下,绝壑穷巅亦播种其上,可谓地无遗利,人无遗力矣。"①"众来斯土,斧斤伐之,可以为生,昔日青山为之一扫光矣。禽兽逃匿,鱼鳖罄焉。追忆昔日入山射猎之日、临渊捕鱼之时,取之不尽,用之不竟,不可复得矣。"②

同时,汉人进入武陵地区后多以商贾、技艺为业,一般在经济地位上处于优势,在一定程度上会形成对当地小农经济的盘剥。如汪明瑀先生指出,过去"土家的贸易没有自己的中心市场,在市镇做买卖的主要是汉人,土家人很少",土家人"须到汉人的市镇进行交换,过去常受不法汉商的不等价交换的剥削"③。

对生存资源的争夺导致了相关民族的紧张关系,所谓"旧少盗贼,改设后,五方杂处,奸伪日出,颂牍繁兴"④。

第五节　中华民国时期武陵地区民族关系的发展

1912年1月1日,孙中山先生宣誓就任中华民国临时大总统,宣告了中华民国的正式成立。自此,中国走出了数千年封建帝制的囚笼,步履维艰地踏上了现代化的进程。中华民国的成立,诚所谓"数千年未有之变局",国体更张,人心移易,中国处于前所未有的激烈的国家转型进程之中,我国传统的民族格局与民族关系发生了结构性的巨变。武陵地区虽僻处西南,也不可避免地要经受此风云激荡的时代潮流的冲击洗礼,本地区的民族关系因之发生了深刻的变化。

---

① （清）多寿修,（清）罗凌汉撰:《恩施县志》卷7《风俗志》,清同治七年（1868年）刻本,民国六年（1917年）,增刻。

② 湖北省鹤峰县《甄氏族谱·山羊隘沿革记略》,转引自段超《土家族文化史》,民族出版社2000年版,第284页。

③ 汪明瑀:《湘西土家概况》,载中央民族学院研究部编《中国民族问题研究集刊第四辑》,中央民族学院研究部1955年版,第186页。

④ 王承尧、罗午、彭荣德:《土家族土司史录》,岳麓书社1991年版,第160页。

一 "民族"理念的嬗递与民族政策的演变对武陵地区民族关系具有决定性的影响

（一）"五族共和"：孙中山的民族观念及其对武陵地区民族关系的影响

1912年1月1日孙中山发表《中华民国临时大总统宣言书》，提出民族统一，"国家之本，在于人民。合汉、满、蒙、回、藏诸地为一国，即合汉、满、蒙、回、藏诸族为一人。是曰民族之统一"。次为领土统一，"武汉首义，十数行省先后独立，所谓独立，对于清朝为脱离，对于各省为联合。蒙古、西藏意亦同此。行动既一，决无歧趋，枢机成于中央，斯经纬周于四至，是曰领土统一。"首倡"五族共和"。① 1911年2月12日，隆裕太后发布《退位诏书》，宣告"总期人民安堵，海宇乂安，仍合满蒙汉回藏五族完全领土为一大中华民国"②，也承认了五族共和的格局。

实际上，孙中山先生五族共和的理念也有一个逐步发展的历程。1895年孙中山先生在筹建兴中会总部时，提出"驱逐鞑虏，恢复中华"的口号作为当时反清革命的宗旨，显然是基于传统的"华夏""中国"立场，而把满人视为异族。甚而，孙先生还曾认为："满洲人是篡位，我们的征服者"，"满洲人从来未能臣服中国人，但是后者因为某些原因也从来未能站起来并推翻他们。如果向他们指示推翻这些外国人——满洲人的方法，我想象他们将会接受任何一种提供给他们的新政体——如果它是中国人的政府"。③ 随着当时中国国内革命形势的发展，以及所面临的被列强瓜分的国际局势，为维护中国的主权和领土完整，孙先生逐渐改变了"排满"的主张，而提出五族共和的理念，以对抗帝国主义的殖民与分裂图谋。

孙先生提出的"五族共和"理念具有巨大的历史进步意义。首先，作为一种政治纲领，"五族共和"的理念事实上代表着中国人民的诉求，为辛亥革命赢得了最广泛的民众基础，特别是消解了满汉之

---

① 孙中山：《孙中山全集》（第2卷），中华书局1986年版，第2页。
② 隆裕太后：《退位诏书》（1912年2月），《清实录·（附）宣统政纪》，宣统三年十二月戊午，第70卷，第1293页，中华书局1987年影印版，第60册。
③ 《檀香山广告者》，1910年4月21日，转引自冯建勇《清季近代国家观念之构筑及其在边疆地区的适用》，《北方论丛》2009年第2期。

间的政治鸿沟，跳出了这一困局；其立足点是反对帝国主义和封建专制，顺应了时代的汤汤巨流。其次，作为当时中国政治核心对国家民族格局与民族关系的基本立场，"五族共和"的理念促进了民众国家意识的形成，推动了中华民族整体观念的发展；同时，从历史的发展脉络来看，它继承了在我国具有深厚根基的"大一统"观念，进而从历史维度乃至法理上跨越了华夷之限，破除了尊华卑夷的传统观念，催生了符合时代精神的民族平等观念，表明中华民族整体的发展到了一个崭新的阶段。

1912年3月10日，孙中山先生颁布了《中华民国临时约法》，规定："中华民国人民，一律平等，无种族阶级宗教之区别。"① 1924年1月，国民党在第一次全国代表大会宣言中阐明了其所主张的民族主义的要旨，"一则中国民族自求解放；二则中国境内各民族一律平等"②。可见，民族平等的原则在当时至少在法律层面得到了确认。

但必须正视的是，我国历史上就是一个多民族共生共存的统一国家，其民族格局绝非"五族"所能涵盖。故而，针对五族共和的观点，当时提出异议者大有人在。比如，金松岑认为中华民族成分不止汉、满、蒙、回、藏五大民族，至少还包含三苗遗裔③。吴贯因也认为，"依中国原始之住民，实为苗族。……而苗族独不得厕于五族之列，所谓共和，果如是乎？故我以为不举种族之名词则已耳，苟言及种族，则必曰六族共和、六族平等，不得仅以五族称也"。④ 这一点，即便是孙中山先生本人也是承认的，如他所说："这五族的名词很不恰当，我们国内何止五族呢？"⑤ 实际上，在孙中山先生革命生涯的晚期，他更强调"中华民族"的观念。在1923年颁行的《中国国民党党纲》中，就明确规定："以本国现有民

---

① 中国第二历史档案馆：《中华民国史档案资料汇编》（第二辑），江苏人民出版社1981年版，第106页。
② 《中国国民党第一次全国代表大会宣言》，1924年1月23日，载浙江省中共党史学会编印《中国国民党历次会议宣言决议案汇编》（一），1985年，第7页。
③ 鹤望（金松岑）：《筹藩篇上》，《大共和日报》1912年1月25日，转引自杨思机《民国时期改正西南地区虫兽偏旁族类命名详论》，《民族研究》2014年第6期。
④ 吴贯因：《五族同化论》，载上海经世文社辑录《民国经世文编》第一辑，北京图书馆出版社2006年版，第511页。
⑤ 孙中山：《孙中山全集》（第5卷），中华书局1985年版，第394页。

族构成大中华民族,实现民族的国家。"①

五族共和的民族观在武陵地区也引起了激荡。当时湘西的苗民代表石宏规大声疾呼:"中国固不止五族,舍苗而外,尚有他种,即以人口多者为代表,而苗亦不亚于满,仅以五族称之,反足以乱国民之心志。""苗族者,中国之主人,世界最古民族也。……其位置当在满蒙回藏诸族之上,乃于清季则以卑下奴隶之民族目之。……而苗族又不得立于五族之列,所谓民族平等者,果如是乎?"②相当明确地提出了在五族之外、以苗族为代表的其他民族的权利要求。

(二)"中华民族"与"宗族":蒋介石的民族观念及其对武陵地区民族关系的影响

在蒋介石执政民国时期,他关于中国民族格局的基本观点集中反映在他关于"中华民族"与"宗族"的相关论述中。蒋介石指出:"我们中华民国,是由整个中华民族所建立的,而我们中华民族乃是联合我们汉满蒙回藏五个宗族组成一个整体的总名词。我说我们是五个宗族而不说五个民族,就是说我们都是构成中华民族的分子,像兄弟合成家庭一样。""我们集许多家族而称为宗族,更由宗族合成为中华民族。国父孙先生说'结合四万万人为一个坚固的民族',所以我们只有一个中华民族,而其中各单位最确当的名称,实在应称为宗族。……我们中华民族是整个的,我们的国家更是不能分割的。"③自此,"中华民族"的理念便成为国民政府民族政策的要旨。在南京国民政府内政部审定的《民族政策初稿》中明确宣告要"树立中华民族一元论理论基础"④。

蒋介石的这种理论在一定程度上是对孙中山先生五族共和观点的继承与发展,他既强化了中华民族作为一个整体的理念,又在一定程度上避免了汉族中心主义的倾向,主张以"中华民族"来统合全体中国人民。

---

① 《中国国民党党纲》(1923年),载孙中山《孙中山全集》(第7卷),中华书局1985年版,第4—5页。
② 石宏规:《湘西苗族考察纪要》,飞熊印务公司1936年版,第38页。
③ 蒋介石:《中华民族整个共同的责任》,载秦孝仪主编《总统蒋公思想言论总集》(第19卷),台北中国国民党中央委员会党史委员会,1984年,第216页。
④ 马玉华:《国民政府对西南少数民族调查之研究(1929—1948)》,云南人民出版社2006年版,第114页。

平心而论，这在当时是有其积极意义与必要性的。自晚清以来，中国即处于内外交困的危局之中，就外部而言，领土危机日趋严重；就内部来看，中央与边疆民族地区的关系也趋于疏离，国家分裂的风险不断累积。在蒋介石执政时期，西藏、新疆等边疆民族地区的民族分裂势力一直暗流涌动，日本侵略者强力推动的伪满洲国与华北自治闹剧一直甚嚣尘上，这些都势必令其心存忌惮。在这种形势之下，蒋介石强化中华民族的观念，以宗族来界定国内不同群体的地位，显然是为了消解"一个民族一个国家"与"民族自决"理论对于我国主权与领土完整的潜在威胁。

蒋介石关于中华民族的论述也有其学术渊源。目前学界一般认为，是梁启超首先以"中华民族"一词指称中国境内包括汉、满、蒙、回、藏等全体国民。他在《历史上中国民族之观察》一文中指出："现今之中华民族自始本非一族，实由多数民族混合而成。"[1] 吴贯因主张："今后全国之人民，不应有五族之称，而当通称为中国民族 Chinese Nation，而 Nation 之义既有二：一曰民族，一曰国民，然则今后我四万万同胞，称为中国民族也可，称为中国国民亦可。"[2] 其"中国民族""中国国民"的提法与"中华民族"的理念实则异曲而同工。1935 年，傅斯年发表《中华民族是整个的》一文，影响深远，系统地论述了他关于中华民族整体性的观点：（1）汉人作为中华民族的核心和主体，是一个不可分割的整体；（2）中国的其他民族，与汉人经过长期的交流，共同构成了中华民族；（3）统一是中华民族的集体意志，统一是中国历史的主流。[3] 在某种程度上已经可视作费孝通"中华民族多元一体格局"理论的滥觞。傅斯年还主张，民族间"不特必须平等，并且多数民族须提携少数"，"只求达到绝对平等而且提携之地步，是应该接受的"[4]。可见他主张"中华民族是

---

[1] 梁启超：《饮冰室合集》（第 5 册），中华书局 1988 年版，第 4 页。

[2] 吴贯因：《五族同化论》，载上海经世文社辑录《民国经世文编》（第一辑），北京图书馆出版社 2006 年版，第 509 页。

[3] 傅斯年：《中华民族是整个的》，载傅斯年《傅斯年全集》（第 4 卷），湖南教育出版社 2003 年版，第 125—127 页。

[4] 傅斯年：《内蒙自治问题——驳盟等于省旗等于县说》，载傅斯年《傅斯年全集》（第 4 卷），湖南教育出版社 2003 年版，第 338—339 页。

整个的"，并非要建立单一的汉族国家，而是突出国家的整体性，是在国家和民族生死存亡之际提出的救亡图存之道。笔者认为，在民族观念方面，学界常把傅斯年作为单一国族化思想的代表人物而加以批判，不免有失偏颇。作为对傅斯年观点的呼应，另一学界砥柱顾颉刚于1939年发表《中华民族是一个》一文，更为明确地提出："凡是中国人都是中华民族——在中华民族之内我们绝不该再析出什么民族——在今以后大家应当留神使用这'民族'二字。"①

自梁启超首倡"中华民族"理念以来，它便日益深入人心，逐步成为阐释中国民族格局与民族关系的总体概念框架。受益于这一基础性的文化资源，我国国民的国家民族观念逐渐形成，国家疆域基本稳定，并经由艰苦卓绝的斗争赢得了抗日战争的伟大胜利。

蒋介石领导下的国民政府主要是在近代民族国家（nation-state）的意义层面上使用中华民族的概念，更多地强调中华民族作为单一国族的不可或缺与不容替代的地位，进而把国内诸多民族都作为中华大民族之下的"宗族"。必须指出的是，蒋介石关于宗族的观点在相当程度上带有强制同化的倾向，这与我国的历史发展进程和现实国情是相悖的。诚如学者所针砭的，国民党和蒋介石的"中华民族"观是一元一体的，是以同化为基础②，它必然会导致某种程度的民族歧视与压迫。

以武陵地区而言，这种歧视与压迫主要体现为基于汉族中心主义立场而导致的对少数民族的污名化与优越感。当时湘西苗族的代表人士石启贵揭示了这种状况："（汉人与苗人）同乡共里，情感不融，毗邻居处，漠不关切。是以便成苗汉不通婚，情理无往来。间有汉娶苗妇者，情必特殊，实非正式婚姻可比。……平日言语，甚为歧视。凡见丑陋之物件，动辄以'苗'为比拟。如粗碗粗筷，汉人谓之'苗碗苗筷'。品貌不美，汉人谓之'苗相苗形'。不仅出于轻言，实仍有心形容。优秀汉人，于此尚能取方就圆。而无知下流，肆意诋毁，以为能事。一遇纠纷，概以

---

① 顾颉刚：《中华民族是一个》，载刘梦溪主编《中国现代学术经典——顾颉刚卷》，河北教育出版社1996年版，第785页。
② 郑大华：《论晚年孙中山"中华民族"观的演变及其影响》，《民族研究》2014年第2期。

'苗'为冠词。……住所简陋,亦呼'苗房'。衣裳臭汗,多称'苗气'。"作为湘西的土著苗民,石启贵深切地感受到这种民族歧视所加于自身的苦楚,他至为痛切地抨击道:"此种无端讽刺言语,在汉人视之,以为得意扬扬,兴高采烈。实则言此,胜于刀斧伤人。在苗人听之,顿时大怒生心;比骂亲母尤愤。……汉人呼以骂人者,无非形容苗人身份低下,生活艰窘,知识愚拙。一切落后于汉人也。"①

二 西南民族研究的筚路蓝缕与民众民族意识的觉醒

民族研究与现代民族国家的建构自来就有相当密切的联系,如学者所指出的,以民族研究为基础的民族分类体系是服务于民族国家建构的一种现代"权力技术"②。这一点在中国抗战时期体现得至为鲜明,当时的中国民族学具有深切的家国关怀,体现出突出的"强国主义民族学"的特质③。

随着抗日战争进入相持阶段,包括武陵地区在内的大西南以其广袤复杂的地域地形、丰富的人力物力资源,逐渐成为国家抗战的基础与中坚。各界对于本地区的民族问题也愈加重视。正如吴泽霖所论及的,西南地区"边境上或靠近边境的少数民族并不都是团结一致的,并不是一座坚固的长城。相反,少数民族中的大多数人对国事了解不多……一部分人对国境和国籍的观念是淡薄的、模糊的。这些新的了解使我对国内少数民族的问题又有了一些新的看法和忧虑"。④ 盛襄子论及当时湘西凤凰县苗民:"惜彼辈昧于民族国家观念,如征兵一项,即有多数逃避,保甲不敢催索,征兵要政,过去在苗区毫无推进办法";沪溪县苗民"不惧国法,缺乏民族国家思想"⑤。

在这种情形之下,以民族学学者为主,中国学界纷纷聚焦于西南民

---

① 石启贵:《湘西苗族实地调查报告》,湖南人民出版社 1986 年版,第 207—208 页。
② Cohn, Bernard S. and Nicholas B. Dirks, *Beyond the Fringe: The Nation State, Colonialism and the Technologies of Power*, Journal of Historical Sociology, 1988, 1 (2), pp. 224–229.
③ 王铭铭:《人类学讲义稿》,世界图书出版公司 2011 年版,第 472—473 页。
④ 吴泽霖:《吴泽霖民族研究文集》,民族出版社 1991 年版,第 4 页。
⑤ 盛襄子:《湘西苗疆之设治及其现状》,载贵州省民族研究所编《民国年间苗族论文集》,内部资料,1983 年,第 58、66 页。

族地区研究，特别是其中的民族社会发展问题；与此同时，在这种现代民族研究与知识体系的刺激之下，包括武陵地区在内的西南地区民众的国家与民族观念也发生了深刻嬗变。

（一）西南民族研究的筚路蓝缕：中央研究院与大夏大学的苗民社会研究

自20世纪30年代起，包括武陵地区在内的西南地区逐渐成为我国民族研究的主要区域，其中最突出的研究调查活动有二：

其一，1933年，中央研究院委派凌纯声、芮逸夫一行赴湘西调查。这次调查影响深远，"被视为我国民族学发展史上的一座里程碑"①。其主要成果《湘西苗族调查报告》是第一部由中国学者撰写的研究湘西苗族的专著，该书"成为20世纪20、30年代湘西苗族社会文化描述的详尽之作，为湘西苗族文化的保存，为中国民族调查资料的积累、中国的民族学学科的发展起飞作出了非常重大的贡献"②。事实上，凌纯声、芮逸夫等学者开展的湘西苗疆研究，一方面是为了较为切实地研究该地区的社会状况与民族格局，以便为国家决策提供依据；另一方面，这次学术活动在一定程度上也是在外国学者相关研究的激发之下进行的。早在20世纪初期，已有国外人士对西南苗民社会进行了较为深入的研究，如日本人类学家鸟居龙藏在1902～1903年受日本东京帝国大学的派遣对中国西南地区的苗族进行了调查，1907年出版了《苗族调查报告》③；英国传教士柏格理（Samuel Pollard）长期在贵州及西南地区传教，对苗民社会有深入的体验与观察，于1919年出版了著作《苗族纪实》，对西南民族地区特别是贵州苗族地区的社会文化进行了详尽的记叙④。这些异域学者的研究既为本土学界提供了研究借鉴，也激发了相关学者的研究兴趣，对凌纯声、芮逸夫等人的湘西苗民社会研究更是直接的刺激⑤。

---

① 王建民、麻三山：《导读》，载凌纯声、芮逸夫《湘西苗族调查报告》，民族出版社2003年版。
② 同上。
③ ［日］鸟居龙藏：《苗族调查报告》，贵州大学出版社2009年版。
④ ［英］塞姆·柏格理：《苗族纪实》，东人达译，贵州大学出版社2014年版。
⑤ 凌纯声、芮逸夫：《序言》，载凌纯声、芮逸夫《湘西苗族调查报告》，民族出版社2003年版，第1页。

凌纯声、芮逸夫等学者都接受了系统的现代科学知识教育，皆为当时学界俊彦，他们深入湘西苗疆的调查，在某种意义上意味着新的知识体系对古老苗疆的再发现；同时，中央研究院学者的背景也使得他们的研究在相当程度上把现代民族——国家的话语体系延伸到原本是"化外""蛮荒"的民族地区，自然会在一定程度上促使相关民族特别是其知识精英对自身身份与地位进行深度的思索。

其二，1938年，上海大夏大学因战乱西迁至贵阳，以此为契机，以贵州苗区为中心开展了系统的调查研究。时任大夏大学校长王伯群提出："吾大夏大学乾黔以后，即以研究西南各种问题为务。西南各种问题中，尤以苗夷问题最为重要。"① 该校成立了"社会研究部"，对贵州的民族问题开展系统研究，主持者为吴泽霖、陈国钧、吴定良、李方桂等学者。

大夏大学社会研究部的工作堪称抗战时期我国学界民族研究的一个范例。这一研究团队紧扣时代脉搏，把学术研究与抗战救国紧密结合起来，除了撰写研究论文之外，主要通过宣传、展览、政策建议等多种形式积极服务于时局，进行社会动员。比如，为消除苗汉隔阂，强化苗夷民众的国家认同，调动他们抗战建国的积极性，相关学者大力阐发"苗汉同源"论，强调苗夷"与中国关系深切，都是我们族类，同属炎黄子孙，则至今日大中华民族争生存之民族抗战中，苗夷族也应和其他各族一般地位，当无轩轾之分，与全国各民族，同调同步，共策共励，齐站在一条阵线上抗敌御侮"。②

在20世纪40年代，湘西苗疆尚是"有待于开发的一块民族学研究处女地"，凌纯声、芮逸夫、吴泽霖、陈国钧等人的研究"填补了中国学术界在民族调查研究方面的空白"③，他们也成为中国民族学学科的奠基者和拓荒人。在某种意义上，《湘西苗族调查报告》以及《贵州苗夷社会研究》确立了此后在我国民族学界成为主流、以族别为单位进行民族志研究的范式，对于20世纪50年代以后开展的民族识别、少数民族社会历

---

① 王伯群、吴泽霖、陈国钧等：《贵州苗夷社会研究丛刊序》，载吴泽霖、陈国钧等《贵州苗夷社会研究》，民族出版社2004年版。

② 吴泽霖、陈国钧等：《贵州苗夷社会研究》，民族出版社2004年版，第2页。

③ 王建民、麻三山：《导读》，载凌纯声、芮逸夫《湘西苗族调查报告》，民族出版社2003年版。

史调查产生了直接的影响，使得形成于 20 世纪上半叶的民族学中国学派的学术脉络薪火不绝，绵延至今。

同时，湘西苗疆自来被视为蛮荒之地，山重水复，险峻异常，更有所谓"瘴疠""蛊毒"之说，当时国家又正值强寇环伺、战乱频仍之时。因此，设身处地而言，此番凌先生等人的湘西苗族研究必定备极艰辛。

因此，凌纯声、芮逸夫等人的研究对于包括湘西在内的武陵地区民族研究而言，堪称筚路蓝缕，嘉惠后学。

（二）民众民族意识的觉醒：石启贵与杨汉先的案例

20 世纪前期，由中央研究院和大夏大学组织开展的这两次深入民族地区的考察，具有鲜明的"国族主义"的取向，在相当程度上是国民政府所倡行的"中华民族"的话语权力在包括武陵地区在内的西南地区的延伸，由此激发了一批地方民族精英对本民族的审视与反思，石启贵与杨汉先便是其中的突出代表。

石启贵 1896 年出生于湘西乾城（今湘西州首府吉首市），苗族，早年毕业于湖南群治法政大学，自称为一位"幼读旧书，长习新学"的"边疆苗族"①。他大学毕业后即回到湘西，从事文教工作，并关注社会改革与发展问题，后来当选为国民政府国大代表。"1933 年国立中央研究院凌纯声、芮逸夫两教授到湘西进行民族学考查，他参加其工作并担任调查组的咨询。自此以后，他就一直把湘西苗族研究当作重点。"②

石启贵是一位湘西苗族的文化精英，又作为得力助手参与了凌纯声、芮逸夫的湘西调查，这必然会激发他对于湘西苗疆社会文化的思考，其主要成果就是《湘西苗族实地调查报告》。从民族学主要的研究视角——主位\客位——的立场考量，同样是针对湘西苗民社会的研究，凌纯声、芮逸夫所秉持的主要是客位——外来研究者——的视角，石启贵所基于的则是主位——当地的研究对象——的立场。凌纯声、芮逸夫于 1940 年出版的《湘西苗族调查报告》，是这次湘西苗民社会研究的主要成果；就在同年，石启贵还出版了他的著作《湘西苗族实地调查报告》。两者的差

---

① 石启贵：《著者自述》，载石启贵《湘西苗族实地调查报告》，湖南人民出版社 1986 年版。

② 石建中：《苗族学者石启贵》，《吉首大学学报》（社会科学版）1991 年第 1 期。

别不仅是书名的不同,双方研究立场的差异也鲜明地体现在他们的学术观点之中。

比如,凌纯声等人在探讨"三苗"与苗民历史渊源时认为:"三苗为国名,而非种族之名,更非今日之苗。"① 而石启贵则认为三苗是包括苗民在内的多个民族的统称②。在笔者看来,凌纯声等人作为主流的知识精英,显然是从国民政府的民族理念出发,把苗民定位为宗族,否认其民族的特性;而石启贵作为本土民族精英,则努力维护本族的地位,试图赋予其民族的意义,"证明苗族是一个有独立文化的民族"③。

又如,凌纯声等人的研究体现出突出的古典进化论学派"文化遗存"的研究取向,偏重于湘西苗民"传统"的风俗文化,而对湘西苗民在历史上的文化成就以及当代苗疆社会的革新变迁不够重视,以至于当时"南方士绅们写信给中央研究院,控告芮逸夫、凌纯声故意揭露当地见不得人的习俗,来作为牟利之具、谈笑之资"④。当代学人也指出:"为了体现出湘西苗族文化的独特性和新鲜感,他(注,指凌纯声等)极力去调查苗乡中的一些已经陈旧过时、已经鲜为人知的习俗,并不惜笔墨对这些习俗进行描述。"⑤ 而石启贵的著作则重在展现苗疆社会的现状与苗族的文化,有专门的章节论述苗疆"教育卫体""诗赋辞章""道德伦常"等内容。他对湘西苗疆的发展前景也有更多的思考,专辟一章来申述"苗疆建设"思路,该章第三节"'国大'文件"部分详尽地记述了自己如何争取获得"国民代表大会"的代表资格,以及为争取苗族的国民待遇和促进苗疆发展建设等事宜提交议案。他在给当时中央政府的信函中醒目地以"湖南土著民族代表"和"湖南土著公民"自称,并在"政治司法"部分中专论苗族的"政治权利"。石启贵还专门向国民政府上书,力陈"苗民历受政治经济压迫,五千年来不堪言状,以无人代表参政之原因,故得不到均等享受之利益"⑥。

---

① 凌纯声、芮逸夫:《湘西苗族调查报告》,民族出版社2003年版,第5页。
② 石启贵:《湘西苗族实地调查报告》,湖南人民出版社1986年版,第35页。
③ 王明珂:《边缘文本与边缘研究》,《文汇报》2016年5月13日。
④ 同上。
⑤ 凌纯声、芮逸夫:《湘西苗族调查报告》,民族出版社2003年版,第11页。
⑥ 石启贵:《湘西苗族实地调查报告》,湖南人民出版社1986年版,第6页。

这一切都表明石启贵作为本土民族精英,已经能够相当娴熟地在现代国家的政治权力架构之内,进行民族身份的自我展演与权力诉求的表达。正是在与以凌纯声等为代表的国家主流知识体系以及国民政府的博弈与互动过程中,石启贵"这位苗人知识分子产生了强烈的族群和文化自觉,促使他对本族群的文化、社会和历史进行研究。之后,他生产出了作为族群身份认同'自我表述'的文本,并以此抗衡由汉人编写的'他者描写'文本"①。

杨汉先 1913 年出生,是贵州省威宁县的苗民,20 世纪 30 年代末毕业于华西协合大学的社会学系,是我国著名的民族学家和教育家,曾任贵州民族学院院长、贵州大学副校长兼贵州省民族研究所所长。

当吴泽霖等人主持大夏大学社会研究部工作时,杨汉先即是其中的研究人员。大夏大学社会研究部正是以贵州苗民社会为主要研究对象,其主事者吴泽霖等先生均为当时学界中坚。在大夏大学社会研究部的这段历练对杨汉先的人生与学术必然会有重要影响。诚如学者在研究民国时期吴泽霖先生在贵州的学术活动时所指出的:"本土苗族学者杨汉先先生的成长与这一特殊阶段有着密不可分的关系。"②杨汉先的著述主要有《苗族述略》《川南八十家苗民人口调查》《威宁花苗歌乐杂谈》《大花歌谣种类》《大花苗移入乌撒传说考》等,可以说都是关于本民族的民族志著作,其意义"应放在民国年间政府构建现代国族体制的历史脉络中来分析,将之理解为中国西南部土著族群争取国家确认他们的民族身份和政治地位的一项努力"③。

石启贵与杨汉先的案例突出地表明,在社会历史发生巨变的关口,作为土著民族的代表,他们并不是完全服从于主流话语的权威,而是展现出相当的主体能动性,努力在新的民族分类体系中互动、博弈,以确立本族的地位。这种状况实际上具有某种普遍性,比如,萧凤霞与刘志

---

① 张兆和:《从"他者描写"到"自我表述"———民国时期石启贵关于湘西苗族身份的探索与实践》,李菲译,《广西民族大学学报》(哲学社会科学版)2008 年第 5 期。

② 石开忠:《民国时期贵州的民族研究》,《贵州民族学院学报》(社会科学版)1999 年第 3 期。

③ 张兆和:《黔西苗族身份的汉文书写与近代中国的族群认同———杨汉先的个案研究》,《西南民族大学学报》(人文社会科学版)2010 年第 3 期。

伟通过对明清时期珠江三角洲族群关系的研究指出:"族群分类是一个流动的社会变迁过程,在这过程中,地方上各种力量都会灵巧地运用当时的中央政权的符号象征,来宣示自己的权势和特性。"①

三 国家体制的变革与"文化革命"的实施对武陵地区的民族关系产生了显著影响

中华民国的建立标志着我国数千年封建专制社会开启了其现代转型的历史进程。综观整个中华民国时期,尽管内外交困,战乱频仍,但中央政府一直致力于建立起统一的治理体制,力图改变我国数千年来政令止于县政的格局。

对于武陵地区民众而言,自民国以来,最直接的体制变革是由省、县到区、乡、保甲的行政治理体系的确立。由于有现代国家体制的强力支持,这种行政体制对本地区的民族格局与民族关系有着直接的制约性影响。就笔者在武陵地区调研所见,但凡民国时期已成年的民众在论及地方上的人群分类时,惯常的标准便是是否同一个保甲、同一个区乃至县,由此渐次拓展开来,可见这种现代行政体制的深刻影响。

更为深刻的是,为了巩固统治的基础,推进国家的一体化进程,建立统一的现代国家,国民政府一改历代中央王朝对于民族地区"以其故俗治"的惯例,强力实行政治、文化方面的整合,对民族关系产生了重要影响,武陵地区也不例外。

20世纪30、40年代,民国政府推行了如新生活运动、风俗调查与陋俗改良活动等一系列运动,其目的如蒋介石在1934年发表的《新生活运动之要义》一文中所要求的,以"礼义廉耻"为宗旨,以"整齐、清洁、简单、朴素、迅速、确定"为标准,改造国民的"食衣住行"②。其目的显然是希冀以儒家纲常伦理为少数民族的同化提供规范。

自民国以来,现代教育体制渐次在武陵地区建立起来,代替了传统

---

① 萧凤霞、刘志伟:《宗族、市场、盗寇与疍民——明以后珠江三角洲的族群与社会》,《中国社会经济史研究》2004年第3期。

② 严昌洪:《晚清民国时期社会风俗的变迁》,载周积明、宋德金主编《中国社会史论》(下卷),湖北教育出版社2000年版,第535页。

的书院、私塾教育制度，统一的国民教育迅速普及①，其教学内容由政府教育行政部门统一安排，以现代科学知识以及中国政治、历史、文化为主，在相当程度上超越了地域和民族的局限；其师资多由受过新式教育的人士担任，如前述石启贵、杨汉先等。教育内容的核心理念之一是"依据中华民族为一整个国族理论，讲解民族主义，以阐发爱国精神，泯除地域观念与狭义的民族观念所生之隔阂"②。教育体制方面的这种变革必然使得新的知识与思潮传入武陵地区，其中也应包括新的国家与民族知识，这对于武陵地区的民众特别是其知识精英的影响是相当深刻的。民国时期，武陵地区涌现出了一批在全国具有重要影响的精英，如民国首任总理熊希龄、大文豪沈从文均为湘西凤凰县人士，鄂西建始县人吴国桢曾任国民党中央宣传部长、民国上海市市长、"台湾省主席"等。武陵地区在历史上向来被视作蛮荒化外之地，在民国时期却变为人杰地灵，在相当程度上当是受益于教育体制的变革。

为使国家和国族的观念深入人心，国民政府还掀起了西南诸族的更名运动。我国历史上的民族歧视与民族压迫是比较严重的，其突出表现就是以犬字旁汉字来指称少数民族，如猺、猫、獞等。1939年，国民政府社会部、教育部和中央研究院三机关商议改正西南少数民族命名，统一厘定西南地区虫兽偏旁族类名称，专门供给学术研究使用，一般情况下改用生长地人指称国内非汉族人民，通令全国施行③。1939年8月，国民政府颁布"渝字四七零号训令"强调："民国以来，国人复受敌方恶意宣传，在心理上已遗留本国内有若干不同民族之错误观念……即以西南边地同胞而论，竟有二百余种不同之名称。……若专为历史及科学研究便利起见，固不妨照广西省前例，将含有侮辱之名词，一律予以改订。而普通文告，及著作品、宣传品等，对于边疆同胞之谓，应以地域为区

---

① 以今湘西土家族苗族自治州为例，"抗战期间，今湘西州境各县先后建起了保国民小学1141所（含分校87所），国民中心小学120所（含分校7所），以及私立小学10所"。载湘西土家族苗族州志编纂委员会《湘西土家族苗族自治州教育志》，湖南人民出版社1997年版，第120页。

② 中国历史第二档案馆编：《中华民国史档案资料汇编第五辑第二编·教育（二）》，江苏古籍出版社1997年版，第108页。

③ 娄贵品：《只有一个中华民族——民国时期改废少数民族称谓的历史考察》，《中国民族报》2013年11月15日。

分，如内地人所称某某省、县人等……以尽量减少分化民族之称谓。"①其目的主要在于强化中华民族的整体性，反对民族分化。更改族称是西南少数民族国族化进程的重要一环，与中华民族认同的确立密切相关。其影响也是较为显著的，据当时的媒体所载，贵州"那儿的边民极不愿意听'苗民'一词，对于政府所颁订的'苗民教育'等名词，认为含有侮辱性"②。1943年，芮逸夫先生到川南叙永调查"川苗"，他发现当地民众不愿以苗语和他交谈，"盖此间苗人均以说苗语为耻也"③。这表明民众已具有相当强烈的国民意识，甚而以自身的"苗民"身份为耻。

这种自上而下的"文化革命"的影响是多方面的。

首先，它推动了汉文化在民族地区的传播，使原本处于边缘地位的各族民众逐步融入主流文化，客观上促进了国家与国民意识的凝聚。

若以主流文化为圭臬，则少数民族文化大抵是落后的。当时学者盛襄子就认为："苗人文化低落，仍在四千年前状态之下，虽有文字，仅巫师用之卜筮而已。"④故而，在一定程度上，学习汉文化也得到了武陵地区民众的支持。比如1936年，石启贵等向湖南省政府呈送《湘西苗民文化经济建设方案》，提出改良苗民生活的建议，就包括劝导苗民废止椎牛、椎猪，劝导苗民学习汉语，废止婚丧不良习惯，废除不当娱乐等内容⑤。与此同时，武陵地区各民族的国家与国民意识也得到激发与强化。比如，1946年，石启贵作为湖南土著民族代表出席国民大会，其间申明："西南边疆民族虽在中央腐败官吏暴政之下，然对国家仍最具赤诚心，敢向诸位声言，抗战期间，边疆民族无一为汉奸者，其时日人曾多方企图引诱吾人与之合作，吾人即以赤手空拳，或原始武器，答复其阴谋。"⑥

---

① 伍新福：《湖南民族关系史》（上卷），民族出版社2006年版，第416—417页。
② 《开发西南边区的前提》（社论），《西南日报》（重庆）1938年10月7日，转引自杨思机《民国时期改正西南地区虫兽偏旁族类命名详论》，《民族研究》2014年第6期。
③ 王明珂：《建"民族"易，造"国民"难——如何观看与了解边疆》，《文化纵横》2014年第3期。
④ 盛襄子：《湖南之苗瑶》，载贵州省民族研究所编《民国年间苗族论文集》，内部资料，1983年，第215页。
⑤ 石启贵：《湘西苗族实地调查报告》，湖南人民出版社1986年版，第675页。
⑥ 《民国日报》1946年12月4日，转引自石建中《苗族学者石启贵》，《吉首大学学报》（社会科学版）1991年第4期。

表明了湘西土著民族对国家的高度认同。又如，1936—1938 年，以苗族为主的湘西民众掀起了大规模的"革屯"运动，反对屯租苛政，"率领此运动的地方领袖们一开始便以'民族国家人民一律平等'为诉求"，这种主张或有以民族国家作为抗争资源的考虑，但无疑也反映了相关人士的国家观念①。"革屯"运动的主张起始为"革屯升科"，渐次发展为"革屯抗日"，这虽然是多重因素综合影响的结果，但也明确地表明湘西苗族群众国家意识的凝聚与高涨②。

其次，国民政府对国内少数民族的文化同化策略带有突出的汉族中心主义的倾向，不可避免地导致了民族歧视与民族压迫。当代学者以民国时期湘西苗族的代表人物石启贵为案例的研究表明："在中国的西南地区，当地民众关于民国政府的社会记忆是各不相同的"，"不同的地方记忆通常都有一个共同之处，那就是民国政权的强制性文化同化的实践。"③这种社会记忆在武陵地区的相关文献中也可得到印证。

比如，民国时期，在杨森主政贵州时，他动用军事行政手段，强力推进民族同化，特别是针对民族服饰、语言及其他民族习俗。他公开宣称要在"几年之内，使贵州听不到悬殊语言，看不到奇异的服装，找不出各族相互间的界限"④，由此导致了相当暴虐的行径。1945 年，由于当时的改装运动要求剪去头发，贵州黄平四屏镇的杨红英就用头巾将头发遮掩起来。但她有一天回娘家时，被官员逮住，最后她的头发被剪掉，头巾也被剪烂，丈夫也因此被打了⑤。

又如，在湘西的保靖县，县政府 1929 年 4—5 月的《政治工作报告表》记载："提倡汉语，禁止苗语"；"禁止苗俗"，"如从前之唱歌成婚、妇女招夫，概行明令禁止。"9 月，又规定禁止唱歌成婚、"人死后浅土

---

① 王明珂：《建"民族"易，造"国民"难——如何观看与了解边疆》，《文化纵横》2014 年第 3 期。
② 雷安平、龙炳文、龙泽全：《从"革屯"口号的变化看湘西苗族"革屯"运动的深入》，《中南民族学院学报》（哲学社会科学版）1992 年第 5 期。
③ 张兆和：《从"他者描写"到"自我表述"———民国时期石启贵关于湘西苗族身份的探索与实践》，李菲译，《广西民族大学学报》（哲学社会科学版）2008 年第 5 期。
④ 《苗族简史》编写组：《苗族简史》，贵州民族出版社 1985 年版，第 246 页。
⑤ 张胜兰：《苗族服饰与苗族自我认同意识——以清朝至民国时期的贵州苗族改装运动为中心》，《民族学刊》2014 年第 5 期。

埋葬"等习俗。随后又遵照湖南省民政厅命令,"取缔奇装异服",禁止捆帕,"苗俗之花彩衣缘"等亦"从严禁止"。1935年,保靖县县长李华汉再次下文,要"改革苗民风俗",认为"属县苗民,习尚野蛮"[①]。1941年,凤凰县政府通过《第二届全县行政会议决议案》,规定今后"如再有戴金银首饰者,概行没收之;衣裳仍滚花边条,鞋面绣花者,即予扯去;包头习惯逐渐劝导,改为便帽"等[②]。

鄂西也有类似例子。1940年,在来凤县卯洞,"国民党派竹山、万安部队来剿匪。他们认为土家人窝匪、通匪,凡遇说土家话的人,就认为是说黑话,拳打脚踢,从此,就不敢说土家话了,所以现在只有少数老年人能说部分土家话"[③]。

上述案例表明,民国时期,在国族主义大纛之下由政府推进的移风易俗运动所导致的民族歧视与民族压迫已经到了相当严重的程度,其对于武陵地区民族关系的负面影响也是深层次的。

四　国内革命战争时期国共两党在武陵地区的斗争以及抗日战争时期内地机关人员大规模地迁入对本地区的民族关系产生了深远影响

(一)国内革命战争时期国共两党在武陵地区的斗争对区域内民族关系的影响

国内革命战争特别是第二次国内革命战争(1927—1937年)以及第三次国内革命战争(1946—1949年)期间,中国共产党与中国国民党在武陵地区展开了酷烈的武装斗争。

武陵地区因其山川纵横的地理环境以及良好的群众基础成为共产党的革命基地。1926—1933年,贺龙、周逸群等人以今鄂西、湘西交界之处的鹤峰、五峰、长阳、桑植、石门等县为中心,创建了湘鄂西革命根据地;1934年,贺龙、夏曦、关向应等指挥红三军突破国军重围,自鄂

---

① 保靖县档案馆藏《政治工作报告表》,转引自伍新福《湖南民族关系史》(上卷),民族出版社2006年版,第425页。
② 湖南省档案馆馆藏档案,转引自伍新福《湖南民族关系史》(上卷),民族出版社2006年版,第426页。
③ 鄂西土家族苗族自治州民族事务委员会:《鄂西少数民族史料辑录》,内部资料,1986年,第389页。

西进入黔东北，建立了"黔东特区"；1934—1935 年，贺龙、任弼时、关向应、肖克、王震等领导的中国工农红军二、六军团建立了湘鄂川黔革命委员会，这支部队逐步发展成为红军的三大主力之一。

中国共产党在武陵地区领导和发动了声势浩大、艰苦卓绝的武装斗争，各族人民踊跃地投身其中，反抗压迫，争取解放。一方面，通过革命斗争，武陵地区各族群众推翻了国民党的民族压迫，提高了革命意识，为民族平等的实现和民族关系的和谐发展创造了必要条件；另一方面，在革命斗争的发展历程中，一部分少数民族人士逐步成长为军队和政府的各级领导，其中不乏高级干部，如土家族的廖汉生、苗族的滕代远等，成为新时期各民族的代表，在武陵地区民族关系发展的新格局中发挥了不可替代的作用。

（二）抗日战争时期内地机关人员大规模地迁入对本地区民族关系的影响

1937 年"卢沟桥事变"爆发后，日寇全面侵略中国，抗战形势危急。1937 年 11 月 17 日，国民政府主席林森率领中央政府撤离南京，随后在武汉发布《国民政府移驻重庆宣言》，宣布迁都重庆，重庆正式成为中国战时首都，直至抗战胜利国民政府还都南京。整个抗战时期，保卫陪都重庆成为中国抗战的核心目标，西南地区因而成为战略防御前沿，包括鄂西、湘西以及川东在内的武陵地区正处于其前锋。在南京、上海、武汉等重要城市先后沦陷的情况下，内地大批政府机关、商业文教医卫单位、工厂等迁入武陵地区，带来了经济社会的巨变。

在湘西，战时有大量的文教机构迁入，比如国立湖南大学、国立中央政治大学、国立师范学院、私立北平民国大学、国立商学院、国立八中、长沙雅礼中学、国立湖南大学附属中学（云麓中学）、江苏旅湘临时中学等①。区外大批高水平教育机构的迁入给原本落后的湘西教育注入了强大动力，极大地提高了师资水平。比如，湖南省立十三中学在 1943 年后共有 57 位来自清华大学、北京大学等高校的毕业生任教②；国立八中

---

① 湘西土家族苗族州志编纂委员会：《湘西土家族苗族自治州教育志》，湖南人民出版社 1997 年版，第 212—227 页。

② 熊中根主编：《湘西土家族苗族自治民族中学志》，黄山书社 1996 年版，第 123 页。

的师资力量也相当雄厚，比如高三部主任丹桂华曾留学法国，后任中央政治学校政治系教授，高二部主任高达观也曾留学法国，高女部主任蔡荫乔则是著名化学家①；在私立洪达中学，国文、英文和数学教员等都具有大专以上学历，其中四位留学日本，一位留学美国，一位留学比利时②，师资力量之强大可谓令人瞠目。大规模高水平教育资源的输入对战时湘西各族民众的思想观念产生了广泛而深入的影响，使得"民族国家观和现代教育理念取代狭隘的地域、宗族观念和族体教育观，这不仅强化了湘西多民族地区的国家认同感，服务于战时民族精神动员的需要，而且推进了湘西民族社会的观念进步"③。在经济产业方面，战时迁入湘西的人口与产业规模也是相当巨大的，直接"推动了湘西自然经济向市场经济的现代转型"④。

在鄂西，1941年元月到1945年秋，恩施成为湖北省的战时省会。武汉及长江中下游省份的机关学校、工厂等大量迁入鄂西地区，使本地区从无到有、迅即拥有了现代的教育体系与工业基础。当时湖北省省政府主席由国民党军政要员陈诚担任，他很重视教育，"在恩施创办了20余所中等以上学校（包括普通中学、师范和职业学校）和3所大专院校——湖北教育学院、湖北农学院和湖北医学院"。这些学校收容了大批内迁学生，且多延聘名师。比如湖北省立教育学院（后改为国立湖北师范学院）院长陈友松，早年留学美国，获哥伦比亚大学哲学博士学位，是一位著名的教育家，他罗致了不少知名学者、教授来院执教，如著名音乐家喻宜萱、夏之秋等；湖北农学院院长管泽良是一位农学家，抗战前留学美国，获康奈尔大学博士学位；湖北医学院院长朱裕璧曾留学德国，曾任中山大学医学院外科教授⑤。同时，"湖北省立联合中等以上学校内迁至恩施、建始、宣恩、利川、巴东、秭归等地，组成许多中学。如恩施高中分校由汉口市一中、江陵高中、宜昌高中、中华高中、恩施

---

① 湘西土家族苗族州志编纂委员会：《湘西土家族苗族自治州教育志》，湖南人民出版社1997年版，第228页。

② 周汉臣：《洪江私立洪达中学》，《洪江文史资料》（第2辑）1987年，第80—86页。

③ 暨爱民、刘鹤：《论抗战时期的湘西教育》，《抗日战争研究》2012年第3期。

④ 刘鹤：《抗战时期内迁人口与湘西经济市场化的历史考察》，《求索》2011年第10期。

⑤ 张泉：《抗战时期的恩施》，《湖北文史资料》2001年第1期。

初中组成"①，规模也很可观。在经济发展方面，因当时恩施为临时省会，故受到相当重视，早在1938年12月22日，时任湖北省政府主席陈诚便提出"开发鄂西"，"建设后方"。抗战期间，以恩施为中心，鄂西地区社会经济的各个方面均有极大的发展②。

前文论及，武陵地区与外部的人口流动在历史上就未曾中断。抗日战争时期，在特定的时局之下，又出现了一次持续的、大规模的人口迁入，以及与之相伴随的政治、文教、工商业资源的涌入，在文化教育、经济发展、社会治理等不同层面上形成了对武陵地区的一次综合性的社会建设，对本地区的民族关系与民族格局产生了显著影响。首先，它冲击了武陵地区原有的经济、文化乃至政治结构，在相当程度上打破了武陵地区长期以来封闭孤立的边缘态势，促进了本地区的现代转型，使之逐渐融入国家整体发展格局之中；其次，随着国民教育的普及以及教育质量的提升，国家与国族的观念逐渐深入人心；最后，大量外来人口的迁入，使得本地区的各族群众与其他民族的互动日益频繁和深入，民族交往与交融的关系进一步发展。

第六节 中华人民共和国成立以来武陵地区民族关系的发展

1949年中华人民共和国的成立，掀开了中国和中华民族发展的崭新篇章。经过随后几年的艰苦奋斗，中国大陆实现了近代以来真正的统一，人民政府在全国范围内建立起有效的治理体制。武陵地区也不例外，这块长期孤悬于西南万山之中的徼外蛮夷之地迅速融入国家和时代的发展进程之中，其变化可谓日新月异。

就新时期我国的民族格局与民族关系发展而言，1949年9月29日中国人民政治协商会议第一届全体会议通过的《中国人民政治协商会议共

---

① 皮明庥：《教育史上的壮烈篇章——抗战时期武汉学校内迁纪实》，《中南民族大学学报》（人文社会科学版）2005年第4期。

② 黄华文：《抗战时期鄂西后方开发与建设述论》，《华中师范大学学报》（人文社会科学版）2000年第5期。

同纲领》和1952年8月8日中央人民政府第18次会议批准的《中华人民共和国民族区域自治实施纲要》确立了我国政府民族管理体制的基本原则——民族区域自治。时至今日，经过不断的完善与发展，民族区域自治制度已经成为我国的一项基本政治制度，构成了我国民族治理体系的总体框架。

在这样的历史转折关口，武陵地区的民族关系迎来了前所未有的发展机遇。撮其要者，有两项重要的工作对于本地区民族关系的发展具有决定性的影响：民族识别与民族区域自治的实行。

一 民族识别工作在武陵地区的开展

无论是从历史的角度看，还是就现实状况而论，土家族与苗族都是武陵地区的两大主体民族，其他少数民族只有零散分布。因此，在20世纪50年代，土家族与苗族的民族识别是武陵地区民族识别工作最主要的任务，也最为迫切。

（一）苗族的民族识别

我国的苗族在西南地区有广泛的分布，武陵地区是其中的一个核心区域。早在民国时期，"苗"作为一个较为明确的人们共同体称谓就已经被社会所承认，在当时最主流的"五族共和"的表述中，虽然没有苗族，但"苗民""苗疆"的提法已经相当普遍。故而，在新中国民族识别的历史进程中，苗族与蒙古、回、藏、维吾尔等民族一起首先完成了民族识别，确定了自己的民族身份[①]。2010年第六次全国人口普查时，苗族总人口已经达到942.6万人，以人口总量计，在我国少数民族中已经处于第五位[②]。

由于在国家整体的民族识别工作中苗族顺利地获得到了法定的民族身份，加之武陵地区在苗族社会发展进程中的特殊性和典范意义[③]，武陵

---

① 黄光学：《中国的民族识别》，民族出版社1994年版，第148页。
② 马正亮：《我国少数民族人口发展状况分析》，《贵州大学学报》（社会科学版）2013年第2期。
③ 武陵地区在我国苗族社会历史发展进程中具有特殊的典范意义，比如，就地理生态而言，本地区的腊尔山、雷公山交界处，自来就是苗疆的腹心地带，历来是中央王朝治苗的要害所在；就历史格局而言，湘西是苗族先民三苗的重要繁衍之地，清代著名的乾嘉苗民起义也发生于这一区域。凡此种种，都使得武陵地区的苗民很早就形成了自身的共同体形象，而广为外界知晓。

地区苗族的民族识别也进行得十分顺利，特别是湘西，更是成立了全国最早的苗族自治单位——湘西苗族自治区。

（二）土家族的民族识别

土家族主要分布于武陵地区的恩施土家族苗族自治州、湘西土家族苗族自治州，以及若干土家族或土家族与其他民族共同自治的自治县。土家族的民族确认工作也是从武陵地区发轫的，与苗族相比，其民族识别的历程可谓曲折坎坷。

1950年9月28日，中南区少数民族国庆观礼团进京观礼，其中的一名女代表来自湘西永顺县大坝乡溶里村，名叫田心桃，当时作为苗族代表参加观礼团。但据潘光旦先生当时在湘西调查所知，这其中颇有曲折。田心桃在参加观礼团时，"填写的成分是'苗'，当时苗族表示不满意，说她是'土家'不能代表，而田也不高兴，说她自己是'土家'，怎能把她也算作苗而代表苗族？"①

观礼团来到北京，受到毛泽东、周恩来、刘少奇等党和国家领导人的亲切接见和宴请。在京期间，田心桃在很多场合向有关领导和专家说明自己不是苗族，而是"土家"，并介绍了土家语和土家人的习俗，引起了有关方面的重视。时任中南区少数民族国庆观礼团团长的潘琪在向毛主席、周总理等党和国家领导人介绍田心桃时说："田心桃代表，外祖母是苗族，祖父母是土家人，她讲的土家语与其他民族都不一样。"② 此后，田心桃利用一切可能的机会向中南局、湖南省党政领导人以及相关专家学者介绍土家人的文化特点，表达民族识别的要求。在历史的因缘际会之下，田心桃激起的这片波澜竟然成为土家族民族识别的早春之声。

1952年底，中南局为筹建湘西苗族自治区，成立了中南民委湘西工作队，由中山大学著名语言学家严学窘教授担任队长。田心桃有一次向严学窘介绍了土家语和土家族。严学窘认为这种语言与汉语和苗语都不同，并"找来清代的《凤凰厅志》《永顺府志》和《龙山县志》，找出其

---

① 潘光旦：《访问湘西北土家的报告》，载彭振坤编《历史的记忆》，贵州民族出版社2003年版，第40页。

② 谭徽在、胡祥华主编：《土家女儿田心桃》，民族出版社2009年版，第9页。

中用汉语记录为'土蛮'语词,让田心桃发音,居然绝大部分都相吻合"①! 1953年9月,中央选派专家组成"中央调查湖南土家小组"赴湘西调查,专门调查土家人的民族状况。1954年,中央民委在北京召开了土家民族识别研讨会,"与会专家学者和民族工作者提出许多无可辩驳的依据,论证土家是一个单一的民族"②。1955年,在深入调研的基础上,潘光旦先生《湘西北的"土家"与古代的巴人》、汪明瑀先生《湘西土家概况》、王静如先生《关于湘西土家族语言的初步意见》三篇重要文章发表③。这三篇文章分别从历史、习俗和语言三个方面论证了土家族不同于苗瑶等相邻民族,应是一个单独的民族。与此同时,土家民众持续地向各级机构反映民族确认的强烈诉求,纷纷上书。从1950年到1956年,中央收到的相关信函共46件,其中直接写给毛泽东的有10件,写给刘少奇的有2件④,表达了湘西土家人的强烈心声。其中,时为永顺中学教师、现吉首大学教授彭秀枢在给毛泽东主席和刘少奇委员长的信中写道:"我们不能数典忘祖,随意抛弃我们的民族特征。我们坦率地要求:党和政府早日肯定我们土家的民族成分!"⑤ 可谓慷慨激昂。

同时,因为千百年来比邻而居的苗家、苗民已经获得了少数民族的身份,以及因之获得的优待,加之湘西苗族自治区的成立,这些都激发了湘西土家人民族确认的热切心情。潘光旦先生20世纪50年代在湘西地区调查时就指出:"1952年与(苗族)自治州成立的同时,还有一件富有刺激性的事:'土家'人也曾暂时被作为一个少数民族看待,减免过一次农业税。但只此一次,1953年至今,便没有再减免,原因是他们的民族成分还没有确定下来。……1952年,为了减免,政府曾要求他们填

---

① 严学宭:《调查土家杂记》,载彭振坤编《历史的记忆》,贵州民族出版社2003年版,第1页。
② 施联朱:《土家族的民族识别》,《土家学刊》1997年第4期。
③ 潘光旦:《湘西北的"土家"与古代的巴人》;汪明瑀:《湘西土家概况》;王静如:《关于湘西土家族语言的初步意见》,载中央民族学院研究部编《中国民族问题研究集刊第四辑》,中央民族学院研究部1955年版。
④ 田荆贵:《确认与恢复土家族民族成分的前前后后》,载彭振坤编《历史的记忆》,贵州民族出版社2003年版,第341页。
⑤ 潘光旦:《访问湘西北土家的报告》,载彭振坤编《历史的记忆》,贵州民族出版社2003年版,第38页。

'土家',1953年及以后,凡遇登记或填表,在有的县区级政府,却又教他们不要填'土家',而改填'汉人'!这更是具体加强刺激的一个因素。"① 据潘先生所述,当时土家人中流传着这样两首歌谣,鲜明地反映了他们的想法:

> 苗族土家一家人,犹如同胞同奶生。
> 过去走的排排路,土家成了掉队人。
>
> 民族团结是一家,客家土家分明它。
> 客家土家分明了,土家人民好当家。②

经过不懈的努力,土家的民族识别问题终于得到中央的答复。1956年10月,中央告知湖南省委,"已同意土家为单一民族"。随后,湖南省委向中央上报了《关于请示批准土家为一个民族的报告》。1957年1月3日,中央统战部代表中央行文,正式确认土家为单一的少数民族③。1957年3月24日,向达与潘光旦两位著名学者在《人民日报》发表联合署名文章《湘西北、鄂西南、川东南的一个兄弟民族——土家》,就笔者所见,这是在公开出版物上首次对土家族的介绍。

值得注意的是,土家族的民族识别工作一度受到极大的压制。1952年12月,湖南省政协民族工作组就土家族识别问题召开专题讨论会,部分会议代表否认土家是一个单一民族,甚至予以严厉批评。比如,时任湖南省人民政府文史馆馆员的瞿崇文针对当时由湘西土家学者彭武一所撰《湘西土家人民古代历史研究纲要初稿》批评道:"土家提出的纲要,引证虽多,类似牵强比附。"④ 他明确认为:"考查土家现时情形,不能成

---

① 潘光旦:《访问湘西北土家的报告》,载彭振坤编《历史的记忆》,贵州民族出版社2003年版,第41页。
② 同上书,第39页。
③ 田荆贵:《确认与恢复土家族民族成分的前前后后》,载彭振坤编《历史的记忆》,贵州民族出版社2003年版,第345页。
④ 瞿崇文:《省政协民族工作组土家族识别问题讨论会第三、四次会议记录附件第一》,载彭振坤编《历史的记忆》,贵州民族出版社2003年版,第282页。

为一个民族。"① 其他人士也对《湘西土家人民古代历史研究纲要初稿》有很严厉的批评，如"有意旁征远引，歪曲史实"②，"土家族的历史材料，可以武断地说是牵强附会"③。田荆贵先生是湘西土家族的代表人物，也是土家族确认的亲历者④。据他回忆，1952 年，中南局根据相关材料，认为土家是一个少数民族，"决定在中央没有正式批准土家的民族成分以前，先作少数民族对待，并决定于 1952 年给湘西土家同湘西苗族一样减免一次国家公粮"，得到土家人的由衷爱戴。1953 年，中南局准备继续对湘西土家人减免公粮，遭到有关人士的断然否定："今年不能给土家减免公粮了。如果土家是少数民族，全中国都是少数民族，我也是少数民族。"⑤ 1954 年 2 月 2 日，湖南省某负责人以湖南省委名义电复中央，否定土家是少数民族，认为："土家语言是湖南、广东一带的一种方言，只是少数青年学生为了想得到照顾，所以要求承认土家是少数民族。"⑥ 当时，湘西苗族自治州某领导认为："'土家'问题的所以发生，是因为一些知识分子彼此'串联'、互相鼓动的结果。"并特别强调，"田心桃最活跃。"⑦ 在当时，社会生活中也实际存在对土家的压制，如不准填写"土家"或"土"的民族成分，禁止部分土家的知识分子讨论土家族问题，甚而"不让穿固有的服装"⑧。笔者认为，这显然是部分人出于错误的民族观念以及大汉族主义的立场形成了对土家族民族识别的错误认识。

20 世纪 60 年代以后，随着国内政治、社会环境的变化，民族确认工

---

① 瞿崇文：《省政协民族工作组土家族识别问题讨论会第三、四次会议记录附件第一》，载彭振坤编《历史的记忆》，贵州民族出版社 2003 年版，第 293 页。
② 政协民族工作组《关于土家族识别问题的讨论》，载彭振坤编《历史的记忆》，贵州民族出版社 2003 年版，第 274 页。
③ 同上书，第 280 页。
④ 田荆贵先生为湘西龙山县土家族，1957 年湘西土家族苗族自治州成立时，任副州长。从政之余，田先生也花费很大精力投入民族研究，尤其是土家族研究，是相关领域的知名学者，笔者有幸曾多次当面请教。
⑤ 田荆贵：《确认与恢复土家族民族成分的前前后后》，载彭振坤编《历史的记忆》，贵州民族出版社 2003 年版，第 340 页。
⑥ 同上书，第 342 页。
⑦ 潘光旦：《访问湘西北土家的报告》，载彭振坤编《历史的记忆》，贵州民族出版社 2003 年版，第 43—44 页。
⑧ 同上书，第 48—49 页。

作基本停止。一批知名学者或土家族的代表人物如潘光旦、向达、彭泊、田心桃、彭秀枢等因为土家族民族确认问题被打成"右派分子",在湘西,"据统计,在'反右派'斗争的扩大化中,纯划'民族右派分子'41人,兼有其他言论的'右派分子'178人,因'民族问题'被批判、处理的土家族干部、教师、学生等共达300多人","湘鄂川黔四省边境部分土家族群众不敢再报自己是土家族"①。

20世纪80年代以后,随着"拨乱反正"工作的进行,民族工作迎来了新的春天。1981年,为切实保障少数民族群众的合法权益,国务院就恢复或更改民族成分问题专门下发文件,明确规定:"保障少数民族享有民族平等权利,尊重一切少数民族正确表达本人民族成分的自由","凡属少数民族,不论其在何时出于何种原因未能正确表达本人的民族成分,而申请恢复其民族成分的,都应当予以恢复。"②

在此背景下,众多土家族地区的群众提出了确认或恢复民族成分的诉求,得到各级政府的重视。1982年3月,国家民委组织成立了民族工作组,赴湘鄂川黔四省毗邻地区,对恢复部分群众土家族成分的工作进行了考察;4月19—24日,国家民委在京召开"湘鄂川黔四省边境邻近地区部分群众恢复土家族成分工作座谈会",组织相关学者与民族工作者与会,展开研讨,最终形成《关于湘鄂川黔四省边境邻近地区部分群众恢复土家族成分工作座谈会纪要》(以下简称"《纪要》");4月28日,国家民委以委发文件下发了此《纪要》③。

随后,相关部门以《纪要》为依据,在武陵地区开展了新时期土家族的民族识别和民族成分恢复工作。随着这项工作的推进,土家族人口也出现了跳跃式的增长,由1964年的52万余人发展到1982年的283万余人④。根据2010年第六次全国人口普查结果,总人口已经达到835万

---

① 田荆贵:《确认与恢复土家族民族成分的前前后后》,载彭振坤编《历史的记忆》,贵州民族出版社2003年版,第353—354页。
② 国务院人口普查领导小组、公安部、国家民族事务委员会:《关于恢复或更改民族成分的处理原则的通知》(81)民政字第601号,1981年11月28日国务院发布。
③ 田荆贵:《确认与恢复土家族民族成分的前前后后》,载彭振坤编《历史的记忆》,贵州民族出版社2003年版,第356—360页。
④ 马戎:《民族社会学——社会学的族群关系研究》,北京大学出版社2004年版,第662页。

余人，以人口总量计，在我国少数民族中已经处于第七位①。

二 民族区域自治在武陵地区的实施

随着 20 世纪 50 年代武陵地区人口最多的两大少数民族——土家族与苗族——的民族识别工作的完成，民族区域自治在本地区也付诸实施了。

与民族识别工作相一致的是，武陵地区的民族区域自治也是首先从湘西苗族开始的。湘西苗族自治区于 1952 年成立，是我国第一个苗族自治单位；1955 年 3 月改设为湘西苗族自治州。

在湘西土家族民族身份得到国家确认以后，土家族的自治问题就迫在眉睫了。围绕这一问题，主要形成了两大主张：土家族单独自治、土家族与苗族联合自治。从民族区域自治制度的角度而言，单独自治或者联合自治都没有原则错误，两者之间并无根本矛盾，但在当时却激起了激烈的论争乃至政治风波。

早在湘西土家族争取民族身份的过程中，自治便是他们主张的一项重要诉求。比如，当时永顺师范的土家工友在写给毛主席的信中直接提出："我们一致要求党中央和毛主席给我们'土家'人以自治的权利，成立我们的'土家'自治州！"永顺完小教员在给刘少奇委员长的信中要求："请给我族以区域自治，这是我们土家人民迫切的要求和愿望。"② 向达、潘光旦两位先生基于历史民族格局的考量，指出在湘西地区，"苗与'土'之间是有过长期的隔阂的"，土家对于苗民基本上形成了统治与被统治的关系，故而认为："在湖南成立'土家'自治区域，与早已成立了的湘西苗族自治州的分合关系，是必须郑重考虑的。""分也许比合更为适当。"③ 大体上看，多数土家族民众也是要求单独自治的。1957 年 6 月，土家族的代表人士、湖南省政协委员彭泊在省政协会议上作了专题发言，题为《联合不反对，主张惟单独，中央决定，坚决服从》，明确提出土家

---

① 马正亮：《我国少数民族人口发展状况分析》，《贵州大学学报》（社会科学版）2013 年第 2 期。

② 潘光旦：《访问湘西北土家的报告》，载彭振坤编《历史的记忆》，贵州民族出版社 2003 年版，第 38—39 页。

③ 向达、潘光旦：《湘西北、鄂西南、川东南的一个兄弟民族——土家》，载彭振坤编《历史的记忆》，贵州民族出版社 2003 年版，第 60 页。

族的单独自治①。

从苗族这一边来看，据潘光旦先生当时调查所见，"苗族干部同志，对'土家'的民族要求，乃至对政府为此而派出的调查人员，大都表示冷淡与不欢迎"，"他们有顾虑，顾虑着'土家'的统治也许要卷土重来"②。

而在政府这一边，因为湘西苗族自治州早已成立，无论是从工作便利的需要，还是出于民族团结的考虑，基本是主张联合自治的③。1957年8月6日，湖南省人民委员会举行第二十一次委员（扩大）会议，作出《建立湘西土家族苗族自治州的决定》，并报请国务院审批。1957年9月6日，国务院全体会议第五十七次会议通过了《关于设置湖南省湘西土家族苗族自治州撤销湘西苗族自治州的决定》。1957年9月15日，湘西土家族苗族自治州成立，湘西土家族苗族自治州第一届人民代表大会第一次会议在吉首召开④。

结果是美好的，余波却并未平息。随着"反右"运动的扩大，向达、潘光旦、彭泊、田心桃、彭秀枢等主张土家族单独自治的人士先后被打成右派，甚而"被扣上'民族分裂'等政治帽子，在后来的历次政治运动中屡受批判，直到'文化大革命'还被当成洗不掉的'罪名'"⑤。

湘西土家族苗族自治州的建立为武陵地区民族区域自治制度的实施提供了借鉴与动力。在黔东北，松桃苗族自治县于1956年12月31日成立，印江土家族苗族自治县于1987年11月20日成立，沿河土家族自治县于1987年11月23日成立⑥。在渝东南，1983年4月，国务院批准成立了秀山土家族苗族自治县、酉阳土家族苗族自治县；同年12月，国务

---

① 田荆贵：《确认与恢复土家族民族成分的前前后后》，载彭振坤编《历史的记忆》，贵州民族出版社2003年版，第346—347页。

② 向达、潘光旦：《湘西北、鄂西南、川东南的一个兄弟民族——土家》，载彭振坤编《历史的记忆》，贵州民族出版社2003年版，第60页。

③ 田荆贵：《确认与恢复土家族民族成分的前前后后》，载彭振坤编《历史的记忆》，贵州民族出版社2003年版，第346—347页。

④ 同上书，第350—351页。

⑤ 同上书，第353页。

⑥ 铜仁地区地方志编撰委员会编：《铜仁地区志·民族志》，贵州民族出版社2008年版，第446—452页。

院批准成立了石柱土家族自治县、黔江土家族苗族自治县、彭水苗族土家族自治县①。在鄂西地区，1979年12月19日，国务院批准成立来凤土家族自治县②；1980年4月20日，国务院批准成立鹤峰土家族自治县③；1983年8月19日，国务院批准撤销恩施地区行政公署，成立鄂西土家族苗族自治州，此前设立的来凤土家族自治县、鹤峰土家族自治县恢复为来凤县、鹤峰县，隶属于鄂西土家族苗族自治州；1993年，经国务院批准，鄂西土家族苗族自治州更名为恩施土家族苗族自治州。在宜昌地区，1984年7月13日，国务院批准成立五峰土家族自治县④；1984年7月13日，国务院批准成立长阳土家族自治县⑤。

至此，武陵地区民族区域自治的格局基本确定，一直延续至今。

本章小结

本章主要以历史分期为线索，对武陵地区民族关系的发展历程作了初步的梳理。

自先秦时期以来，武陵地区就是诸多民族的先民繁衍生息、竞争逐鹿、共生共存的区域，三苗集团、廪君巴人与盘瓠蛮夷是其中最主要的三大群体。在长期的历史发展进程中，武陵地区各民族以名目繁多的称谓广泛分布，开枝散叶，诸如"蛮""夷""獠""蜑"之类的记载，可谓史不绝书。

至唐宋时期，史籍中关于武陵地区民族格局的记载中，"土"与"苗"作为两大民族共同体开始频繁出现，且日益定型化，表明现今武陵

---

① 白新民：《川东实施民族区域自治亲历记》，载彭振坤编《历史的记忆》，贵州民族出版社2003年版，第399页。

② 唐洪祥：《来凤土家族自治县成立回顾》，载彭振坤编《历史的记忆》，贵州民族出版社2003年版，第412页。

③ 祝锋：《鹤峰土家族调查识别工作回顾》，载彭振坤编《历史的记忆》，贵州民族出版社2003年版，第423页。

④ 赵志武：《五峰土家族自治县成立前期工作纪实》，载彭振坤编《历史的记忆》，贵州民族出版社2003年版，第435页。

⑤ 李德胜：《长阳土家族群众民族成分的恢复》，载彭振坤编《历史的记忆》，贵州民族出版社2003年版，第449页。

地区最主要的两个少数民族——土家族与苗族——在当时已经基本形成。由元迄清，武陵地区的三大主体民族土、苗、汉不断发展壮大，至清代改土归流时期，本地区方志中已经普遍地出现了"土、苗、客"、"土家、苗家、客家"或者"土民、苗民、客民"并举的记述，充分说明这种民族格局已经形成，奠定了现今武陵地区以土家族、苗族、汉族为三大主体民族的基本格局。中华民国的建立使得武陵地区进一步融入国家一体化的格局之中，国家与国族的理念逐步深入民心，与此同时，由于民族歧视与民族压迫的根源并未消除，国家认同与民族认同的博弈始终存在，张力持续累积，在相当程度上导致了民族关系的紧张。

中华人民共和国成立以来，随着以民族区域自治制度为核心的民族管理体制的建立与实施，民族压迫的社会与制度根源已经被扫除，民族平等在法律上得到了充分的保障，武陵地区的民族关系掀开了新的历史篇章，平等、团结、互助、和谐的社会主义新型民族关系不断向前发展。

第三章

文化层面民族关系的发展

前文述及,武陵地区自古以来就是一个多元民族文化交汇融合、交相辉映、美美与共的文化富集区域(详见第一章),各民族形成了历史悠久、特色鲜明的民族文化传统,并随着社会的发展而变迁,绵延不绝,至今在民族地区的社会关系与社会结构中仍然发挥着重要的功能。作为一种具有深刻社会分类意蕴的人民共同体,民族具有丰富的内涵和多维度的面向。在相当程度上,民族文化构成了民族共同体的核心意蕴,文化身份成为民族认同最主要的载体。对此,著名学者厄内斯特·盖尔纳(Ernest Gellner)有深刻的见解,他指出,文化身份认同是一个民族"安身立命的根本,民族文化及其认同是对一个国家认同的基础,是维系民族和国家的重要纽带,同时也是民族国家的合法性来源和国民凝聚力之所在"[①]。

因而,如果要探讨武陵地区民族关系的现状,文化层面是不可或缺的维度,而从文化层面对民族关系进行的研究,也最能展现本地区民族关系的多彩面向。

基于这种认识,本章主要从文化层面对武陵地区民族关系的历史与现状作初步探讨,分析在民族文化的创造与传承进程中,民族认同与民族边界的形成与维系,以及在当代文化资源开发的背景之下,民族文化旅游产业发展对于民族关系的影响。

---

① [英]厄内斯特·盖尔纳:《民族与民族主义》,韩红译,中央编译出版社2003年版,第183页。

第一节 文化边界：民族身份的认同与区分

在中国历史文化语境中，民族共同体主要是在文化而非种族意义上而言的。诚如冯友兰先生所指出的："从古代起，中国人的确十分强调中国（或华夏）与夷狄之分，但是，所着重的分野，不是种族的不同，而是文化的不同。"[①] 武陵地区虽然处于所谓"华夏边缘"，但其民族认同的观念也鲜明地体现出这种文化取向，由语言、服饰、习俗、宗教、建筑等要素构成的文化边界事实上成为民族最突出的特质，民众对于不同民族群体的认识，最直接的反映集中于"讲的话不同""他们的衣服和我们不一样"以及岁时节日习俗的差异等方面。对于武陵地区民众而言，在日常生活层面，民族主要是作为一种文化共同体存在的，我族与他族的区别主要体现为文化传统与生活方式的差异。

一 文化特征成为民族边界最明显的标志

在长期的社会历史发展进程中，武陵地区各民族创造了多彩纷呈、美美与共的民族文化。就本书的调查点而言，各个土苗山寨都形成和传承着独具特色的民族文化，成为本民族、本村寨最核心的认同意识载体和最突出的民族边界标识。在调查中，各个村寨基本上都形成了具有特色的文化传统，当然，事实上也存在内容的繁简、保存的完好与否等方面的差异，下面择其典型者简要述之。

湘西永顺县双凤村是一个历史悠久的土家族传统村落，保存有一座立于民国二十九年（1940年）的石碑，碑文中有"我彭氏自李唐来，世居溪洲"的记载。彭氏为该村大姓。这条碑文虽然不能定为信史，但至少说明该村彭氏可能从李唐以来就开始建寨，则已有1400多年的历史。

双凤村最突出的民族文化是以摆手祭祀仪式为核心的民俗文化。村

---

① 冯先生还进一步指出，把元朝与清朝视为异族对中国统治的观点实际上是基于近代西方民族主义的一种看法，与我国历史的一些核心理念如"天下""国家""民族"等并不契合。元代之蒙古人与清代之满人的确在政治上居于统治地位，但汉文化则始终占据主流，所以中国文明与道统并未断绝。参见冯友兰《中国哲学简史》，新世界出版社2004年版，第163—164页。

民彭英威是国家级非物质文化遗产土家族摆手舞代表性传承人，田仁信是国家级非物质文化遗产土家族毛古斯舞代表性传承人，彭家齐是湖南省省级非物质文化遗产土家族过赶年习俗代表性传承人。1956 年，双凤村村民田仁信、彭若兰应邀到北京表演摆手舞，受到周恩来、彭德怀等国家领导人的接见，至今仍是村民口中的传奇。2003 年，村民彭英威、田仁信、彭家齐等应邀到北京中华民族园表演社巴仪式。2008 年 8 月 8 日，在北京奥运会开幕式前，作为湖南省的推荐节目，以双凤村村民为主体、1000 余名土家族村民赴京表演了《土家族毛古斯》。如今，双凤村已经成为永顺县乃至湘西州有名的文化名村。在地方上，一提及民族文化，政府部门以及民众都认为双凤村最典型；而对于双凤村民来说，民族文化也极大地激发了他们的民族自豪感，成为该村土家族的名片，老百姓的口头禅便是："双凤的摆手舞跳到了北京，进了奥运会！"

湘西吉首市德夯村是一个全国闻名的苗族民俗文化村，特别是以苗族鼓文化最为突出。现在，一进入德夯村，最夺目的便是一块苗鼓样式的石碑，上书八个大字——"天下鼓乡，湘西德夯"。进入村中，印象最深的也是苗鼓，既有木身蒙皮的真正的苗鼓，也有水泥塑就的苗鼓模型，造型各异，无处不在，其总数据说有 800 面之多。德夯村民热爱苗鼓，笔者在村中调研时，经常见到三五村民聚在一起击打或模拟击打苗鼓。德夯还是苗鼓高手辈出的地方。在湘西，特别是在以吉首市为中心的苗族聚居的区域，一直有评选苗族鼓王的传统，至今已经评选出六代鼓王，其中第三代鼓王龙菊兰、第四代鼓王龙菊献是亲姐妹，均为德夯村村民；第五代、第六代鼓王黄娟、杨欣都是附近村民，目前都在德夯旅游公司工作。现在，在吉首市乃至湘西地区，一提到苗鼓，一般都认为德夯是个典型。

鄂西来凤县舍米湖村在鄂西地区以摆手祭祀文化闻名。该村有一座较为古老的摆手堂，据长者介绍，始建于清顺治八年（1651 年），则已有近 400 年历史。舍米湖摆手堂目前还保存有两方石碑，分别为清道光二十七年（1847 年）和同治二年（1863 年）树立，记叙了两次整修摆手堂的经过。就笔者在武陵地区所见，舍米湖摆手堂是目前保存最为完好、年代最为久远的土家族摆手堂。摆手堂中，供奉着传说中土家族的三位先祖——彭公爵主、向老官人、田好汉的神像。舍米湖村民对摆手堂有高度的认同,逢年过节均要前去祭拜,调年摆手,祈求平安,欢庆丰年,赋予其相当的神圣性。

舍米湖村的摆手舞在湖北省享有盛誉。目前,彭昌松老人是摆手舞州级民间艺术传承大师,是新中国第一代摆手舞传人,也是湖北省目前资历最深的土家族摆手舞传承人,曾连任第四届、第五届全国人大代表,曾经担任过湖北省人大常务委员会委员。村支书彭成金是湖北省非物质文化遗产传承人。近年来,随着政府对民族文化的重视,舍米湖的摆手舞已经成为湖北省民族文化的一面旗帜。以该村村民为主的来凤土家摆手舞队2010年受邀参加第九届中国艺术节竞赛表演,荣获我国政府群众文化最高奖项"群星奖";同年,以舍米湖村民为骨干,来凤县原生态摆手舞队还参加了上海世博会文艺表演。

黔东北德江县铁坑村的土家族村民则深以该村的傩戏为荣。在黔东北铜仁地区,德江县以土家族傩文化名闻四方,号称"中国傩戏之乡",而稳坪镇铁坑村的傩戏在该县是最有名的。在铁坑村,傩戏班子已经有数百年的历史,师门兴旺,活动范围遍及周边数县。德江傩戏是国家级非物质文化遗产,其代表性传承人张月福则是土生土长的铁坑村村民,是当前该村傩戏的代表性人物,近年来,相继应邀赴贵阳、北京甚至国外进行傩戏表演。长期以来,在铁坑村土家族村民的生活中,"傩"占据着重要的地位:通过许愿、还愿来祈福驱邪,神秘的面具、繁复的仪式、灵异的法术沟通着神鬼、祖先所在的世界,以傩祭为核心的还愿仪式构成了乡民社会的狂欢盛典……对于铁坑村土家族而言,土家族的含义或许并不明确,但傩戏的确已经成为他们的群体符号,如一位村民所言:

> 我为哪样是土家族?天生的哈,格外有什么不同?都是个人,一样的,你是武汉的,和我们鼻子眼睛一样的嘛!哦,那要说,我们铁坑还是有特色的,傩坛班子,全国有名的。像张家屋的(按:方言,指张月福),都搞到外国去了。这就是我们土家族的特点哈!那傩戏这个东西,只有我们这里,只有土家族才有的。(报道人:张某,男,土家族,初中文化,1970年出生,铁坑村人)

就笔者在武陵地区调研的整体印象来说，民众对于本民族、本村落的文化传统有比较一致的认同，在相当程度上把其作为群体的象征，成为重要的民族边界和认同载体。

二 "弱者的武器"：悲情历史的建构

上文述及，武陵地区民众对于自身的文化传统高度认同，以之为根基建立了基本的民族身份边界。笔者认为，这种边界主要是建立在对自身文化正面的认同之上的。

饶有趣味的是，在武陵地区，无论是土家族或者苗族，还存在一种民族文化叙事话语体系：通过对本民族群体一系列悲情历史的讲述或者展演，建构自身的弱势地位，从另外的维度维系了群体的边界。这种对本民族悲情历史的建构与展演，既可能在一定程度上反映了本地区历史上形成的民族格局中不平等的方面，反映了在历史上民族压迫的残酷事实（详见第二章）；也可能是一种基于边缘立场所进行的非正式的抗争，在此意义上，它在本质上与美国人类学家詹姆斯·斯科特（James C. Scott）所提出的"弱者的武器"的著名观点是相通的①。

（一）"乱离弃乡土"：以战乱、灾荒为核心情节的移民叙事

前文论及，自先秦以来，以土家族、苗族先民为主体的众多的民族群体就生息繁衍在武陵地区，绵延至今（详见第二章）。但让笔者印象深刻的是，本地区的土家族、苗族在述及本民族的起源时，移民而来是最常见的叙事模式，而且，移民的原因多是因为战乱或者灾荒，不得不背井离乡。

比如，在来凤县舍米湖村，彭姓土家族是村民的主体，他们关于本族来源的说法比较一致，下面的讲述具有代表性：

> 我们彭姓土家的祖先原来是甘肃的，宛西（此为笔者用汉字记

---

① 斯科特基于对东南亚农民社会的研究指出，农民处于社会的底层，通常不会冒险进行大规模的、正式的反抗，比如"革命"；他们惯用的反抗形式是非正式的，比如拖沓、装糊涂、假装顺从、装疯卖傻、诽谤等等，即所谓"弱者的武器"。参见［美］詹姆斯·斯科特《弱者的武器：农民反抗的日常形式》，何江穗等译，译林出版社2007年版，第35页。

音的地名）人，闹灾荒，没得法了，逃荒，起先到了永顺，后来又逃到大喇司，在龙山。再就又逃，到了这里，住下来了。我们的老祖先有三弟兄，老大是彭公爵主，另外两个，听老人摆（按：方言"摆"就是"谈天"之意），喊个永靖司和保靖司。起先，三兄弟，彭公爵主、永靖司、保靖司与皇帝打仗，打了好久，打不赢，就往南边退。后来，彭公爵主三兄弟被抓住了，要满门抄斩。兄弟三人关在一起，大公公，就是彭公爵主，决定分家改派，免得满门抄斩。现在我们彭家的字派都没同的，有"绍美祖昌大"，有"武继兰英远"，还有"秦树永顺达"，就是这么来的。这就分派立谱了，煞果（按：方言"煞果"就是"最终"之意）彭公爵主被处死了，他的后人和另外俩兄弟流放到了永顺。那俩兄弟，永靖司和保靖司，就与朝廷和解了，在永顺立了两个铜柱，一个雌柱、一个雄柱。再后来，永靖司和保靖司的后人看不得彭公爵主的后人，一路撵起走，把我们赶到了卯洞，到了舍米湖，落地生了根。（报道人：彭某，男，土家族，小学文化，1933年出生，舍米湖村人）

这段讲述包含一些史实的成分，比如溪州铜柱、溪州彭氏的崛起、湘西土家族土司之间的相互攻杀等①。但也有明显的渲染，应该是综合了众多相关的历史记忆，具有突出的"箭垛"式的民间叙事特征。

在宣恩县小茅坡营村，苗族民众关于民族来源的解释则更具有民间色彩。龙、冯、石是该村苗民中的大姓，他们的起源记忆是这样的：

我们龙家大概是在清朝时候，具体时间就不清楚了，从湖南花垣"洞得"（苗语地名）地方搬来的。为什么要搬家？老人讲是逃难，清朝皇帝杀我们，撵我们。到观音塘时，祖公公死了，去世了，勉强安埋了，继续逃，就在坟上放一坨黄泥巴，做个记号。现在，我们这里还兴这么搞的！最后就跑到了这里，小茅坡。这是先来的龙家。再后来，也是清朝时候，古历腊月，一个老辈子，龙正万，到宣恩长潭河赶场，听到有人讲苗话，就对上了（苗话），认识了冯

---

① 吴永章主编：《中南民族关系史》，民族出版社1992年版，第165—167、394—395页。

家的，叫冯启学。冯家人也是花垣的，"得五"（苗语地名）的，就蛮亲热，认了亲戚。冯家人住在长潭烂泥坝，一个姓李的财主，要抢冯家的媳妇，准备在腊月三十晚上动手。龙正万就和冯启学商量，在腊月十七的晚头，把冯家人接到这里，拜为兄弟。石家屋里也是湖南来的，最先在高罗冯家河，老辈子讲，石家儿子，好像是起屋的时候，不晓得什么情况，把祖太婆打死了，也有讲是把他屋里老汉（按：方言"老汉"指父亲）打死了。就跑了，到了小茅坡营，在茶园落了脚。（报道人：龙某，男，苗族，初中文化，1961年出生，小茅坡营村人）

在秀山县金珠村，苗族群众关于民族起源的叙事主要由两个核心环节组成：

其一是"祖籍江西临江府"的祖源记忆。当地父老相当一致地认为，金珠村的苗族，特别是石姓的苗族，祖籍在江西。下面这则材料较为典型：

我们石家，要说的话，本来不是本地人，外头搬来的，逃难来的。我们老家是江西的，老祖宗叫石重贵，老家在江西省临江府清江县西保十二都桥头。这个记得清楚得很，一代代传下来的！还有歌罗句（方言"歌罗句"意为"歌谣"）的，"一出江西离了家，四十八站到长沙"，你看不是江西来的？过去老辈子们讲，江西老家是不得了的，只讲一件，有一丘大水田，好大呢！放水的时候要开四十八个口子，三天三夜，才放得完！最后嘛，被别个陷害了，逃难，到了这里。（报道人：石某，男，苗族，文盲，1939年出生，金珠村人）

这则材料中所提及的石姓苗民发源于江西的讲述与文献记载有某种程度的契合。史载，苗族的先民三苗部落分布区域大致为"左彭蠡之波，右有洞庭之水，汶山在其南，而衡山在其北"①，彭蠡，大泽名，一般被认为是现今江西鄱阳湖的古称。

其二是"赶苗夺业"的苦难历史。笔者在金珠村调查时，经常听到"赶苗夺业""赶苗夺国"的故事。其梗概是这样的：本村的苗族主要是石六司和吴四司的后代，大约是在清代乾隆年间，贵州的伍将军和安将军起义，攻打到秀山。秀山的土司是杨土司，被打败了。杨土司就张榜招募，谁能赶走敌人，就封地奖赏。石六司和吴四司正好没有地方落脚，就揭了榜，带领队伍迎战，赶走了敌人。自己也伤亡不小，"男死三十二、女死一十八"。杨土司就把新营村送给石六司和吴四司，让其居住。新营村在梅江边上，水土好，时间久了，杨土司就想抢回这块地，就又打仗。石六司和吴四司就被往贵州赶，最后到了金珠村。起先，石六司和吴四司的人住在溪沟的入口，条件还可以。但杨土司更加得寸进尺，要苗民再向山沟里走。苗民就上诉，到了重庆府，立下包山契，"上迄扁担坡，下至梭子岩"，由苗民居住，这才定居下来。在该村，村民们至今仍津津乐道于石六司与杨土司比武的故事，下面的版本比较常见：

> 杨土司就和石六司比武，在梅江场上杨家祠堂，现在是梅江小学，解放前祠堂都还在。石六司有个绝招，他会打岩头，相当准，就把杨土司的脚杆打跛（方言"跛"意为"折、断"）了②。杨土司还不罢休，就要石土司打椿木树，一排七根，碗口粗，七块石头打，要全部打断，打断了就算了，打不断就要杀人。石六司就打，七块石头发出去，打断了七根椿木树。杨土司就不敢搞了，不撑他了。（报道人：石某，男，苗族，小学文化，1947年出生，金珠村人）

---

① （西汉）刘向集录：《战国策》卷22《魏一·魏武侯与诸大夫浮于西河》，上海古籍出版社1978年标点本，第782页。

② 金珠村民众所述杨土司与石六司比武之事当然带有很浓厚的民间传奇的特质，不能以信史看待，但的确具有区域社会与民族文化的基础。比如，就以这位报道者所讲"打岩头"一事来说，就是苗族"打石"绝技的曲折反映。光绪《古丈坪厅志》载曰："苗人鸟枪制作极精"，"鸟枪之外，又有打石一技。其技亦童所习之，无事则群聚，指打某树某枝，中者为能。送石捷而有力，能于数十丈外，取空中飞鸟，故当接斗之时，子已尽，即拾石击人，其伤亦重。"见（清）董鸿勋纂修《古丈坪厅志》卷10《民族下》，清光绪三十三年（1907年），铅印本。

在金珠村，还有一种"赶苗夺业"的说法，流传范围不及上述石六司和吴四司的故事广泛。其大意为：石六司和吴四司最初到新营村后，那里水田多。新营村的汉族地主就欺骗他们，说这里地方不好，经常涨水，青蛙又多，吵死人，你们都是"赶山"（方言"赶山"意为"打猎"）的，不会种水田，你们应该往山坡上去，"实际上是骗人的，赶苗夺业"。这样，石六司和吴四司就到了金珠村。

笔者认为，在金珠村苗民"赶苗夺业"的历史记忆中①，虽然不乏民间叙事的夸张、虚幻情节，但实际上曲折地反映了地方历史的本相。

首先，石六司、吴四司与杨土司的争斗实际上间接地反映了武陵地区历史民族格局的某种特点。前文论及，在武陵地区，土家族一直居于相对的优势地位，苗族则一般处于被压制的劣势地位（详见第二章第四节）。目前，在秀山县，杨姓是土家族中的大姓，而石、吴则是苗族中的大姓。因此，杨土司对石六司、吴四司的逼迫凌辱，实则反映了这种历史上形成的不平等的民族格局。

其次，在这类故事中，石六司、吴四司最终通过重庆府给予契约才获得了立足之地，这反映了至迟从秦汉以来，中央政府的统治就已经延伸进入武陵地区。

再次，这类故事中"水田不好""青蛙吵人"等情节，其实可能反映了苗族先民以"赶山"为代表的山地狩猎生产方式与汉族以"水田"为中心的集约农业文明体系的冲突。

最后，杨土司与石六司比武的情节实际上具有明显的民间叙事"难题考验"母题的特征，突出了杨土司（隐喻着土家族）的背信弃义、不堪一击，石六司（隐喻着苗族）的憨厚直爽、孔武有力，从文化心理上树立了自身的优势，有利于强化民族的认同与团结。

(二) 另类的习俗：民族创痛的展演

近20年来，笔者一直以武陵地区为主要的田野调查区域，在很多地方都观察到这样一种文化现象：在某些节日里，民众必须仪式性地进行一些富于隐蔽意味的民俗行为，民众所阐释的其深层的社会文化意蕴，

---

① 情节类似的叙事也载于《秀山民族志》。参见秀山土家族苗族自治县民族宗教事务委员会编《秀山民族志》，内部资料，2002年，第201—202页。

简要说来就是其先民在经历了灾难之后，逃难到现在的地方，为避免被发现，所以在某些行为上要尽量隐蔽，年代久远，便相沿成习。本研究的调查点，也较为普遍地传承着这类习俗。

1. "无字谱书"、苗年中的"严阵以待"、"养鸡不好"

（1）"无字谱书"

在宣恩县小茅坡营村，祖先崇拜在苗民的社会生活中至今仍然较为盛行。他们认为，祖先虽已故去，但灵魂不灭，祖先的灵魂有非凡的力量，能保佑康宁。在通常情况下，祖先崇拜最直接的载体一般是记载宗族繁衍历史的谱书，通常卷帙浩繁、装帧考究。对于小茅坡营苗族群众来说，他们没有这种成文的族谱，但有一种没有文字的族谱——"宗表"。

宗表是一块当地出产的青黑色的土布，狭长，上面没有任何文字或标记，平时存放在密封的竹筒之中。宗表一般由家族中的男性长者保存，在特殊情况下，比如没有合适人选或遭遇危机，也可交由苗老司（按：也叫苗先生，指苗族中的民间宗教职业者，与汉族的道士相当）保管。宗表在该村苗族人生活中具有相当的神圣性，认为全族的魂灵均寄托其上，应放在柜子、箱子角落等隐秘地方，只能正立不能倒置，不可轻易示人。

根据宗族人口的增减，围绕宗表形成了两大仪式：入表、出表。每当婴儿出生，满三年后，或者家庭中迎娶了新妇，就要请苗先生通过仪式取出宗表，将青布顺时针转动两次，即为入表，意为宗族又增加了新人。若有人亡故，就要请苗先生通过仪式取出宗表，将青布逆时针转动两次，即为出表，意为亡灵已经进入祖先的世界；若有姑娘出嫁，也要举行同样的出表仪式，表示该女子已离开宗族。无论出表还是入表，宗族的长者或者苗先生都要根据宗表吟诵宗族的世代顺序，根据记忆尽可能地追溯，可达数十代之多。在不断重复的出表、入表仪式中，宗族的谱系通过口耳相传的方式不断传承，直至积淀为一种社会记忆。

可以说，宗表是小茅坡营村苗民内部至高无上的神物、信物，建立了祖先和子民的联系，建构了现实与神圣空间的秩序。宗表上面虽然没有任何标记，但经过年复一年各种仪式的强化，宗族成员对于宗族谱系实际上了然于心，终生难忘。因此，宗表虽然不着一字，但客观上具有族谱的性质和功能。

为什么在小茅坡营苗族中会形成这种特殊的"无字族谱"呢？综合村中长者的分析，其背后的原因主要是为了隐瞒身份、躲避迫害镇压。他们比较一致的说法是，在过去，苗族人不断地受到追杀、镇压，被迫四处流亡迁徙。在这样的过程中，苗族人既要通过族谱的延续来凝聚宗族，又要尽量隐藏自己的身份，不能留下文字证据，免遭迫害，便只能通过宗表这种无字族谱来实现两全。在苗族内部，通过宗表的传承，宗族的谱系是十分明了的；但对于外人来说，却是几乎不可窥破的机密，达到了隐姓埋名、远离灾祸的目的。

（2）苗年中的"严阵以待"

至今，小茅坡营苗族在过汉族农历新年的同时，仍然较为完整地保留着过"苗年"的习俗，即在农历正月初一到正月十一，逢"午"或"子"的日子要过苗年，苗语称为"挂觉"。在过苗年期间，小茅坡营苗族形成了一系列独具特色的年俗文化，其中有一类习俗，笔者认为其具有整体上的防卫、戒备意蕴，可以称之为"严阵以待"。

首先，禁肃外部，固守于内。在苗年前一天，每个家庭要把生活必需品准备充分：粮食菜品要备好，苗年当天不能出外购买或借用，不能到菜园采摘蔬菜，不能上山砍柴；饮水也要备足，苗年当天不可到外面担水；苗年当天不可离开村寨，白天尽量不要出去串门，也不欢迎别人来串门，尽量不出外劳作；晚餐倾其所有，极尽丰盛，晚饭后全家禁止出门。

其次，禁忌森严，气氛凝重。苗年当天，上午要将全天所用的菜肴切好、砍好，木柴砍好备用；过了中午就禁止动用菜刀、斧头等一切利器，妇女连剪刀也不可使用；最忌讳见血，比如擦破手脚等；忌讳涉及死亡、凶祸等方面的不吉利的话语；晚饭时间较平时要晚，要等家畜家禽全部归屋后方可开餐；晚饭后，不能早睡，全家守夜，一般不高谈阔论；晚上睡觉后禁忌更严，全家人一般一同去睡①，只要一进房门，严格禁止说话喧响，甚至禁止小孩哭声，天亮鸡鸣后禁忌才解除。

---

① 现在，民众是各自回自己的卧房睡觉，但据个别长者介绍，以前全家并不宽衣，都集中在家里最大的一间卧房中和衣而卧，或坐靠休息，成人整夜不能寐。

对于这种处于高度戒备状态中的苗年习俗①，老百姓已经无法说清其缘由了，一概解释为"老辈子传下来的！""从来都是这么的！"笔者认为，这应该也是苗族群众基于早期艰难凶险的流亡经历而形成的传统习俗，起先可能的确是一种生存斗争的具体策略，久而久之就相沿成习，成为一种文化传统与历史记忆。诚如研究者所指出的，小茅坡营苗族"为了躲避追兵历经了艰难险阻，并且从客族人的强抢追赶中幸存了下来，为了庆祝他们能够顺利脱险开始兴过苗年"②。

(3)"养鸡不好"

一般谈到山区农村，大概都会联想到"鸡鸣桑树颠"的村庄图景。在今天的小茅坡营，也的确可以经常在房前屋后看到四处觅食的鸡群。但是，在过去，村中的苗民特别是冯姓、石姓苗民，却是不喜欢甚至禁止养鸡的。据村民介绍，过去养鸡的都是杨、孙等姓氏的"挨苗"，他们本不是苗族，因为挨着苗族居住，时间久了，也成了苗族，故称为挨苗；而冯姓、石姓、龙姓等"真苗"则不养鸡。其原因主要有两种说法：

> 我们过去不喜欢养鸡。鸡子喜欢到处屙屎，不卫生。老人家讲，鸡屎有毒，吃了眼睛要瞎。所以吃鸡蛋时，要仔细，要洗干净。搞不好，眼睛就要着（方言"着"意为"出问题、出事"）！（报道人：冯某，男，苗族，小学文化，1945年出生，小茅坡营村人）

> 那不是不喜欢，那是不准养鸡！听老人讲，养了要着，要出事！为么子？过去老年人讲，我们的祖先犯了事，被人追赶，被官府追

---

① 查阅文献，类似以"静默""戒备""躲避"为主要特征的习俗在武陵地区苗族社会中曾有广泛的分布，特具神秘色彩。比如，乾隆《乾州厅志》载曰："红苗如魅魑魍魉，然最畏鬼，每岁五月逢子日，或云逢寅卯日，举家老幼避入山峒或仓屋，六畜俱藏幽僻之所，用木关其足，不使行走，名曰'躲鬼'。不举火，不饮食，道路相值，不敢偶语，盗贼攫物，不敢过门，夜卧不敢转侧，蚊蚋噆肤，亦不敢拂拭，恐鬼觉也。"［见（清）王玮纂修《乾州厅志》卷4《红苗风土志》，清乾隆四年（1739年），刻本］嘉庆《龙山县志》也记载苗俗祭礼在人去世之后"次年二月，陈牲酒祭奠。既祭，举家避入山洞，曰躲鬼。不举火，不饮食，道路相值不偶语，盗贼攫物不敢问，夜卧不敢转侧，蚊蚋噆其肤不敢动，惧鬼觉也。"［见（清）缴继祖修，（清）洪际清纂《龙山县志》卷7《风俗》，嘉庆二十三年（1818年），刻本］

② 苗族简史编写组：《苗族简史》，贵州民族出版社1985年版，第341页。

杀，钻山，住岩洞，你养鸡，鸡子不是喜欢叫吗？公鸡母鸡都喜欢叫，大鸡小鸡都喜欢叫。一叫，不是被别个发现了？这么的，就不准养鸡。老年人讲的，现在不管了，家家户户都养鸡，土鸡还俏得很！（报道人：龙某，男，苗族，文盲，1932年出生，小茅坡营村人）

笔者认为，第二种说法应该更契合当地的社会文化脉络，反映了苗族先民的历史际遇；至于第一种说法，则很可能是禁止养鸡习俗形成之后，村民在不知其本来意义的情况下，所作的一种合理化、后见之明式的解释。

2. "背手走路"、敬奉簸箕簪

在松桃县蕨菜村，当地苗族群众在生活习俗方面已经与汉族区别不大。当他们在被问及"你们是苗族，有什么特点？"时，首先的回答往往是，"那都差不多。""现在都一样了。"若继续追问，村民常常以当地的一种"习俗"来应对。如下面的报道者所言：

那你硬要说有什么不同，那我们这里的人，我们苗族人，有一个习惯，是我们的特点。我们走路喜欢背着手！不背不习惯！你看，你们城里人走路，手是放在荷包里的，放在裤子荷包里的，要么就是甩手走路。我们走路要背着手，男的女的，大的小的，都是这样。那是有来历的。听老年人讲，我们的祖先原先不是在这里坐（按：方言"坐"意为"居住"），是从别处被押来的，一根绳子，一条索子，一个接一个，手反绑在背上，被解来的。也不是一天两天，天长日久，反绑着手，就搞成了这么个习惯了，走路时要背着手了。（报道人：龙某，男，苗族，文盲，1940年出生，蕨菜村人）

当笔者指出走路时背着手是一种普遍的习惯时，村民往往这样驳斥我："别处是跟我们学的！"

在宣恩县小茅坡营村，部分苗族群众至今还保留着这样一种习俗：平时，他们堂屋的神龛上供奉有"某氏堂上历代祖先"的神位，但逢年过节，当村民祭祀祖先时，却把一个普通家用的簸箕簪（竹篾编成的席子）放在神龛上，烧纸上香，虔诚敬奉，仪式完成之后，再把篾簧簧拿下来，放回原处。对于这个篾簧簧，平时并无特别的讲究。询问其原因，比较一致的解释为：其祖先曾经被人追杀，四处逃难，有一次身处险境，躲进一个用篾簧簧搭成的茅棚内，才得以幸免，所以后世子孙就形成了敬奉篾簧簧的习俗，表示感恩。

从常识判断，走路时背着手应该主要是一种生理习惯使然。实际上，笔者在武陵地区调研时，曾在很多场合听到类似的讲述，有土家族，也有苗族；躲在用篾簧簧搭成的茅棚内脱险也属侥幸。这类叙事文本可能的确反映了本地区相关民族在历史发展进程中所遭遇的苦难，也可能是相关民族对苦难历史的建构，无论如何，都反映了历史的某种本真性，具有凝聚群体的意义。

3. "眼屎饭""水煮菜""面面肉""菜稀饭"

在龙山县捞车村，当地土家族的汉化程度已经相当深了，但至今还保留有一些特殊的风俗，与本节主题相关的主要有两种，都与年俗有关。

捞车土家族要过两个年，一个是"客年"（当地习惯于把汉族称为客家，客年即客家人的年），农历腊月最后一天过；另一个是"赶年"，因为要比客年提前一天过，故名。过客年的习俗并无特别之处，比如烧香烧纸、敬家先、敬各路神灵、守夜等等。过赶年则有一些特殊的讲究，比如，当天的第一餐饭必须在鸡鸣之时吃，早一点也可以，但决不可推迟。全家人起床后必须立刻做饭吃饭，不能洗脸，所以老百姓形象地称之为吃"眼屎饭"；而且，特别注意的是，不能用油炒菜，只能用水炖汤、煮菜，称为"水煮菜"；尽量从简，快吃快收。总之，一切都体现出遮掩、隐蔽的意味。民众在解释其原因时，一般的回答都是"不这样搞不好！""老人家传下来的！"等泛泛之论，显然并没有触及这种习俗的本相。

出于民族学的学科敏感性，这种非同一般的现象引起了笔者极大的兴趣，进行了持续的深究。最终，笔者在与少数村寨长者的深度沟通中大致了解了其本来的意义。下面的讲述最为典型：

为什么要半夜起来办饭，吃眼屎饭？这个一般人都没晓得了，我也只是晓得个大哈数（方言"大哈数"意为"大概""大略"）！

是这么的，听过去老人家讲，那是过去我们土家遭了难，被别个狠人追赶，所以早早地办饭，吃了好跑！办菜的时候，锅里不能放油，你想，油一落锅，就要炸，就"起—起"响，那不是别人就听到了，就发现了。那就搞拐哒！就用水煮菜，一锅儿炖了，那也还蛮好吃的呢！（报道人：向某，男，土家族，文盲，1936年出生，捞车村人）

在江口县云舍村，土家族村民在介绍本民族的习俗时，常常以当地的一种特色饮食"面面肉"为例子。面面肉的一般做法是选择上好的猪腿肉，洗净后切成四分之一个拳头大小的肉坨坨（略大一些也可以，但不能切小了），裹上小米、调料后上甑子蒸熟即可。这道菜是云舍土家族的一道招牌菜，在村里的农家乐都可以吃到，村民招待客人也经常上这道菜。但按照传统，面面肉只有在过"赶年"时才能吃到，关于其来历比较有代表性的说法是：

我们这里的人，土家族，有一种习俗，过"赶年"，就是农历新年提前一天过，腊月间，月大就是二十九过年，月小就是二十八过年，就是提前一天，过我们自己的年。为什么？老辈子是这么讲的，有一年，到年关了，明天就要过年了，不晓得是什么事，要打仗了，可能是敌人来了，就要开打了。我们的队伍就要出发了，可是年还没过呢，怎么办？就马上过年，过了年好打仗。就临时办年饭，要打仗嘛，还是慌张啊，就不能过细准备了，就把猪肉大块大块地切成砣砣，和小米，放到蒸饭的甑子上蒸，饭熟了，肉也蒸熟了，就是面面肉。后来仗打赢了，大家觉得这个面面肉好，是个好彩头，就形成了习惯，过年要吃面面肉。（报道人：杨某，男，土家族，小学文化程度，1949年出生，云舍村人）

在咸丰县官坝苗寨，陆氏苗族过年时没有"赶年"习俗，与我国多数地方一样，在农历腊月最后一天过年。他们至今在过年时还要吃一种特殊的食品——菜稀饭：在稀饭里面放进切碎的菜叶子，煮开即可。现在，民众只是在丰盛的年夜饭里象征性地喝一点菜稀饭，而且里面可以加上各种调料，味道还很不错。但据长者介绍，以前年夜饭只有菜稀饭，没有其他的饭菜，而且不能用米熬新鲜的稀饭，必须是用剩饭加水煮开做成的稀饭，且不能放任何调料，包括食盐，味道相当寡淡。为什么要以这样乏味的菜稀饭作为年夜饭呢？年长的村民们一般都知道其来历，其基本情节是：以前，苗民的祖先四处逃难，到了三十晚上，过年了，没有一文钱，没得一粒米，盐都没得，没得办法，只好把剩饭煮一下，加点菜叶子，大人小孩喝一碗，算作过年，后来安定下来了，为了纪念祖先的苦难，就形成了过年吃菜稀饭的习俗。

站在旁观者的立场审视，上述民间叙事文本大概都近于故事或者传奇，不过是供村民打发闲暇时光的谈资。但从民族学的角度考量，以上的讲述比较具有本真性，可能反映了武陵地区早期民族关系的某种本相，这种种不寻常的习俗或许的确是历史上相关民族遭受迫害、四散流亡经历的影射。

4."偷猪过年"

来凤县舍米湖村的土家族至今在过年时还保留着一项比较有特色的风俗。腊月间杀年猪是舍米湖村土家族年俗的一项重要内容，在武陵地区也普遍存在。但在该村，年猪杀好以后，不能立即分割烹食，要作仪式化的处理：把整个的年猪藏在大门后面，并用蓑衣（按：蓑衣是一种斗篷状的雨具，用棕榈树皮做成）掩盖起来。现在只需过半小时左右就可以把年猪拖出来分割食用。但传统的仪式却更为严格。大致是这样的：年猪必须在天黑以后才能宰杀，而且要一刀毙命，猪的号叫声音越小越好；杀好后，立即藏在大门后，用蓑衣覆盖，同时，男主人要拿支梭镖在大门外作探视的样子；到午夜时分，屠夫及帮忙人等吃了夜宵，就把猪拖出来洗净分割，且必须在天亮之前完成。

杀年猪本是欢庆热闹之事，为什么要如此小心翼翼、遮遮掩掩呢？村民中但凡50岁以上的人大致都能够说出一二，下面的解释具有代表性：

> 你讲为什么杀年猪要收在门后头，还要拿蓑衣盖起，要躲起躲起的？那过去还兴得狠些，男客家的还要在外头守起，还要拿家伙，梭镖。为什么？老辈子一路传下来的，讲我们土家族过去穷，没得

肉过年，没得法了，就偷个猪，还没杀好，别人撵来了，赶忙收起，盖个蓑衣。一家人还围在一起哭，假装是屋里老人去世了。这么的，混过去了，才有点肉过年。（报道人：彭某，男，土家族，小学文化，1933年出生，舍米湖村人）

笔者认为，舍米湖土家人的这个习俗应该也是对于其先民苦难经历的一种曲折反映。

5. "被隐藏的祖先"

祖先崇拜是我国传统社会文化体系中一个核心的组成部分，分布广泛，武陵地区各民族在长期的社会发展进程中也普遍地传承和实践着这种信仰文化体系。一般说来，祖先崇拜的一个核心标志就是把祖先的牌位置于显眼、庄重之处，比如堂屋的神龛之上，以彰显神圣，也便于四时祭拜。目前，武陵地区多数地方也是如此，一般是在堂屋神龛正中安置祖先牌位。但笔者也发现了几处特例。

其一，在宣恩县小茅坡营苗族村寨，每家每户的堂屋正中都设有神龛，但神龛上却从不供奉家先（按，方言"家先"即"祖先"之意）。在该村苗民家庭中，火坑是传统的家庭活动中心，取暖、炊爨、待客均在火坑周围。火坑并不设在堂屋，而是在左手边的厢房里，火坑靠里面的尾部一般用来堆放木柴，称为"柴尾"，这就是安家先的位置。

小茅坡营苗民把家先用苗语称为"阿普蛋尤"，虽然在柴尾处设有其神位，但并无实物作为象征，主要是存在于观念之中。他们对家先非常尊崇、敬畏，用村民的话讲就是"家先之外无神灵"；他们认为，家先神至高无上，而且十分灵验，所有的兴衰祸福都与其密切相关。作为习俗，严禁外人坐在柴尾处，至今犹然。所以，苗民为防止外人误坐，专门在柴尾处堆放木柴，火坑的这个地方也因此称为"柴尾"。

周边的汉族、土家族都是把祖先牌位安置在堂屋的神龛上，小茅坡营苗民为何要采取这种方式来隐蔽地表达祖先崇拜的情结呢？村民的说法比较一致，大意为：过去，苗族的祖先遭受了长期的迫害，四处逃难，为了纪念祖先，但又必须隐藏自己的身份，所以才不得已而为之，代代相传，便成为习俗。

其二，在彭水县罗家坨村，苗族村民目前与当地大多数家庭一样，也是在堂屋神龛上供奉祖先牌位，并无特别之处。但在该村有些家庭之中，一些年长者在逢年过节时，除了敬奉神龛上的祖先牌位之外，还要在大门后面角落处象征性地烧些香纸，上点酒肉，举行简要的敬奉仪式；但实际上，该处并无任何可供敬奉的实物对象。对于这种习俗，村民们较为一致的解释是：神龛上的祖先是后来安的，"是清朝皇帝手里搞的事情"；大门后面的祖先是一直就在那里的，是祖祖辈辈传下来的。为什么以前祖先的神位在门后头呢？只有少数长者还有隐约的记忆，如一位报道者所说：

> 我们罗家坨，是苗人，是苗族，我们习惯不同。就像敬祖宗这个事，现在的年轻人都莫晓得，一般到神龛上敬，他就不晓得，我们的祖先本来是在门后头。为什么？这个我也记不清了，啷个记得到喔！解放前，听老辈子讲，大概是讲，我们的老祖宗逃难，被别人到处撵，就不能公开敬了，要偷偷地搞！就是这么的，其他我也不晓得了。（报道人：罗某，男，苗族，文盲，1935年出生，罗家坨村人）

显然，罗家坨苗民这种已经基本式微的年俗也是对其先民苦难经历的纪念。

其三，在永顺县双凤村，土家族村民目前是在神龛上供奉祖先牌位，但据长者介绍，以前神龛上不设祖先神的位置，其神位在大门后面，年节时在此敬奉。他们一致的解释为：本民族的先民受人迫害，四处流离，不能公开祭祀祖先，所以把祖先神位安置在大门后面。这种习俗也有史料的依据。乾隆《永顺县志》卷六载："每逢度岁，先于屋正面供已故土司神位，荐以鱼肉，其本家神位设于门后。"① 可见其由来已久。

其四，在秀山县金珠村，苗民传统房屋的主体一般为木质结构的三开间，中间是堂屋，左右两边是房间，一般在左手房间的前半部分设有

---

① （清）李瑾纂修，（清）王伯麟续撰修：《永顺县志》卷6《风俗》，清乾隆十年（1745年），刻本。

火塘（也叫火铺）。火塘是很重要的场所，是家庭活动及待人接物的中心，火种应保持常年不灭。在火塘左边、靠近板壁中柱的一边，一般放着一条长条凳——家先凳，上面倒扣着两个日用的瓷碗，这就是苗民家庭中的祖先神位——家先，苗语称作"夯果"。家先神位十分神圣，是祖先神灵所在，不得轻易移动，不容亵渎；不仅逢年过节要祭祀家先，平常素日，一日三餐之前都要简单地敬家先：盛一碗饭、倒一杯酒放在"家先凳"上，稍后把酒洒在火塘边上，表示请祖先喝酒吃饭，敬过祖先之后家人才能开始吃饭。村民对这种习俗的解释与上述案例有相通之处，大意为先人遭难，流离失所，必须隐姓埋名，所以采取这种较为隐蔽的方式祭祀祖先。

第二节　民族文化的交流与融合

上节内容主要对武陵地区土家族、苗族一些具有特殊社会文化意义的习俗进行了简要的分析，展现了相关民族群体如何在特定的社会历史进程中创造和传承着独具特色的习俗文化，进而建构了民族群体的文化身份，维系着民族的文化认同，实现了凝聚自我、区分他人的社会功能。

同时必须指出的是，作为文化发展的内在规律，交流与融合是人类文化发展的主流。尽管在人类社会历史上某些特殊的历史阶段，可能由于地理的阻隔，或者政治专制的隔离，不同文化之间会相互隔膜，甚至势同水火，但只要社会发展的进程步入正轨，人为的藩篱一旦消除，不同文化之间一定会渐行渐近，交流交融。

武陵地区作为众多民族繁衍生息的共同家园，民族文化间的交流融合从来就是本地区民族关系发展的主流。作为武陵地区的三大主体民族，土家族、苗族和汉族之间的文化交流历史悠久，交融的程度很深，文献对此多有记载。比如，"土蛮每洞各服一酋，酋长一言，不敢逆命，井然有冠履上下之分……驯良如内地，且更淳于内地者，如永顺府属四县之土民"。[①] 此类记述反映了土家族汉化的状况。"盖土蛮与苗，其习俗嗜欲

---

① （清）潘曙、（清）杨盛芳修，（清）凌標、（清）潘祖望纂：《凤凰厅志》卷3《疆域》，清乾隆二十三年（1758年），刻本。

不甚相远,故婚姻相通,情伪习知。"①"群苗衣服,多用蓝靛染黑,犹永保土蛮。"②"土司地处万山之中,界连诸苗,男女服饰均一式,头裹刺花巾帕,衣裙尽刺花边,与诸苗无异。"③ 描述了土家族与苗族在文化习俗方面相互浸染的情形。同治《乾州厅志》记述地方苗族"近日渐习民俗,男皆剃发蓄须,不带耳环,女亦著中衣裹脚,与昔年异矣"。④ 则反映了苗民汉化的状况。在新中国成立以后进行的民族地区社会历史调查中,研究者也注意到武陵地区这种突出的民族文化融合的状况,指出:"土家族与苗族人民间,有频繁和长期的文化交流,互相学习,丰富了彼此的文化生活。""土家族和苗族人民在长期的文化交流中,互相学习,相互影响,彼此也都有一定程度的同化。"⑤ 1956 年 12 月 9 日,张祖道在陪同潘光旦先生在鄂西长阳县考察土家族社会文化状况时,以一位首都文化工作者的眼光发现"路上行人也缺乏地方特点"⑥,可见当地汉化程度已经相当深了。

这种文化交流,既直观地反映在民众衣食住行等日常生活层面,也体现在社会制度、宗教信仰、伦理纲常等文化的较深层面之上。从民族学专业研究者的角度,结合本课题的研究主旨,我们更关注在较深层次上所发生的文化变迁以及民族关系的变化,下文择其要者作简要的分析。

一 "三教同源":土老司、苗老司、客老司的渊源

一般说来,宗教信仰是民族文化体系中最核心的部分,能最大限度地整合群体的认同,是区别我族与他族最明显的标志,也是维系民族边界最牢靠的根基。

---

① (清)潘曙、(清)杨盛芳修,(清)凌檦、(清)潘祖望纂:《凤凰厅志》卷 3《疆域》,清乾隆二十三年(1758 年),刻本。
② (清)严如熤编:《苗防备览》卷 8《风俗下》,1644 年,刻本。
③ (清)张天如纂修:《永顺府志》卷 11《檄式》,清乾隆二十八年(1763 年),刻本。
④ (清)蒋琦溥等纂修,(清)林书勋绫修,(清)张先达续纂:《乾州厅志》卷 7《苗防志一·服饰》,清同治十一年(1872 年),刻本,清光绪三年(1877 年),续刻。
⑤ 中国科学院民族研究所湖南少数民族社会历史调查组:《土家族简史简志合编》,中国科学院民族研究所湖南民族社会历史调查组,1963 年,第 31—38 页。
⑥ 张祖道:《随潘光旦师川鄂"土家"行日记》,载彭振坤编《历史的记忆》,贵州民族出版社 2003 年版,第 104 页。

在武陵地区，佛教、道教、基督教、伊斯兰教等制度化宗教并不占据主导的地位，各民族在长期的历史发展进程中形成了各具特色的民族宗教，基本上都可以归入民间信仰的范畴。就武陵地区三大主体民族土家族、苗族和汉族而言，也分别形成了本民族的宗教信仰体系，其民间宗教职业者分别是土老司、苗老司、客老司①，三者之间在信仰体系如法术、神灵系统、法事系统等方面有着基本清晰的边界。

让笔者印象深刻的是，土老司、苗老司、客老司本来属于三个不同民族宗教信仰领域最核心的内容，但在地方性的社会文化体系中，它们却有着某种程度上的共同的起源。在武陵地区，较为普遍地流传着土老司、苗老司、客老司起源的故事。

比如，在鄂西宣恩县小茅坡营村，苗民主要信奉苗老司，该村及附近的汉族则主要信奉客老司（也叫道士）。对于当地人来说，苗老司与客老司最显著的区别在于两个方面：其一，苗老司在法事活动总会讲一些"拐来拐去"的话（实际上为苗语），客老司不讲；其二，客老司的法事热闹些，有锣鼓，"吹吹打打"，苗老司的法事则"冷清些"，没得锣鼓，只有一副铜铃，"摇啊摇的"；其三，客老司有经书，苗老司没有，一般来讲，即使是苗民，也认为现在客老司"要狠一点""厉害一些"，苗老司没有经书，"好像没有毕业一样"。由于当地苗语已经基本退出了社会生活领域，所以现在苗老司也几乎不会讲苗语了。故而，苗老司与客老司最显著的区别主要在于后两项。苗老司与客老司的起源则是村民茶余饭后普遍的谈资，下面的材料较为典型：

> 起先，苗老司、客老司本来是弟兄两个，一起到天上去学法，跟到玉皇大帝学。苗老司勤快些，起得早床，就先学，学好了，玉皇大帝送了他一套家伙，有经书，有锣鼓，表示出师了，就转来了。走到半路上，客老司来了，就问苗老司哪门（按：方言，"哪门"意

---

① 在武陵地区，相对于土家族、苗族、汉族的现代民族分类体系，民众更熟悉的是土家、苗家、客家的群体分类体系，其影响也更为深远；相应地，其民间宗教职业者分别称为土老司、苗老司、客老司。民众一般对本民族的老司有更多的认同，认为其"厉害些""近一些"。土家语称土老司为"梯玛"；苗语称苗老司为"巴岱"，可分为"巴岱雄""巴岱扎"；客老司，一般称为"道士"，也称为"先生"。

为"怎样、为何")学的,他就狡猾些,就讲好话,把苗老司的经书锣鼓骗走了。苗老司就没得法了,又回去,又向玉皇大帝讨要。玉皇大帝也没得经书了,就给了他一副铜铃,许他"天摇地摇,上天入地;天灵地灵,乱摇乱灵"。(报道人:龙某,男,苗族,文盲,1940年出生,小茅坡营村人)①

在湘西永顺县双凤村,关于土老司、苗老司、客老司起源的故事也普遍地在民众中流传,下面的报道具有代表性:

> 土老司,苗老司,客老司最开始是三个好伙计,关系很好。他们约到一起学法术,到张天师那里学。土老司去得早一些,听话,勤扒苦做,张天师就蛮喜欢他,尽心尽力地教,要满师了,要转来了,张天师就给他递(方言"递"意为"给、送")了一本经书,叫他按照书上来,不会错,就像你们老师一样!土老司就欢欢喜喜地转来了,半路上,碰到了客老司,客老司就要土老司把经书送给他,说:"张天师喜欢你,你再去要一本,这本我拿去讨吃。"就一直说好话,一直要。土老司呢人就蛮憨厚,就把经书送给客老司了,又转去找张天师要,张天师就说:"那搞拐哒(方言'搞拐哒'意为'糟了'),经书只有半本了,就给你吧!"土老司拿起半本经书只好回来了,半路上,又碰到苗老司,苗老司个鬼崽崽儿(方言"鬼崽崽儿"意为"狡猾的人,讨嫌的人")就讲:"'破嘎—破嘎'('破嘎'是土家语,意为'先生、老师'),你帮哈子忙,把这半本经书送给我,我好讨吃,不是没得法,过不出来!"土老司个人呢,就听不得两句好话,半本经书又送脱了。就又转去,又找张天师要,张天师就讲:"你这个卵人(方言'卵人'大意为'讨嫌的人、没得用的人',也常见于成年男性开玩笑的场合)!那经书再没得了,有也不得给你了!"土老司呢就讲好话,紧到(方言"紧到"意为"一直、连续")讲,张天师就说:"那好,经书确实没得了!看你这

---

① 民族志文本中也有类似的记载。载高恨非等《宣恩县民族志》,中国文联出版社2001年版,第46页。

个人实诚,再送你八颗铜铃,八宝铜铃,一把司刀,斩妖宝刀,包你乱搞乱好!"土老司就欢欢喜喜地回来了,又碰到苗老司和客老司,苗老司和客老司又想骗他,要他的八宝铜铃,土老司死个人(方言"死个人"意为"无论如何,绝对")都不搞了,不上当了!苗老司、客老司就不放手,"破嘎破嘎"地喊,土老司没得法了,就把铜铃送了两颗给他们,一人一颗。(报道人:彭某,男,土家族,文盲,1938年出生,双凤村人)

就笔者在武陵地区调查所见,双凤村民关于土老司、苗老司、客老司起源的故事在本地区许多地方都有讲述,既有土家族村落,也有苗族村寨,梗概基本相近,细节有所不同。这一故事类型已经被研究者整理出版,成为相关的典范文本[1]。根据实际调查材料来看,土老司、苗老司、客老司也的确存在与故事情节基本一致的差异。首先,当地客老司有较为系统的经书,苗老司经书很少,土老司的确没有经书,地方俗语说"客老司一本经,苗老司半本经,土老司卵光经",但土家族民众在说这句俗语时,总是会加上一句,便成为"土老司卵光经,百说百灵",或"土老司卵光经,乱说乱灵"。其次,就笔者所见,八宝铜铃是土老司的一件重要法器,铜铃用黄铜制成,鸡蛋大小,的确只有六颗;苗老司"巴岱雄"法器中有金铃,金铃一般为铜质,整体上是一个铜人的形象,足部变形为一个膨大的铜铃铛;客老司的法器中也有金铃,造型较为简单,就是一个铜质的铃铛,比土老司、苗老司的铃铛要大一倍左右,在法事仪式中用手拿着摇动发出声音。

综合分析上述材料,它在一定程度上隐喻了武陵地区一种独特的民间宗教信仰结构体系:土家族、苗族、汉族民间信仰的核心——土老司、苗老司、客老司——是同源的,不但是同一师门所出,而且也是好弟兄。这种叙事文本,以一种象征的方式体现了本地区民族文化的深度融合。

---

[1] 刘黎光:《中国民间故事集成湖南卷:湘西土家族苗族自治州分卷》,内部资料,保靖印刷厂,1989年,第113页。

二 "和而不同"：土老司、苗老司、客老司的互补共生

（一）"老司做鬼，道士送亡"

在武陵地区，除非专门区分，民众一般习惯于把土老司、苗老司简称为老司，把客老司称为道士。老司的从业者一般为土家族或苗族，道士的从业者则一般为汉族。就目前看来，土家族民众一般信奉土老司，苗族民众则一般信奉苗老司，客老司则不论土家族、苗族或者汉族都有一定程度的信奉。老司与道士的区别除了信仰体系的差异之外，最主要地体现在功能或分管的领域不同，即民众所说的"老司做鬼，道士送亡"。

做鬼是土老司、苗老司诸多法事仪式的总称。在传统社会，地方上土家族或苗族民众一般有无名病痛，或心神不宁、精神萎靡，或家中连续出现灾祸，一般认为是某一类鬼在作怪，鬼的种类非常之多，如麻阳、五猖、白虎、青草鬼、岩洞鬼、山林鬼、水鬼等，具有突出的自然崇拜与原始信仰的特点。若认为有鬼作祟，就要请老司举行法事仪式驱赶祈禳。所以，民众对老司的整体印象便是"老司是做鬼的"。

至于道士，其主要业务就是主持丧葬仪式，服务对象则涵盖土家族、苗族以及汉族，其主要内容包括测算安埋日期、布置灵堂、主持送亡仪式等。故而，民众谈及道士，第一反应便是"道士送亡"。

因此，从服务的领域来看，"做鬼"主要针对生者的苦难病痛，"送亡"则主要致力于实现亡者的安宁。在武陵地区，老司与道士形成了互补共生的格局，实现了宗教信仰领域的交融和谐。

（二）巴岱雄与巴岱扎：巴岱系统内部土著文化与外来文化的互补共生

在武陵地区，"巴岱"主要是湘西、黔东北苗族社会中的民间宗教职业者。巴岱是一个苗语词汇，"巴"意为"父亲"，"岱"意为"祖先"，两词叠用意在强调父系祖先的谱系，巴岱的基本意思就是主持祭祀祖先的人。巴岱分为巴岱雄与巴岱扎，一般都由苗族人担任。巴岱雄称为"苗教"，又叫"文教"；巴岱扎称为"客教"，又叫"武教"[①]。

---

① 本节关于巴岱的材料主要来自在花垣县蚩尤村、吉首市德夯村调查所得。

巴岱雄与巴岱扎都属于苗族的民间信仰，但两者之间有着比较明显的区别，主要体现在如下方面：

1. 祭祀语言　按照传统，巴岱雄的法事仪式应全部用苗语进行，且为非常生僻的古苗语，不仅一般人很难听懂，很多巴岱雄也是只会吟诵，难解其意；巴岱扎在举行仪式时，则主要用汉语进行，可穿插部分苗语。

2. 法衣服饰　按照传统，巴岱雄没有专门的法衣，只能穿苗民自制的传统生活服装，如青黑土布缝制的对襟褂子、大脚裤等，不能穿在市场上购买的商品成衣。巴岱扎则有专门的法衣，称为"天师袍"，与一般的道袍相近；特别引人注目的是法冠，称为"凤冠"，由五条令箭状的纸板（由当地出产的牛皮土纸制成，多层重叠，反复压实，刷上桐油，十分结实耐久）连贯缝制而成，上面有五幅画像，一般从左至右依次为"月""玉清""上清""太清""日"。

3. 神灵体系　巴岱雄敬奉的神灵较少，主要是"蚩尤"，也叫"阿普蚩尤"，还有"雷公""风神""雨神"等，自然崇拜的痕迹非常明显。比较而言，巴岱扎敬奉的神灵则数量众多、体系完整，主要是以"三清"为核心的道教诸神，太上老君的地位尤其突出，也有一些佛教神祇，比如观音、弥勒、文殊、如来等。

4. 传承方式　传统上，巴岱雄没有经书，其法事内容主要靠口传心授；巴岱扎则有较为系统的经书，用汉字记录法事内容与仪式科仪（因而，上文所讲的"苗老司半本经"实则专指巴岱扎而言）。

综上所述，苗族的巴岱信仰可以分为两大派系："巴岱雄"（苗教、文教）与"巴岱扎"（客教、武教），前者敬奉蚩尤，是以祖先崇拜为核心、兼有自然崇拜的原始宗教信仰体系；后者则是苗族本土宗教信仰与外来制度化宗教特别是道教、佛教混融而成的多元宗教信仰体系。在苗族社会中，巴岱雄与巴岱扎能长期并行不悖，反映了苗族巴岱信仰系统内部土著文化与外来文化的互补共生，是一种更深层次上的文化交流。

（三）宗教信仰的混融：道教对武陵地区民族民间宗教信仰的显著影响

武陵地区各民族在长期的社会历史发展进程中形成了富于民族和地域特色的民族宗教信仰，历史悠久，体系完整，引起了学界的高度重视，相关研究成果十分丰富。综合分析已有的研究成果，结合实地调查材料，笔者认为，武陵地区的民族民间宗教信仰体系受到外来制度化宗教特别是道教的显著影响，体现了一种深层次的民族、区域间的文化交流。

就笔者所见，在武陵地区的民族民间宗教信仰体系之中，土家族的梯玛信仰和苗族的巴岱信仰受到的关注最多，下面即以这两者为例来说明武陵地区民族宗教信仰层面的文化交流与融合。

1. 土家族梯玛信仰

梯玛是土家语词汇，已故知名的土家族学者、土家语专家叶德书先生认为，"梯玛"的基本意思是"敬神的人"①，这种看法是学界的主流观点。梯玛是土家族社会中的民间宗教职业者，主要分布在酉水流域土家族社区，是其民间信仰体系的核心。如学者所指出的，在土家族社会中，"梯玛是人神合一的统一体"，具有沟通神界与人界的特殊功能与重要作用，在土家族社会中具有极为重要的地位②。自2000年笔者进行硕士学位论文田野调查工作开始，就一直对湘西龙山县拉西峒村的尚氏梯玛坛门进行着追踪研究，对其信仰体系有比较系统的研究③。在本书的研究过程中，我们又重点对湘西龙山县捞车村的田氏梯玛坛门进行了重点调查。这里主要是基于对尚氏梯玛和田氏梯玛的调查材料就土家族梯玛信仰与道教的关系作初步的探讨。

从整体上看来，土家族梯玛信仰在其深层具有较为突出的民族性。比如，在梯玛所敬奉的神灵体系之中，有两位土家族的祖先神八部大神和彭公爵主具有重要的地位。八部大神是酉水流域土家族社会中声名显赫的祖神，相传为兄弟八人，是远古时期的八个部落酋长，带领土家族先民开疆拓土。在土家族古老的英雄史诗《洛蒙挫托》中就有八部大神

---

① 叶德书：《土家语"梯玛"语义溯源》，《中央民族大学学报》（哲学社会科学版）2003年第1期。

② 田荆贵：《中国土家族习俗》，中国文史出版社1991年版，第234页。

③ 参见陈心林《梯玛的传承——拉西峒村调查札记》，《湖北民族学院学报》（哲学社会科学版）2001年第1期；陈心林《土家族梯玛信仰研究——以拉西峒村为个案》，《中南民族学院学报》（人文社会科学版）2001年第5期；陈心林《土家族民间信仰的功能研究——以拉西峒村为个案》，《黔东南民族师专学报》2002年第2期；陈心林《土家族民间信仰的变迁——以拉西峒村为个案》，《涪陵师范学院学报》2002年第3期；陈心林《土家族梯玛信仰述论——以拉西峒尚氏梯玛为例》，《宗教学研究》2005年第4期。

的事迹①。湘西保靖县首八峒八部大神庙是目前酉水流域年代最为久远、保存最为完好的祭祀八部大神的庙堂，庙前石碑载曰："故讳八部者，盖以咸镇八峒，一峒为一部落。"② 彭公爵主也是土家族的一位著名的祖先神，在土家族地区广泛分布的摆手堂中就供奉有他的神像。据考证，彭公爵主实际上是统治湘西近800年的溪州彭氏土司的象征，被神化"作为土王供奉"③。

在梯玛信仰的神灵系统中，尽管以八部大神和彭公爵主为核心的具有鲜明民族与地域特质的神灵只占少部分，但在梯玛的法事仪式中，涉及他们的仪式场合最为关键，内容最为繁杂，按照传统，必须用土家语唱诵相关内容，用民众的话来讲："这些人都是狠人！""他们是最灵的！"

同时，土家族梯玛信仰也受到道教的显著影响。比如，梯玛信仰最核心的载体是神图，上面用图像的方式详尽地绘制出梯玛法事的仪式过程，以及涉及的主要神灵。神图可以大致分为三个层次，自上而下分别代表天界、人界、地界。天界诸神灵主要有三清、日月、天公、地母、风伯、雨师、北极仙翁、南极仙翁、老君、张天师、骑凤仙娘、骑凤公子等；人界主要有彭公爵主、八部大神、梅山张五郎、家先等；地界主要有麻阳、倒行五猖、无名鬼怪等。从神图所反映的神灵体系来看，道教诸神占据了大多数。再如，梯玛有专门的法衣，头上所带为"凤冠"，也叫"五佛冠"，由五个令箭样式的纸板（由当地出产的牛皮土纸制成，多层重叠，反复压实，刷上桐油，十分结实耐久）串联缝制而成，由左至右，依次是"日""上清""玉清""太清"和"月"，也表现出突出的道教因素的影响。又如，梯玛的法衣上一般绘有太极图案或八卦图样；梯玛的一项重要法术是使用咒语，而其每句咒语都是以"吾奉太上老君急急如律令"来结尾；梯玛的法器中有牛角卦，各种符箓中多见"雷字头""鬼字底"符号，这些都反映出道教的重要影响。

2. 苗族巴岱信仰

巴岱是武陵地区苗族社会中最重要的民间宗教职业者，巴岱信仰是

---

① 彭勃、彭继宽整理译释：《摆手歌》，岳麓书社1989年版，第377页。
② 王承尧、罗午、彭荣德辑注：《土家族土司史录》，岳麓书社1991年版，第7页。
③ 向柏松：《土家族民间信仰与文化》，民族出版社2001年版，第108页。

武陵地区苗族民族民间宗教信仰体系的核心。上文述及，巴岱可以分为巴岱雄（苗教、文教）、巴岱扎（客教、武教），两者在信仰体系的核心方面存在较大的差异。从总体上看来，巴岱雄主要是以苗族人文始祖蚩尤为核心的祖先崇拜信仰体系，巴岱扎则是在巴岱雄基础上吸收融汇了外来制度化宗教因素形成的混融性宗教信仰体系。巴岱雄信仰具有浓厚的民族与地域特点，巴岱扎信仰则受到道教信仰的显著影响。

首先，就所用法器来看，巴岱雄的法器主要有竹筒、铜铃、卦等，较为古朴简单；巴岱扎的法器主要有马鞭、绺巾、司刀、令牌、牛角、卦、筶等，特别是令牌的正面刻有"吾奉太上老君急急如律令"，有的还刻有南斗六星和北斗七星，内容丰富，体现出明显的道教信仰的影响。

其次，从法事仪式方面来看，巴岱雄主持的法事仪式主要有"椎牛""椎猪""接龙""打家先""祭雷神""洗雷劈树""祭风神""送母老猪""吃血盟誓"等，包含了图腾崇拜、自然崇拜、祖灵崇拜等多种原始宗教形式。巴岱扎主持的法事仪式主要有"赶魂""赎魂""买阎王关""还傩愿""祭土地""保东斋""架天桥""祭土""祭鲁班""洗寨""开天门""追魂""招魂""买坟场"等仪式，仪式科仪较巴岱雄远为繁复，且具有明显的道教斋醮科仪的痕迹。

再次，综合分析巴岱扎信仰的神灵体系，可以发现道教神灵与观念占据了核心的位置。比如，巴岱扎的法衣名为"蟠龙天师袍"，其法冠上绘有三清的圣像，仪式中大量的咒语、唱词均须以"太上老君急急如律令"结尾，其他神灵如太上道君、太上老君、诸多真人、天公地母、风伯雨师等都反映了道教信仰的深刻影响。又如，接龙是巴岱雄一项重要的法事仪式，在法事活动中要用到龙旗，苗语称为"给戎"（"给"意为"旗"，"戎"意为"龙"），一般有五面龙旗，置于事主家的五方五位，分别是中央黄龙旗、东方青龙旗、西方白龙旗、南方赤龙旗、北方黑龙旗，显然，这种安排受到道教五行、五方五位观念的直接影响。

最后，巴岱扎打筶法术明显地受到道教阴阳观念的影响。竹筶，苗语称为"康"，是占卜用的法器，一般是把竹兜从中劈开，一分为二，为一套。占卜时，巴岱扎举行一定的仪式后，把一副竹筶丢到神案前，翻为阳，覆为阴：一阴一阳，为圣卦，大吉；两阴，为阴卦；两阳，为阳卦。这显然与道教的阴阳观念密切相关。

(四) 土老司、苗老司的和谐共生

在武陵地区，土老司（梯玛）、苗老司（巴岱）分别是土家族、苗族传统社会中最重要的民间宗教职业者，两者之间在活动领域、法事仪式、神灵系统等方面都有比较清晰的边界，在一定程度上成为相关民族共同体的符号与象征，构成了民族共同体的文化边界。一般而言，民众对本民族的老司也有更大的认同，有祈禳之事或者许愿还愿时必定延请本民族的老司。

在21世纪的今天，这种情况有所改变，在某种程度上，土老司、苗老司信仰出现了相当程度混融的现象，两者实现了和谐共生。

首先，两者的边界出现了一定程度的混融。比如，按照传统，在进行法事仪式时，土老司应该主要以土家语为"工作语言"，苗老司则应该主要以苗语为"工作语言"，而且还应是古土家语、古苗语，不仅一般民众不懂，即使是一般的老司也只会按师傅所教进行吟诵，对准确的意义也了解得并不透彻。事实上，民众对于某老司水准高低的评价，常常直观地表现为对于其土家语或苗语水平的印象。在调研过程中，一些长者在回忆地方上的著名老司时，最经常说的话就是："那个梯玛本事好，土话打得好！"，"那个巴岱在行〔方言'在行（读为hang）'意为'厉害，水平高'〕，苗话讲得好！"往往还习惯性地补上一句："我们都听不懂！"现在，由于民族语言普遍地处于濒危状态（苗语保存得相对较好），不仅一般民众以汉语方言为交际语言，很多年轻的梯玛或者巴岱也基本上不会讲民族语言了，在法事仪式中也主要以汉语方言为"工作语言"。所以，目前已很难根据民族语言来区分梯玛与巴岱了。

其次，两者的信仰体系产生了一定程度的融合。比如，从所用法器来看，梯玛与巴岱的法器有一些比较类似，如凤冠、司刀、牛角号、笛等；从神灵系统来看，两者都受到道教信仰的显著影响，比如三清、天师、老君等著名的道教神祇在梯玛信仰或巴岱信仰中都占据着核心的地位；从法术系统来看，咒语是梯玛、巴岱在法事仪式活动中常用的一种法术，两者咒语的内容、形式都有区别，但基本上都要以"吾奉太上老君急急如律令"结尾，也体现了共同的道教内涵。再如，在当代社会，为适应社会的变迁，民族宗教信仰自身也发生了调适。按照传统，在苗族巴岱的法事仪式中，若要用血牲祭祀，最隆重的是椎牛，其次是椎猪，

一般不用鸡进行祭祀；在土家族梯玛的法事仪式中，鸡则是祭祀时常用的血牲。但据调查，自新中国成立以来，因为椎牛花费巨大，而且牛也是重要的畜力，所以在政府的管制与引导之下，民间自发的椎牛祭祀基本上没有举行过。只是在近年来，政府出于民族文化展演的需要，资助过几次椎牛祭祀活动。作为民族宗教的一种当代变迁，近年来，一些苗族的巴岱在法事活动中也开始用鸡来作为血牲。

最后，两者的活动场域出现了一定程度的重合。在传统社会中，土老司与苗老司一般在本民族社会中主持宗教活动，但在近年来，在有些场合中出现了土老司与苗老司同台展演的格局。第一种情况是民间自发的宗教祭祀活动。近年来，与全国其他地方一样，务工潮席卷武陵山区，很多青壮年出外务工，也包括一些土老司或者苗老司；同时，随着现代社会的转型发展，以梯玛、巴岱为代表的民间宗教职业者在民族社会中的社会地位逐渐失去往日的尊荣，经济收入也没有吸引力，梯玛、巴岱的传承也面临着后继乏人的困局。这两方面的原因都使得可供延请的梯玛、巴岱的数量在逐渐减少。因此，在有些较为大型的法事活动中，对于老司的数量有基本的要求，而如果一定要请本民族的老司，则可能请不到充足的人手。所以，常常有土老司请苗老司帮坛、苗老司请土老司协助的情形，民众也渐渐能够接受了。第二种情况是政府组织的民族文化表演展示。近年来，旅游产业逐渐成为武陵地区各地的主导产业，民族文化资源的重要意义得到从民间到政府的高度重视。比较而言，民族民间信仰在民族文化体系中居于核心的地位，又因其神秘的法术、法器、仪式充满了神圣感，具有很好的舞台效果，对于外来的游客具有很大的吸引力，具备作为文化产业进行表演与开发的良好基础。因此，在武陵地区各级政府举办的名目繁多的以民族文化为主题的各类节日、庆典当中，经常可以看到梯玛或巴岱的表演，为了增强观赏性，两者往往还同台竞技，交相辉映，体现了民族民间宗教信仰在现代社会一种新的文化生态。

第三节　当文化成为资本：产业开发背景下民族文化的夸耀与竞争

自20世纪80年代以来，随着有中国特色的社会主义市场经济体制的逐步建立和不断完善，我国社会发生了结构性的转型，社会的各个层面都发生了巨大的变迁。与此同时，传统的、以经济发展为核心的发展理念逐渐被修正，新的、以可持续发展为核心的发展理念逐步被中国政府接纳，并以前所未有的广度与深度付诸实施，综合、协调的发展观已经深入人心。在这种背景之下，经济增长当然仍是发展问题的应有之义，但我们更强调社会系统中政治、经济、文化等各个层面的综合协调发展，更强调人类社会与自然生态的协调发展，同时也注重当代人类与后代子孙之间的协调永续发展。在新的社会发展理念之中，文化要素对于社会系统的全面协调发展被赋予了特殊重要的意义。文化建设已经成为我国社会主义建设与民族复兴伟业的重要路径，树立文化自信与建设文化强国已经成为我国在新时期的重大战略目标。

在当今世界，文化已经成为一个国家最重要的软实力，文化资本[①]已经成为推动社会发展的核心要素。在我国的文化版图中，少数民族文化具有不可或缺的重要意义，是中华民族文化的重要组成部分。与汉族的文化一样，我国的少数民族文化也具有古老悠久的历史，形成了博大精深的体系。每个民族在其长期的社会历史进程中，基于所处的自然生态环境，创造和发展了独特的文化体系，具有不可替代的价值。

从整体上看，我国的少数民族文化相对于以儒家文化为核心的汉文化具有突出的异质性，是一种极具特色的文化资本，具有极大的吸引力，

---

① 文化资本是法国著名社会学家、人类学家布迪厄（Pierre Bourdieu）文化再生产理论中的一个核心概念，具有十分重要的学术地位，已经成为当前文化研究中一个主要的关键词。布迪厄基于20世纪以来人类社会的发展变迁，从文化的角度发展了马克思主义的资本理论，突破了传统意义上将资本定义为经济资本的窠臼，创造性地把资本区分为社会资本、文化资本、经济资本和符号资本等不同的类型，不同资本之间既相互区别，又相互联系、相互转化，共同推动了人类社会的发展。参见宗晓莲《布迪厄文化再生产理论对文化变迁研究的意义》，《广西民族学院学报》（哲学社会科学版）2002年第2期。

已经成为我国民族地区旅游业发展最核心的竞争力。当前，无论是学界还是业界，一般都认为对异文化的向往是旅游者最大的动力。以持续火热的西藏旅游为例，之所以以拉萨为中心的藏族地区会成为许多游客心中的旅游胜地，除了其壮美的高原风光之外，以藏传佛教为核心的藏族文化实际上具有更持久、更强烈的召唤力，它代表着一种不同的生活方式，一种不同的意义体系，吸引外来者去体验、感悟。同样，在我国，之所以以云南、贵州、青海、内蒙古、广西为代表的民族地区会成为最集中的旅游目的地，主要是因为这些地区多姿多彩的民族文化，富于地域和民族特色的生活方式，可以给游客带来强烈的异文化体验，形成不一般的审美认知，从而获得超越日常生活的非凡体验。

同时，从资源禀赋的角度来看，文化资源是我国民族地区真正的优势资源。毋庸置疑，我国民族地区也是自然资源富集的区域，比如以云南、贵州、四川、重庆为中心的西南民族地区的水力、森林、矿产资源，以内蒙古、西藏、新疆、宁夏、青海为中心的西北民族地区的畜牧、煤炭、天然气资源等，构成了我国资源宝库的重要基础，近年来，"西气东输""西电东送"等国家层面上的大型基础性项目的实施，突出地表明了民族地区的资源优势和战略意义。但必须清醒认识到，绝大多数的自然资源是不可再生的，必然会面临资源枯竭的问题；从国家战略储备的角度考虑，对于民族地区的资源开发，应以适度为原则，做好战略储备规划。而且，"随着科学技术的发展和产业结构的优化升级，自然资源在经济发展中的决定性作用也将越来越小"[①]。当今世界，已经步入信息化时代，以文化资源为核心的创意产业蓬勃发展，正引领着世界范围内产业革命的潮流。综观我国的民族地区，其最鲜明的特点就是灿若群星、繁花似锦的多元民族文化，从北到南，自西向东，各民族在长期的社会历史发展进程中创造了和传承着各具特色的民族文化体系，美美与共，美不胜收。一般而言，只要规划得当，尊重文化发展的内在规律，民族文化资源是可以永续发展的，不存在资源枯竭的问题，而且还会在传承过程中不断创新发展。因此，民族文化堪称我国民族地区真正的优势资源，

---

① 陈心林：《民族文化产业：西部开发中的优先领域》，《青海师范大学学报》（哲学社会科学版）2004 年第 5 期。

对于民族地区的发展具有特殊重要的意义。

前文述及（详见第一章），武陵地区自古以来就是众多民族繁衍生息的共同家园，形成了丰富多彩的民族文化，是民族文化资源富集的区域。正是在这种背景之下，近年来，武陵地区各级政府和广大民众纷纷把民族文化产业作为新兴支柱产业大力发展，成效显著，本地区突出的文化禀赋优势已经成为推动民族地区经济社会又好又快发展的核心要素。

结合本书的研究主题，笔者发现在武陵地区民族文化产业发展过程中，民族地区经济社会发生了相当大的变迁，对于文化层面民族关系的发展产生了直接的影响，其主流是促进了文化的交流与交融，推动了民族文化的创新发展，促进了民族关系的良性运行；但在民族文化产业化的发展过程中，受市场机制的制约，不同地区、不同民族之间形成了对民族文化资源专门占有的动力，出现了民族文化的夸耀与竞争，在一定程度上影响了民族关系的和谐发展。下面，笔者将结合调查材料作简要的论述。

一 文化成为资本：武陵地区民族文化旅游产业发展的燎原之势

前文述及（详见第一章），近年来，随着基础设施建设力度的强力推进，武陵地区的交通状况发生了革命性的改变，此前僻处万山之中的蛮夷之地，一变为自然生态优美、民族风情浓郁的"仙居"之地，已经成为众多游客心心念念的旅游目的地，《桃花源记》中"桃源胜地"的意象正日渐清晰地呈现在世人面前。

近年来，在各级政府部门的大力扶持和有效引导下，武陵地区许多地方都把文化旅游作为主要产业大力发展。在本课题组直接调查的田野点，这种态势也比较突出，大致可以分为两种类型。

（一）以公司化运作为核心的民族文化旅游产业

武陵地区拥有丰富的民族文化资源，政府也有发展旅游业的强烈诉求，在此背景之下，一些条件具备的地方纷纷引入开发公司，利用资本的强大力量，大规模地发展民族文化旅游产业，古老的民族文化传统与市场机制进行了深度的融合。下面结合调查中的典型案例作简要分析。

1. 江口县云舍村

云舍村土家族文化积淀深厚，又处于著名的佛教圣地梵净山脚下，位于环梵净山旅游环线的要道之上，开展民族文化旅游的条件可谓得天独厚。近年来，在政府部门的支持和引导下，云舍村积极引入公司化运作模式，高标准地规划旅游产业发展。

2013年9月，在江苏、贵州两省的统一安排之下，苏州市对口支援铜仁市，重点支持文化旅游产业的发展，云舍村被确定为试点，实施云舍历史文化名村建设项目。项目总投资达到7亿多元，规划面积达到1600余亩，计划分为三期实施，目标是建成国家5A级景区。该项目聘请同济大学、贵州民族大学、中铁二十五局等单位的专家学者完成了整体规划编制和景观设计。按照云舍村文化资源和自然景观的特点，规划了土家民俗体验区、土家建筑体验区、土家饮食体验区、古法造纸体验区、农耕文化体验区、生态休闲体验区等六个功能区分、彼此协调的主题旅游区间。同时，成立了旅游开发公司，进行了大规模的基础设施建设，完成了村寨内近4000米的路面硬化，建成了约2000米的沟渠排水系统，建成了生态停车场，维护、改造了路灯、公厕等基础设施。为了增强云舍民族文化旅游的内涵，旅游开发公司还组织人力对云舍村的民族民间文化进行了挖掘整理，编写了《云舍土家山歌》《云舍歇后语》等资料，组织文艺骨干编排了采茶调、傩戏、金钱杆、土家婚俗等十余个原生态民族文化节目，并且成立了三支农民文艺表演队，开展民族文化表演。

2015年4月28日，江口县云舍景区开园仪式暨首届土家"女儿会"隆重举行。这标志着云舍景区的正式建成开放。当地媒体进行了隆重的报道："土家'女儿会'被誉为'东方情人节'，首届土家'女儿会'寓意通过喜庆繁华而又朴素典雅的'女儿会'，展现土家人的真善美，展示追求幸福积极向上的精神。"① 实际上，据笔者了解，在武陵地区，"女儿会"本来不是一个原生态的节日，它首先是由恩施市相关部门和文化人士在本地土家族相关的民俗节庆基础上提炼打造而成，因其具有较好的

---

① 包攀、陈刚、罗旭：《云舍景区"五一"开园仪式暨首届土家"女儿会"在江口举行》，《铜仁日报》2015年4月29日。

宣传效果，适合作为旅游节庆打造推广①，目前已经成为武陵地区各个地方政府在发展土家族民族文化旅游产业时首选的一张名片，常常冠以"土家女儿会"之名。云舍村在发展土家族民族文化旅游产业过程中也推出了"土家女儿会"的品牌，显示了其敏锐的市场洞察力和极大的文化包容性。

2. 吉首市德夯村

德夯苗寨具有浓郁的苗族文化特色，目前已经成为武陵地区苗族文化旅游的著名品牌，在国内乃至海外都享有一定的声誉。德夯苗寨很早就引入公司化管理模式推进旅游产业开发，取得了良好的效果。

1991年，德夯苗寨获批为湖南省省级风景名胜区。随后，在旅游公司的规划下，由地方知识精英参与谋划，成立了"苗族民俗文化艺术团"，集中向游客表演苗族民族民间艺术与民俗文化。2002年，为壮大德夯旅游产业，地方政府经由招商引资，与上海鸿仪投资发展有限公司下属的武陵旅游公司以合资方式共同组建了"吉首德夯旅游实业有限公司"，由张家界旅游开发股份有限公司控股。2010年，吉首市人民政府从

---

① 恩施市红土乡石灰窑村距离恩施市区在100公里以上，海拔约1900米，是该市最偏远的乡村。数百年来，以石灰窑为中心，形成了一种风俗：每年农历七月十二当天，青年男女在赶场（即赶集）时，可以摆脱平日礼教的束缚，自由交往，大胆挑选意中人；甚至已有家室之人，也可私会意中人。地方民众称之为"风流场"、赶"野老公场"或"邀妹场"。在距离恩施市区约50公里的板桥镇大山顶村，也有类似习俗（参见崔在辉主编《恩施土家女儿会》，中国文史出版社2010年版）。近年来，恩施市旅游部门大力挖掘这个节日的旅游价值，全力打造成恩施市的一张旅游名片，并命名为"女儿会"，把这个本来源自偏僻乡村的民间节日，运用政府的力量，移植到恩施城区及各大旅游景点举办，意在充分发挥其旅游聚集效应。已有学者指出："土家女儿会这个名称本身也蕴含着符号的象征意味。土家这个称谓突出的是民族性，它引向所指的是原生的、异文化的；而女儿一词则以女性为符号，带有诱惑与消费的含义。这一命名将民族与女性因素加以组合，象征性地突出了当地政府想展现的文化表达。"（参见李霞《文化再生产的迷思——对一个民族乡"土家女儿会"的考察》，《重庆三峡学院学报》2011年第2期）也有专家指出："女儿会本是恩施市石灰窑和大山顶原汁原味的民俗，近几年，为了传承，将其搬到城区和旅游景点举办，在表演当中加入了其他元素（比如哭嫁），破坏了女儿会原汁原味，因而有外界人士认为女儿会是'伪民俗'。"[参见曹毅《城乡视角下的民俗节庆之争——对湖北恩施"女儿会"民俗移植的思考》，《中南民族大学学报》（人文社会科学版）2009年第3期]事实上，类似的民间节日在我国源远流长，有广泛分布，其核心内涵主要是在特定的时间、特定的场域，男女可以自由交往，不受礼教束缚。比如汉族的"仲春之会"，就是中国古代由官方召集的男女狂欢之会；我国南方少数民族中也较为普遍地存在这种节日习俗，如壮族的"三月三"，苗族的"四月八"，侗族、苗族兼过的"芦笙节"等。

上海鸿仪投资发展有限公司所属的张家界旅游开发股份有限公司赎买回购了控股权，把景区收归吉首市人民政府管辖。

德夯旅游公司在运营过程中，以苗族文化为核心资源，从形式到内涵，着力打造民族文化品牌。德夯苗寨现在有三处寨门，最富于特色的是1995年修建的新寨门，该寨门的设计理念融合了传统文化与现代因素，综合运用了牛头、碉楼、石刻、文字等艺术元素，充分彰显了德夯的"苗寨"身份。目前，在德夯苗寨的跳歌场，每天都有固定的苗族文化表演：上午10：00—10：45，为苗族婚俗展演；下午15：00—15：45，为苗族服饰展演；晚上19：30（夏季）或18：00（冬季），为苗家大型跳歌晚会——"德夯玛汝"。在所有的文艺表演中，都以苗族的鼓舞为主线，特别是"鼓王献艺"环节常常作为压轴戏，代表着演出的高潮。

自2002年以来，围绕旅游产业开发，德夯相继举办了鼓王争霸赛、中国鼓文化节等大型文艺活动，成功打造了以"苗族鼓舞"为核心的民族文化旅游品牌，使德夯成为国内外著名的"苗族鼓舞"之乡，正如其寨门石刻上的八个大字一样，"天下鼓乡，湘西德夯"已经成为德夯最响亮的宣传口号。2016年10月15日，金秋之季，吉首市鼓文化节在德夯村隆重开幕，"从矮寨大桥茶峒岸至开幕式中心会场，360面苗鼓分列两旁。清一色苗族装束的苗家女子精神抖擞，动作整齐而有力，奏响了迎宾鼓、撼山鼓，表现苗家节日的喜庆与待客的热诚，彰显苗乡的庄严与威仪"。[①]

德夯苗寨的旅游产业开发取得了巨大的成功。自2015年以来，每年接待游客数量都超过300万人，已经处于武陵地区民族文化村寨旅游的领头羊位置。2005年，德夯苗寨获评为第六批国家级重点风景名胜区；2006年，被批准为国家地质公园；2013年，获批为国家4A级景区。

3. 松桃县薅菜村

薅菜村本来是松桃苗族自治县正大乡下辖的一个普通的苗寨，近年来，以该村为核心，地方政府与旅游公司合力打造了一个颇具规模的民族文化旅游项目——苗王城。现在，在地方上，民众已经很习惯于用

[①] 杨继东、杨震、彭博、麻垣杰、蒲东峰：《矮寨大桥边的鼓乐盛典——2016年吉首鼓文化节解读》，《团结报》2016年10月21日。

"苗王城"来称呼薅菜村了。

2008年,通过招商引资,松桃苗族自治县苗王城旅游开发有限责任公司与松桃苗族自治县人民政府签订合同,取得了苗王城景区的开发权。2012年,松桃苗族自治县武陵山投资开发公司与松桃苗族自治县苗王城旅游开发有限责任公司联合成立了贵州省苗王城股份有限公司,进行苗王城的开发和经营。2015年,苗王城景区的经营权又被转让给上海景域文化传播股份有限公司,期限为40年。

2010年,苗王城景区正式开工建设以来,共投入近3亿元资金,建成了景区公路、大门、广场、停车场、旅游公厕等配套设施,修建或复建了城墙、巷道、风雨桥等景观,对民居进行了大规模的整修。地方媒体对此有详尽报道:"经过改造后的民房,充分展现松桃苗族文化元素……翘角内侧绘制的花纹,正是当地苗族服饰的花边图案。翘角直立展示了松桃苗家儿女气势如松、勤劳质朴的内在气质,翘角的外型如龙,寓意着龙的传人。""在与花鼓文化元素的融合上较好地结合了松桃是花鼓艺术之乡的特点,再看那木楼吊脚瓜,全是苗家的四面鼓精雕而成……四面花鼓舞被誉为苗乡花鼓舞中之王,被列入国家非物质文化遗产,也是武陵山腊尔山区苗族人民的文化象征。整个建筑风格呈现了江南水乡楼阁典型的徽派艺术与西南山区苗家干栏式吊脚木楼民居相融合的特点"。①

苗王城景区的打造是以薅菜村的苗王府遗址为核心进行的。从外部来看,这座房子与村里的老房子区别不大,上下两层,典型的苗族吊脚楼民居样式,不过规模略大而已。据说,明末清初苗民起义时,苗王龙西波和吴黑苗先后住在这里,指挥义军作战。笔者参观苗王府时,导游重点介绍了苗王府堂屋大门前面的椎牛柱。椎牛柱是一根高约六米、约一抱粗细的木柱头,上面雕刻着许多圆环。据介绍,按照苗族的传统,椎牛祭祀是非常神圣的仪式,每次祭祀要用一头牛作为牺牲,以占卜吉凶,事后要在椎牛柱上刻环为记。这根椎牛柱上一共有33个圆环,也就是举行了33次椎牛祭祀。就目前来看,苗王府是苗王城景区中最富于民

---

① 唐永明:《苗王城"梳妆巧扮"迎宾朋——松桃打造5A级景区提速民族文化旅游更好更快发展掠影》,《铜仁日报》2010年9月21日。

族文化内涵的标志性景点。

在大规模地旅游产业开发和公司化的运作模式之下，苗王城景区的建设取得了令人瞩目的成绩。目前，苗王城景区是国家4A级景区，正在积极申报国家5A级景区；并且，通过与凤凰古城、梵净山旅游线路的整合，苗王城正在不断地提升自身的旅游价值，实现旅游效益的最优化。

（二）以民众展演为核心的民族文化体验

在有些地方，由于交通、市场前景等原因，目前还没有公司来进行旅游产业开发，主要是游客因其民族特色慕名前来游玩，其核心内容是村民为游客进行民族文化展演，使游客获得相应的文化体验。在此过程中，村民作为民族文化的传承者与使用者，其主体性地位仍然得到了较好的维系。

1. 永顺县双凤村

双凤村是一个古老的土家族村落，具有深厚的土家族民族文化底蕴，在20世纪50年代土家族民族识别调查时，该村就引起了政府部门和专家的重视。1984年，为了保护和传承双凤村的土家族文化，特别是摆手祭祀和毛古斯民俗文化，永顺县文化馆专门请田仁信、彭英威、彭家齐等三位熟稔相关民俗文化的村民系统回顾、总结了摆手祭祀和毛古斯的源流、动作程式、仪式过程、伴奏音乐、文化内涵等核心内容，进行了完整记录，保存了珍贵的文化资料。同时，为了传承和推广传统民俗文化，2009年，在政府部门的大力支持下，双凤村成立了"土家族毛古斯舞、摆手舞传习所"，专门组织培训土家族文化，比如"土话"（指土家语）、摆手舞、毛古斯等。

近年来，在非物质文化遗产保护的大潮中，双凤村的民族文化得到进一步的重视，湘西州、永顺县大力扶持，致力于把该村打造成土家族民族文化名村，民族文化旅游业得到初步发展。双凤村是湖南省省级乡村旅游区，但主要由于市场前景不明朗①，目前还没有旅游开发公司介入，村落文化旅游主要是通过村委会组织，由几位德高望重的长者具体

---

① 双凤村除了民族文化之外，自然景观没有什么亮点，游览时间不超过半天，难以作为一个独立的旅游单位开发；同时，该村位置偏远，道路狭窄崎岖，也不适于游客的大规模进入。所以，从旅游开发的角度看，目前进行大规模开发的条件尚不具备。

协调开展。如果游客人数达到一定规模（一般为30人以上），村民就会组织起来在摆手堂前表演土家族传统的摆手舞、毛古斯舞。

2008年正月十五，双凤村举行了盛大的摆手调年活动。实际上，该村自新中国成立以来，就没有举行过集体的摆手祭祀活动。这次活动得到了永顺县民委的全力支持，因为2008年适逢北京奥运会的举办，这次摆手活动打出了"千人摆手迎奥运"的标语。在活动中，村民进行了一系列的民俗文化表演，比如打溜子（土家族的一种民间音乐）、毛古斯、吹木叶（土家族的一种民间音乐）和摆手舞等。这次活动也是永顺县策划的春节文化旅游系列活动的重头戏，吸引了大量的游客。

2. 来凤县舍米湖村

舍米湖村以土家族摆手舞文化声名远扬。目前，在该村西面的山坡上，还保存有一座摆手堂，建筑风格古拙质朴，主体结构基本完好，建于清顺治八年（1651年），是我国现存年代最为久远、保存最为完好的摆手堂。1988年，舍米湖村摆手堂被确认为恩施州第一批州级文物保护单位。

舍米湖村的摆手舞文化具有深厚的群众基础，也得到了政府部门的高度重视。2007年，来凤县土家族摆手舞获批为第一批湖北省省级非物质文化遗产名录项目，申报材料的主体就是以舍米湖村为基础整理的。

2001年，湖北省民族宗教事务委员会、恩施州人民政府在来凤县举办了首届"摆手节"，共有30多支摆手队伍参加汇演比赛，舍米湖摆手舞队也参加了，并且是唯一一支全部由农民兄弟组成的队伍，引起社会各界的高度关注。在短短几分钟的会演过程中，舍米湖村民的摆手舞表演以其古朴粗犷、潇洒大方的身姿，传递出庄重肃穆、虔诚神秘的摆手祭祀的远古神韵，赢得了热烈的掌声，荣获冠军殊荣。

在舍米湖村，村民始终是摆手舞文化传承的主体。彭昌松老人是新中国成立以来舍米湖村摆手舞的第一代传人，传承摆手舞已有近60年的时光，荣获恩施州民间艺术大师称号。彭大钊、彭大楚是舍米湖村摆手舞的第二代传人，至今仍是村里摆手舞活动的重要组织者与骨干。舍米湖村其他几位摆手舞骨干如彭荣子、彭祖求、彭昌义等人也对摆手舞文化的延续发挥了重要作用。

村民彭承金年近50，年富力强，刚刚卸任村支部书记，是舍米湖摆手舞的第三代传人,是湖北省非物质文化遗产项目传承人。他从小跟随其舅舅学习打鼓,经过不断的实践提高,特别擅长在摆手舞中掌鼓,享有"土家鼓王"的美誉,目前,舍米湖村主要的摆手舞活动都是由他组织的。现在,彭承金事实上作为负责人常年组织村民练习摆手舞,进行摆手舞表演。他还经常应邀到来凤县甚至周边的龙山县、酉阳县,指导机关单位、工厂学校排练摆手舞节目,为摆手舞文化的推广发挥了积极的作用。

现在,经常有许多游客慕名到舍米湖村来,希望体验土家族文化。村民们也经常组织起来表演摆手舞,一般表演一场可得酬金4000元(50位村民表演)或2000元(20位村民表演)左右,这在当地算得上可观的收入了。实际上,参加表演的村民主要是年长者、妇女等,他们一般并无一技之长,也不适合外出务工,这个收入水准对于他们来说更是具有较大的吸引力。因此,村民对学习传承摆手舞有很高的积极性,他们谈及摆手舞表演时常说:"就是一起玩耍,还有钱赚!"

二 "你方唱罢我登台":产业开发背景下民族文化的夸耀与竞争

当文化成为资本,当民族文化产业成为武陵地区各级政府着力发展的主导产业,当民族文化的产权归属还极不明确,对民族文化资源的争夺在某种程度上就是民族文化产业发展的一个必然结果。在武陵地区,对民族文化资源的争夺主要体现在两个方面:一是对本地区、本民族文化的夸耀,以获得在竞争中的高势能与优势地位;二是针对具有特定价值的民族文化进行跨区域或者跨民族的移植,以聚集民族文化资源,形成民族文化资源高地,促进旅游产业发展。下面分别简要述之。

(一)民族文化的夸耀

在武陵地区,许多地方在进行民族文化旅游产业开发时,常常会基于地域性或者民族性的历史文化根基宣称自身文化的独特地位与显著优势,以提升其文化资源的品位与价值,有助于获得民族文化旅游产业开发中的竞争优势。下面的案例是非常典型的。

1. "土家族从这里走出":长阳"土家源"的争议

清江画廊是位于湖北省宜昌市长阳土家族自治县境内的一处国家5A

级景区，武落钟离山是其中的一处著名景点。在当地部门的旅游发展规划中，这个景点是作为土家族的发源地来打造的。实际上，武落钟离山的名称就与土家族的族源密切相关，出自《后汉书》中的一段记载："巴郡南郡蛮，本有五姓：巴氏，樊氏，瞫氏，相氏，郑氏。皆出于武落钟离山。"① 从潘光旦先生考证土家族的起源以来，学界一般以这段史料为据，认为土家族的主源是古代的巴人，而武落钟离山则是其发祥地。当然，地方上原本没有武落钟离山一说，一些文化专家根据文献材料，结合地形地貌，认为此地与史书上记载的"武落钟离山"最为符合，所以就以之作为旅游景点的名称。

武落钟离山山门处高悬一块朱红色的牌匾，上书四个金色大字——民族之源，为土家族著名学者、原中南民族学院院长彭英明所题。在名为"赤穴"的一处不大的山洞旁，摩崖石刻有四个朱红大字——寻根到此，为土家族著名作家、原湖南省作家协会主席孙健忠所题，"赤穴"②二字为土家族代表人物田荆贵（1959 年当选为湘西土家族苗族自治州第二届州人民委员会副州长）的手迹。但需要说明的是，这些题字均为 1990 年 11 月 13—17 日，第一届中国土家族文化宣传工作座谈会在长阳召开时与会专家学者所题③。近年来，在作旅游规划时，景区将这些题词刻在石壁上，以增加民族文化内涵。

饶有兴味的是，2010 年 7 月 18 日，"巴人先祖廪君文化座谈会"在长阳召开，彭英明针对自己在 20 年前所题写的"民族之源"题词谈道："这几个字只有历史意义，没有艺术价值，现在一直刻在武落钟离山山门上，非常惭愧。我跟马书记（指时任长阳土家族自治县县委书记马尚云）说可否请个书法家重新写下就好，这个意思，我昨天在新闻发布会上也说过了。"④ 这番表态似乎反映了彭老对"民族之源"题词的某种反思。

---

① （刘宋）范晔撰，（唐）李贤等注：《后汉书》卷86《列传第七十六·南蛮西南夷》，中华书局1965年标点本，第2840页。

② "赤穴"二字也出自《后汉书》。史载武落钟离山"有赤黑二穴，巴氏之子生于赤穴，四姓之子皆生黑穴。"见（刘宋）范晔撰，（唐）李贤等注《后汉书》卷86《列传第七十六·南蛮西南夷》，中华书局1965年标点本，第2840页。

③ 马尚云、刘光荣主编：《土家源》，湖北美术出版社2011年版，第36—51页。

④ 彭英明：《由民族之源说起——在巴人先祖廪君文化座谈会上的讲话》，载马尚云、刘光荣主编《土家源》，湖北美术出版社2011年版，第106页。

2010年7月,长阳土家族自治县民族文化研究会会长刘光荣专程前往河南省新乡市河南师范大学看望土家族老人田心桃。20世纪50年代,正是田心桃最先向中央提出土家族民族识别的请求,故而她也有"土家第一人"之称。田心桃为长阳土家族自治县民族文化研究会题写了"土家源"三个大字①。这幅题词也常常被景区和长阳县民族文化部门大力宣传,以之来佐证长阳土家族自治县是土家族的发源地。

长阳县的政府部门以及民族文化人士对于武落钟离山非常看重,把它作为土家族起源圣地加以保护,并以之为核心发展民族文化旅游产业。但这个观点在其他土家族地方却并不被认可,特别是在湘西,遭到了相当强烈的批评。笔者曾在很多场合同湘西的土家族学者或者民委干部谈及长阳县所着力打造的"土家源"品牌,他们一概不以为然,甚而嗤之以鼻,认为800余万土家族人民不可能从那么小的一个山洞发源。甚而,根据老一辈学者的回忆,长阳县人民的土家族身份也曾在相当长的时间内受到湘西部分人士的质疑,"湘西有许多老土家和文化人还是认为长阳又没有人说土家语,也不会跳摆手舞,怎么是土家族呢"②?

笔者曾数次到武落钟离山考察或游玩,对赤穴印象很深,那只是一个不大的山洞,据笔者估计,以正常站立姿态来说,可容纳20—30人,很难想象作为土家族主源的巴人廪君部落会发祥于此。同时,学界关于赤穴的位置,也有其他的观点,比如,宫哲兵在长阳土家族自治县进行了多次田野调查,他结合历史文与考古报告认为赤、黑二穴在长阳县西部的柳山③。

2. "宁为鸡首,不为牛后":处处飘扬的"第一"旗帜

当今世界,体育精神已经成为人类社会的精神内核之一,"友谊第一,比赛第二"很好地诠释了体育人文精神。但在运动竞技赛场上,从奥林匹克运动会到学校运动会,能给人们留下深刻印象的永远是第一名。自冠军以下,尽管成绩无比接近,但也只能成为第一名的模糊背景。在

---

① 马尚云、刘光荣主编:《土家源》,湖北美术出版社2011年版,第107页。
② 彭英明:《由民族之源说起——在巴人先祖廪君文化座谈会上的讲话》,载马尚云、刘光荣主编《土家源》,湖北美术出版社2011年版,第106页。
③ 宫哲兵:《人类学考察:寻找巴人"赤、黑二穴"》,《湖北民族学院学报》(哲学社会科学版)2008年第6期。

武陵地区,许多地方在发展民族文化旅游产业时,也深受这种"第一名就是一切"理念的主导,竞相祭出"第一村""第一寨"等大旗,以建构一种优势的文化资源,赢得文化资本的优势。下面简述几个典型的例子。

目前,如果游客到湘西永顺县双凤村游玩,最先吸引他的一定是双凤村的寨门:在这样一个偏远的山村,耸立十余米、古色古香的寨门已经颇具气势,但更令人难忘的是寨门正上方的几个鎏金大字——中国土家第一村。而在铜仁市江口县云舍村,土家族文化是该村的名片,该村也有"中国土家第一村"的名头。在铜仁市松桃苗族自治县薅菜村,苗王城景区是以该村为核心进行打造的,在景区大门处,"千里苗疆第一寨"几个大字分外显眼。在鄂西咸丰县官坝苗寨,该村对自身的形象定位则是"荆楚第一苗寨"。而在相隔数十公里外的宣恩县小茅坡营村,至今还保留着苗语,在湖北省是独一无二的,该村有"湖北苗族第一寨"的美称。在湘西龙山县捞车村,该村具有深厚的土家族文化积淀,特别是土家族织锦,享誉四方,该村对自身的形象定位则是"中国土家织锦第一村"。在重庆市彭水苗族土家族自治县罗家坨村,该村以苗族文化著称,特别是"娇阿依"文化①,该村号称"苗族娇阿依文化的发源地"。在湘西吉首市德夯苗寨,该村以苗族的鼓文化闻名遐迩,其寨门上大书"天下鼓乡,湘西德夯"。在鄂西来凤县舍米湖村,摆手舞文化是该村土家族文化的代表。在跳摆手舞时,有一名掌鼓师傅,通过鼓点掌握节奏,十分关键。舍米湖的土家族中年汉子彭承金是当地有名的掌鼓师傅,曾被来凤县百福司镇授予"土家鼓王"的称号,现在,村民都喜欢喊他"鼓王",既是对他掌鼓技艺的认可,也带有一些戏谑的意味。在重庆市酉阳土家族苗族自治县,该县在推广土家族文化时,以土家族的摆手舞为核心,笔者在县域内见到多处"中国土家族摆手舞之乡"或类似的宣传牌匾。

笔者在调查过程中,常常被这些"第一""发源地""王"一类的表述所吸引,因为武陵地区国土面积近10万平方公里,人口2000余万,土

---

① 娇阿依是主要流行于彭水苗族土家族自治县境内的一种苗族歌舞类型,以反映苗家儿女的爱情生活为主,因唱词中多以"娇阿依"为衬词而得名。

家族或者苗族的人口都在800万以上，这些冠军性质的称号是如何认定的呢？每当问及这一问题，民众一般回答："不晓得！"或者答曰："那是政府定的，那是专家封的！"实际上，类似的称号并非严格意义上考证、认定的结果，主要是出于民族文化旅游产业发展的需要，对自身民族文化品牌的建构与打造。

(二) 民族文化的移植

在武陵地区，笔者发现，一些地方在发展民族文化旅游产业时，为了使文化内容更为丰富，更具特色，以便增加对游客的吸引力，往往在挖掘自身文化潜力的同时，也有选择性地把其他地方的文化事项移植到自己的文化体系之中，造成文化资源的富集，打造民族文化品牌。下面的案例是比较突出的。

1. 江口县云舍村

云舍村以浓郁的土家族文化特色著称。目前，在云舍村，有一支业余的土家风情表演队，人数有100余人之众。他们可以表演土家婚俗、冲傩还愿、摆手舞、金钱杆、花灯、拦社、划龙船、哭嫁、跳丧、打溜子、毛古斯等20多个精品节目。村民们常说："我们有节目单，什么都有，游客要看什么，我们就演什么！"村中长者在介绍地方上的土家族文化时，经常列举一些有"特色"的节日，比如赶年、过社、清明、元宵、端午、中秋、四月八、六月六、七月半等。

综合分析云舍村民众展演的这些"土家族文化"，其中的确有一些是地方上土家族的民族文化事项，比如土家婚俗、冲傩还愿、金钱杆、花灯、赶年、四月八、六月六等，但更多的是受汉文化影响的结果，或者是移植其他地方土家族的文化事项，后者更为明显。比如清明、元宵、端午、中秋、拦社等节日或者习俗，应该是受汉族文化影响的结果。而跳丧和摆手祭祀的确是土家族具有代表性的文化事项，但其分布具有鲜明的地域性。跳丧主要分布在鄂西清江流域土家族社会中，摆手祭祀则主要分布在湘西酉水流域土家族社会中，云舍村所在的乌江流域土家族社会中应该没有形成跳丧或者摆手祭祀的习俗。在土家族研究领域，向来有"南摆手，北跳丧"之说，就是指的这种民族文化的地域性特征①。笔者曾就摆手舞、跳丧等文化事项的来历访谈村民，村民们基本上都承认，这些东西本来不是他们的习俗，而是旅游业发展起来以后，上面派来的专家教授编排的，经过了排练，专门表演给游客看。

2. 恩施市枫香坡村②

枫香坡侗族风情寨位于恩施市芭蕉侗族乡高拱桥村，距恩施城区约10公里，交通便利。传统上以粮食种植为主要生计，现逐渐转变为以茶叶种植为主的生态观光农业。枫香坡村自2007年民族旅游开发以来，积极打造民族文化品牌，发展乡村体验旅游，2008年被评为"国家2A级景区"，已成为国内有较高知名度的乡村旅游示范点。凤凰卫视主持人吴小莉、文化学者北京师范大学于丹教授等知名人士都曾到此参观、体验民族文化。

从旅游人类学的视角看来，民族村落旅游的开展，其实质就是地方社会与文化向游客的呈现与展演，而作为"他者"的游客最核心的期待视野常常是"真实性"或"原生态"。在民族村落旅游发展的实践中，枫香坡侗族风情寨通过民族身份的构建、民族文化的打造与展演向外部世界展现自身的"真实性"或"原生态"。

（1）民族身份的构建

1996年，原属恩施市芭蕉区的黄泥塘村单设为乡级行政建制，成立黄泥塘侗族乡。2001年，恩施市合并芭蕉乡和黄泥塘侗族乡组建芭蕉侗族乡，即把原黄泥塘侗族乡的民族乡建制转为新的芭蕉侗族乡。依托于芭蕉侗族乡的民族乡背景，恩施州、市政府开始主导并着力打造枫香坡侗族风情寨。从侗族文化的角度考量，黄泥塘村较之枫香坡村更具历史

---

① 笔者曾指出："基于地理区隔和文化传统的差异，土家族地区至少可以划分为清江流域、酉水流域、乌江流域三大文化区。"这大体上是符合土家族社会文化实际的，反映了笔者对于土家族社会文化内部显著的区域性特征的认识。见陈心林《土家族民间信仰研究述论》，《宗教学研究》2015年第2期。

② 关于枫香坡村的相关研究，笔者已经以本课题阶段性研究成果的名义发表。[陈心林：《村落旅游的文化表述及其真实性——以鄂西枫香坡侗寨为例》，《西南民族大学学报》（人文社会科学版）2013年第11期] 因为该村是一个侗族村落，而本书主要关注的是土家族、苗族这两个武陵地区的主体少数民族，所以没有把该村作为主要的田野调查点。但因为关于枫香坡村的研究与此处的主题非常契合，所以在这里做简要分析。

与文化的根基性。为什么政府着力打造后者呢？其一，枫香坡村离城区更近，交通更为便利，且村落自然环境较好，居住相对集中，便于规划、开发以及对外展示；其二，黄泥塘村原属黄泥塘侗族乡，枫香坡村原属芭蕉乡，由芭蕉乡和黄泥塘侗族乡组建的芭蕉侗族乡在发展战略上以原芭蕉乡为主，使得黄泥塘村被相对边缘化。

原枫香坡居民多为汉族和土家族，为了配合侗族风情寨的建设，地方政府动员当地村民更改民族成分，使得户籍身份上的侗族人口比例大大提高。而当地人都知道，芭蕉侗族乡的侗族聚居地应该在黄泥塘村。黄泥塘侗族是清乾隆、嘉庆年间从湖南新晃、贵州玉屏等地迁过来的，黄泥塘现在仍有大量记载族源及迁移的碑文和谱书。枫香坡居民之所以愿意更改民族成分，主要在于政府所许诺的村落发展愿景。

枫香坡景区的主题是自然风、田园风、侗族风情。在打造过程中，政府相关部门和村干部数次专程前往贵州侗区实地考察，学习和采借当地的侗族文化。随着旅游部门的政策支持、开发者的资金注入以及当地人的参与，一整套"侗族风情文化"随之成型。如今枫香坡侗族风情寨已形成了建筑、服饰、语言、歌舞、农家乐餐馆等多种侗族文化符号的表达。

据村支部书记介绍，在政府作出打造侗族风情寨的决定之后，枫香坡村和黄泥塘村成为主要的候选对象，两者也都在积极争取。虽然地方上从民众到政府都知道黄泥塘村是真正的侗族居住地，但枫香坡村从交通区位、生态景观等方面更符合专家的旅游产业规划，而且，枫香坡的村民都很支持这个开发项目，在土地征用、房屋拆迁等方面的压力较小。最终，经过综合考虑，政府决定在枫香坡村打造侗族风情寨。为了配合旅游开发，就要申请建设侗族村，要求侗族人口必须占到一定比例。乡政府就开始动员，在自愿的前提下，部分村民要求更改民族成分，经过民族政策的审查，准许更改，使得侗族的人口比例达标。因此拥有侗族户籍的人数在短时间内突然增加。一般经营农家乐的老板和服务员，艺术团的成员，当地的干部以及一些地方精英都是侗族。由于黄泥塘村最终落选，使得这个相对更"本真"的侗族村落失去了宝贵的发展机会，而枫香坡村在此后获得了大量的扶持项目，有了突飞猛进的发展。这种对比强烈地刺激着黄泥塘的村民，笔者在调研时，村民对此很是愤愤不平，一般都认为本村的干部不作为，"没得用"，"政府偏心"；同时一概认为"枫香坡的侗族是假的，我们才是真的！"，"他们那里人会搞些！"

随着旅游开发的不断推进，在政府的组织下，一种新的文化传统被引入，并逐渐融入村民的日常生活。民族身份一旦被工具性地赋予，就会与地方性文化相互作用，共同推动社区的转型进程。枫香坡本不是真正的侗族聚居地，没有形成侗族典型的生计方式与文化传统，它只是借用芭蕉侗族乡的招牌来建构出一套侗族的文化传统，并将其以一种"舞台真实"的方式展演在游客的面前，其实质是对异文化的移植和嫁接，因而并不能改变当地人民族身份认同缺乏文化根基的困境。

（2）民族文化的展演

①作为文化复制的村寨建筑

如果将旅游消费主要看成是一种视觉消费，建筑物的重要性在于它们是游客关注的中心。风雨桥、鼓楼、侗族大歌被誉为侗族"三大宝"。作为一种移植的文化，侗族风格建筑无疑是枫香坡硬件设施的重头戏。枫香坡房屋以木质结构为主，大多为木柱作架、斜顶黑瓦、房梁支撑的两层建筑，第二层前部有吊脚走廊，屋前有很宽敞的场坝。为了配合景区建设，有的人家在平房外墙上镶上一层木板，让整个房子看起来更具"民族感"。当地政府对民居建设提出的指导方针是：青瓦斜面，木门窗，飞檐翘角，白墙白漆，咖啡墙裙，但在实际操作中很难整齐统一。风雨桥是游客进寨前就能体验到的一处特色建筑，整座桥不用一钉一铆和其他铁件，皆以杉木凿榫衔接。过风雨桥后，迎面而来的是一座仿古门楼，上书"侗乡第一寨"。鼓楼在村头巍然挺立，气概雄伟，五彩缤纷。侗族文化馆陈列着很多生产生活用具，馆中设有茶楼，可供游客品茶休闲。戏楼是侗寨平常最热闹的地方，一面正对宽阔的茶园，另外三面是观众席，置以数十条长形木凳，一次可容纳300余人欣赏歌舞。

在现代旅游中，当人们参观中心城市以外的地方时，吸引他们的往往是那些与当地文化氛围相称，并使该地与其他地方的建筑物有所区别。全球化时代对现代主义的主要质疑使它导致了一致性，或消灭了地方感，现代主义也就不太可能生产出能吸引潜在游客的建筑物，因为游客往往希望能看到反映地方特色的建筑①。枫香坡建筑所展演出来的是一种兼具地方色彩和侗族文化特色的文化事象，它到底能体现出什么样的民族文化内涵，这对当地人和游客来说也许是模糊不清的。但是，这种被建筑构造出来的文化符号的功能在于：满足旅游者休闲、猎奇的心理需求；回馈东道主对政绩和经济利益的追求。

②娱己娱人的民间歌舞

枫香坡侗族大歌有敬酒歌、迎客歌等，旋律感强，感情丰富。当地居民具有山歌传唱传统，对于歌舞的学习有较高天赋。歌师最初是政府从贵州黎平请过来的，后由旅行社组织当地农民编排舞蹈，现在则由枫香坡农民艺术团自编自演。艺术团一般每逢周六、周日的下午三点在戏楼例行表演，平日如有成团游客，也可加场。农民艺术团约50余人，成员均为本地村民。表演的节目主要有侗鼓、侗族大歌、山歌对唱、芦笙演奏等，内容多与当地居民的生产生活相关，具有浓郁的地方气息。男女演员的演出服饰都由艺术团统一定制，服装的花色样式也模仿贵州侗族。别有意味的是，现任农民艺术团团长实际上是外地嫁来的汉族媳妇，因其有文化，能歌善舞，能力突出，逐渐被基层政府培养为民族文化发展的组织者和带头人，也被媒体作为枫香坡侗族文化的传承人而重点宣传②。

除了当地农民艺术团以外，当地很多农家乐的服务员也会根据游客需求表演歌舞。如《敬酒歌》云："手捧酒杯哟，唱酒哟歌，美酒敬给哟哟，贵客喝哟；吉祥的凤凰哟，落侗家哟，献上侗家哟哟哟，心一颗哟。"在这样的氛围之下，游客和东道主之间产生着持续互动。民间歌舞已经成了村民特别是旅游从业人员的一种生活方式，游客对歌舞的欣赏也是在经历一种"异文化"的体验。对于东道主来说，在舞台展演的过程中，民间歌舞充当了娱己亦娱人的文化中介，有效地连接了东道主和游客所构成的二元世界。

③融入村落生态的饮食文化

枫香坡饮食文化在农家乐服务中得到了鲜明的体现。当地各种档次

---

① [英] 约翰·尤瑞：《游客凝视》，杨慧等译，广西师范大学出版社2009年版，第155页。
② 毛俊玉：《农民马苏娥的光荣与梦想》，《中国文化报》2012年3月31日。

的农家乐共计20家，其中星级农家乐12家。每一户农家乐从店名到菜肴都十分讲究，如"花桥人家""茶花山庄""梨花山庄""侗族人家"，这些富于田园乡土气息的名字往往能够赋予远方客人更多的期待。农家乐的经营者和厨师大都是本地农民，除了饮食服务以外，部分农家乐还配有棋牌室、卡拉OK设备、小旅馆等。农家乐菜品十分丰富，最有特色的应是野味和腊肉，配以家常炒菜和小凉菜。食客也可以根据自身喜好选择米饭、土豆饭、苞谷饭等主食。

侗族传统生计方式以"稻—鱼—鸭"共生系统最为典型，遍布侗区的河水溪流也是捕鱼的好去处；侗家人饮食又以酸辣为主，素有"侗不离酸""侗不离鱼"之说。枫香坡的饮食文化大致是侗族和土家族的融合。虽然旅游观光和茶叶是村落的主导产业，但是传统的生活方式依然留存。几乎每家每户都置有五六个酸坛或酸罐用以腌制酸菜。酸食品种繁多，有荤酸、素酸、煮酸、腌酸之别。腌酸品一年四季皆可，荤素不定。酸腌鱼尤有特色，具有酸、辣、甜的特点，肉鲜味美，腥味尽除，十分开胃。这些地方性的特色饮食也常被作为"民族文化"向游客展示。

（3）文化的真实性与商品化

一般而言，旅游开发中文化的商品化会破坏其真实性，造就一种代理的、隐蔽的"舞台真实"。东道主在展演"真实"，游客在寻求"真实"，但是这两种"真实"却分别呈现在各自的臆想之中。在这种对"真实"的差异理解中，东道主正在用"商品化"来回应文化变迁以及对自身生计模式进行调适。

①东道主与游客眼中的"真实"

在一个原生文化社区中，人们的文化认同纽带基本是原生的；而在一个文化移植之地，人们对文化"真实性"的感受则会根据场景的差异性呈现多义性特征。商品经济的发展及其对旅游目的地的渗透让不同的主体处在多种"真实"的模糊认知之中。

旅游的发展进一步唤醒了少数民族的文化自觉，很多地方出现文化回归，沉寂多年的地方性文化又重新被搬上舞台，枫香坡的文化表述就是在这种潮流中打造的。村落因为旅游而发生积极变化，从中受益的村民极力推崇这种再造的"真实文化"，以强化对游客的吸引力。很多人保证他们那里的一切都是真实的，所展示的当地生活和文化都具有原真性。

但旅游业的发展又使得社区内部开始发生贫富分化，一些并未从旅游开发中获益或获益很少的人并不认同这种文化的原生性。当地人对于文化真实性的认可具有场景性与选择性。

游客是文化展演的受众，他们对于文化真实性的感知也影响着旅游业发展。在某种意义上，衡量旅游体验的真实性应该取决于游客采取了什么样的主观标准。在旅游活动当中，不同的游客在看待同一个事物或现象的时候，他们所获得的"真实感"是不同的；不同游客在相同的旅游项目和游程中所得到的体验和认知也不一样，与客观真实的距离也因此不一样[1]。旅游客体真实与旅游者主观感受真实之间的关系是相对松散的，两者之间并不存在一一对应的关系。在文化借用与变迁的背景之下，"真实"只是旅游者赋予旅游目的地的一种想象。旅游者大多是出于自愿、暂时离家外出，他们之所以从事路程较长的旅行，是盼望旅行中所能体验到的新奇和愉悦[2]。就此而言，民族文化的客体真实性对于旅游者并不一定是孜孜以求的。也就是说，对旅游经历的真实性关注程度比较弱，而对旅游文化的新奇关注程度较强的人，更容易将文化产品当成"真实的"来接受。

② "舞台真实"与文化真实

一个人在日常生活中陷入得越深，就越会期待存在于他处的现实和本真。游客之所以到其他地方去旅游，是因为对日常生活中一成不变的"真实"感到厌倦，渴望到其他地方去寻求"真实"的他者；然而他们在旅游环境下所看到的和接触到的只是一种"舞台真实"，其"后台"为了保持必要的神秘感，一般情况下是不能向游客展示的[3]。由于旅游权力机构的包装宣传，游客无法分辨文化的舞台化本质，结果把它视为"真实"来接受。在枫香坡侗寨的节庆活动中，这种"真实性"就体现得淋漓尽致。

侗族的节庆活动是其传统文化展演的最重要载体。如贵州侗族民间

---

[1] 彭兆荣：《旅游人类学》，民族出版社2004年版，第167页。
[2] ［以色列］埃里克·科恩主编：《旅游社会学纵论》，巫宁等译，南开大学出版社2007年版，第128页。
[3] ［美］迪安·麦坎内尔：《旅游者——休闲阶层新论》，张晓萍等译，广西师范大学出版社2008年版，第1093页。

节日丰富多彩,有"大节三六九、小节月月有"之说。一些重大的民族节日场合,如"花炮节""喊天节""姑娘节"等,成了侗家人表演歌舞、商品交换、宗教祭祀和青年男女交往的重要场合。枫香坡节庆融合了鄂西南土家族和汉族的习俗,严格来说并无典型侗族地区所具有的风土人情和文化韵味。如果说能够体现一些侗族民俗的话,就只能算每周末的戏楼歌舞表演了,巨大的鼓乐声和身着侗族服饰的演员给游客强烈的视听感受,这些节目大都是艺术团成员跟随贵州老师所学。传统是历史的积淀,而枫香坡所展演出来的文化场景几乎都是围绕着"侗族"这一文化符号所铺陈开的"舞台真实"。这种文化的展演是为了发展旅游业而建构出来的伪装的传统,即一种再造的或嫁接的传统。如学者所指出的,"旅游的发展演进为民族文化的复制、再造、建构……提供了平台"[①]。文化本身无所谓真实与伪装,它总是发生于一定的自然或人文生态环境之中。只不过在现代性话语的支配之下,文化往往具有工具性,于是跨越时空和民族边界的文化变体也就随之出现。

③文化商品化:生计方式的转型

一般而言,文化"真实"与"虚假"之间的分界线在于是否有商业力量的介入。枫香坡展演出来的一系列文化事象,体现了一种从上到下的情景设计。开发者把地方文化当作一种"资源"来开发,并把注意力完全放在景区基础设施对游客的吸引力上面[②]。这对于侗族风情寨的"打造"是成功的。但是枫香坡侗族风情缺乏历史的积淀和东道主的文化创造,而只是对异地侗族传统文化形式的模仿和再造。但枫香坡旅游的主体仍是当地农民,他们承担着接待游客和文化展演的职责,这种职责并非只是出于对政府和投资方负责,当地人本身对加快发展的孜孜追求更是构成了市场经济条件下传统农耕社会寻求生计扩展与生活质量提升的道路选择。

在枫香坡旅游资源开发之前,当地人均以农耕为业。旅游业的介入

---

① 阳宁东:《民族文化与旅游发展演进互动研究》,《西南民族大学学报》(人文社会科学版) 2012 年第 4 期。

② [美] 瓦伦·L. 史密斯主编:《东道主与游客——旅游人类学研究》,张晓萍等译,云南大学出版社 2007 年版,第 150 页。

使很多农民"离土不离乡",从土地上解脱出来从事旅游服务业,经济收入也逐渐增加。随着游客的增多,当地经营最好的农家乐一年收入可达百万;在交通方便的路口,很多以销售旅游纪念品为主的杂货铺也开得红红火火;一些农民将自家的水果、蔬菜、茶叶等特产作为旅游产品销售,客人可以亲自下到地里去采摘瓜果,然后按所采摘产品的重量和质量购买;就连当地小孩也拿着一些由植物茎叶制作而成的小玩意儿沿路叫卖。而在十年以前,人们是不敢想象未来能够发生如此巨变的。在一个传统的村落社会,人际关系基本上是依靠礼俗来调节的。但随着商品经济的发展和旅游业的介入,枫香坡的社会结构发生了重大变化,村落人际关系更多地表现为经济理性,社区内部发展逐渐显露出不均衡性。民族文化在展演的过程中几乎都演变成商品化取向,面对大大高于务农收入的旅游业收入,真实性也不是当地人在文化展演过程中所寻求的终极目标。现在枫香坡传统的粮食种植业已逐渐让位于以茶叶种植为主的生态农业和旅游服务业,这意味着当地人已经基本完成了生计转型,探索出了一条新的社区发展路径。

(4)亦真亦幻:村落旅游文化的表述之道

作为地方文化的负载者,大部分枫香坡居民并不了解侗族文化的真正内涵,他们认为"这些建筑摆在那里是为了好看,吸引游客,从而为当地经济发展带来好处"。风情寨的打造给游客展现出的景观是客观存在的,但其表述的侗族文化却是一种幻境。正是在这种模糊的表达之中,"真实性"才得以多样化地存在。

①经济效益与文化效益的博弈

在旅游目的地文化变迁的研究中,经常会面临少数民族经济发展和传统文化传承的抉择问题。只有文化的舞台化、商业化,才能创造更大的经济效益,而这又导致了文化的真实性问题。文化的真实与否决定着文化内涵的变迁,影响着文化的保护与传承。在真实性与商品化之间,政府、旅游开发者及当地人如何寻求平衡达成共识,注定是一个反复博弈的过程。

在村落精英的眼里,经济发展和文化传承是一个硬币的两面,看似对立实则统一,民族文化传承和加快经济发展不能互相排斥,文化展演可以是一种手段,而经济发展则是目的。旅游人类学家格雷本认为旅游的可持续发展概念包含多种理解，无论旅游如何发展，都要以不改变或不破坏东道主世代所居的生态环境和生活模式为前提，要为后代留有发展空间①。但在现实中，文化的商品化往往是走向现代化的重要途径，它必将在一定程度上影响该文化的长远发展，也必然会对当地的传统文化产生侵蚀和破坏。村落精英和格雷本教授就是从不同的视角对经济和文化的博弈关系进行解读。事实上很难使二者兼顾，因此变迁就是一个不得不面对的现实了。

②游客体验真实与旅游客体真实

与游客相关的旅游真实性建构过程，既包括游客眼中的旅游客体真实性，也包括游客主观体验的真实性。通过两者的互动，旅游的过程实际上是完成了旅游目的地与游客想象之间的关联。枫香坡旅游客体本身只是对传统侗族文化客体的"真实性复制"，不同的旅游者对此有着不同的认识。本地游客都很清楚这种文化的再造过程，他们对此表现出了极大的宽容；外地游客大都是想增加自己异文化的经历，很多人对侗族文化并不了解，"舞台真实"对于他们来说也是可以接受的，只有极少数资深游客会留下遗憾。如果游客没有意识到文化表述的不真实，他们一般会表示接受，这种建构的真实性对他们来说就是真实的文化表述。因此从旅游者主观体验的角度来看，旅游文化具有舞台化的真实性。

从游客的角度来看，每个游客都希望他们所看到的旅游景物是"真实"的，体验与日常经验截然不同的异文化，但又符合他们的旅游想象，满足他们的消费需求。因此，旅游景点就需要涉及意义符号的生产和消费，意味着旅游景点的特殊性可以是由符号建构起来的，而经由符号所建构起来的意义也可以强化游客的旅游经验。

③变迁中的真实：想象的幻灭

旅游者到某地旅游，大都是为了分享那里的真实生活，至少他们想要看看那里人的真实生活是什么样子。但是，这些为了寻求真实经历而离开自己日常生活和环境的旅游者，极有可能发现自己又一次陷入虚假

---

① [美] 纳尔逊·格雷本、彭兆荣：《旅游人类学家谈中国旅游的可持续发展》，赵红梅翻译整理，《旅游学刊》2006年第1期。

之中。在旅游过程中，游客对"真实"的浪漫想象使得他们移情于暂时性的幻化角色。旅游的悖论正在于游客试图寻求真实的当地文化，而旅游本身又制造和强化了这个真实性的假象，它支配了社会和文化模仿的经验。这种"真实性"与游客的心理诉求之间常常出现背离。因此在旅游文化的再生产中，"真实性"与"虚假性"并不是处于一种二元对立的状态，而常常是混融、交织在一起的。

枫香坡侗族风情寨的案例表明，旅游目的地民族文化的真实性是相对的，本质上是文化符号的借用，以一种别具"现代性"的表述方式在旅游目的地被搬上民族村落舞台，接受游客的审视与消费。

枫香坡的文化展演体现了一种自上而下的具有浓厚政治和商业背景的打造思路，它本身缺乏侗族文化滋长的土壤和生存的根基，只是将异地他者的文化采借过来，造成了一种伪装过的舞台真实。即使是本地人，也大多对这种展演的文化显示出陌生感。他们不能解释自己的文化，只能被置身于村落空间以外的"权威"所解释。在原生侗族文化缺失的情况下，枫香坡侗族风情寨所展现给游客的文化事象是人们根据自己社会语境的现实需要所进行的发明和建构，在这个过程中，也不可避免地卷入了权力、利益与操控等因素。但正是东道主的符号借用和游客符号消费的有机契合，使得在这种文化的真实和虚假之间，人们各得其所：东道主通过文化的展演与表述拓展了生计，游客则获得了一种新颖的、有别于日常的"异文化"体验。

第四节　机遇与挑战：民族文化发展的当代语境

尽管还存在许多争议与悖论，但当今世界已经进入全球化的时代则是不争的事实。在这样一个崭新的时代，主要得益于交通网络的日趋完善和信息技术的突飞猛进，空间距离被大幅压缩，时间障碍也被逐渐克服，人类社会被置于一种联系空前紧密的体系之中，原本发祥于不同地理区域、特色鲜明的民族文化之间以前所未有的广度与深度发生着交流与交融。

在全球化的当下，不同文化之间的交流交融已经成为常态，文化的同质化现象非常突出，主流文化以其巨大的势能优势主导着文化发展的趋势。在这样的历史进程中，特定的民族文化既可能通过借鉴、吸收其他民族文化中的有益成分来发展自身的文化体系、提升自身的文化内涵，使民族文化获得不断更新的旺盛生命力，展现出蓬勃的生机；同时，特定的民族文化也有可能受到强势文化的巨大冲击，逐步失去自身的文化要素，丧失自身的文化内涵，经由主动或者被动的方式，被同化于其他文化之中，泯然于无形。因此，在当今时代，"机遇"与"挑战"两个关键词构成了民族文化发展的当代语境。

前文述及，武陵地区自古以来就以丰富多彩的多元民族文化著称，堪称民族文化的宝库。近代以来，本地区融入国家一体化格局的进程日益加快。特别是21世纪以来，随着国家开发战略在武陵地区大规模的实施，本地区基础设施建设有了天翻地覆的变化，正在以空前的态势融入国家乃至世界的发展大潮之中，民族社会发生着巨大的变迁与结构性转型，古老而悠久的民族文化传统正在经受发展大潮的洗礼，拥有了广阔的发展前景，也面临着很大的挑战。

本节通过对调查中典型案例的简要分析，来探讨武陵地区民族文化在当前的发展现状，及其与民族社会发展的互动关系。

一 民族文化的发展机遇

当前，随着武陵地区经济社会发展整体水平的提高，从政府到民众，对于民族文化的重视程度普遍有较大提高。一方面，如上节所述，随着民族文化旅游产业的兴起，民族文化日益成为一种重要的资源与资本，得到了政府部门的高度重视，采取了有力措施来保护与弘扬民族文化；另一方面，随着民众物质生活条件的改善，其精神性的需求也提升到更高的层面，民族文化以其特有的认同归属感和精神原乡意义在民众的生活中具有不可或缺的地位，日益得到民众的认可与珍视。

就本书的调研情况来看，当前，武陵地区民族文化的发展主要有两大契机，一是民族文化旅游产业的迅猛发展，二是非物质文化遗产保护工作的深入进行，两者从全局意义上和更深的层面上保护和弘扬了各民族的文化传统，在一定程度上也促进了民族文化的创新发展。

(一) 旅游产业开发与民族文化发展

武陵地区山川秀丽、风光旖旎，民族文化异彩纷呈、魅力独具，兼具自然景观与人文资源的优势，具备发展旅游产业的良好条件。在长期的社会历史发展进程中，因山河阻隔，道路奇险，武陵地区长期处于相对隔绝的状态，"养在深闺人未识"。近年来，随着以高速铁路、高速公路、民用航空为核心的基础设施体系的根本性改善，武陵地区的交通障碍已基本克服，可进入大幅度提升，本地区已经成为国内重要的旅游目的地。与此同时，在产业转型升级的进程中，武陵地区各级政府基本上都认识到生态资源与文化资源是本地区最大的后发优势，都把民族文化旅游产业作为发展的重点，旅游产业呈现出蓬勃发展的态势。对此，上一节已经着重进行了分析。

在本课题的调研过程中，我们也看到各个地方都大打"民族牌"，纷纷把发展旅游产业作为重要的发展突破口。当然，因为交通区位、资源禀赋以及扶持力度的差异，各个地方旅游产业发展的程度与质量也有高低优劣的区别，但大体上都在这一发展路径上探索前行。在民族文化旅游产业的发展过程中，民族文化是最重要的资源要素，因此得到了很好的保护与发展。

首先，传统文化的挖掘与保护得到空前的重视。在当代社会，主流文化依仗经济乃至政治的优势，形成了文化传播的绝对优势，对散布于世界各地的民族文化传统造成了强大的冲击，不同文化之间的交融、同化已经成为一种普遍的现象，成为当今社会文化发展的主线，信息技术的迅猛发展更是为这一进程增添了无限动能。在此进程中，传统文化逐步被边缘化，文化的丧失与消亡已经不可避免。武陵地区也是这样，自近代以来，随着国家意识与民族观念逐渐深入人心，社会一体化进程日益深化，特别是"文化大革命"期间在破旧立新的大纛之下，对民族文化传统造成了巨大乃至毁灭性的打击。当前，武陵地区许多的民族文化事象已经退出了社会生活的场域，甚至濒临灭绝。笔者印象最深的是，很多时候，当我们进入村寨调研时，村民们总是把我们当作政府的工作组，往往需要深入的解释才能让乡亲们明白我们的工作性质；当我们就某一习俗访谈民众时，他们的第一反应往往是"你问这个干什么？""这个没得什么用了！"或者"这个没得人晓得了！"诸如此类的回答。事实上也是如此,民众的衣食住行、言谈举止、娱乐生活、节日习俗等方面都已经相当汉化,所谓文化传统已经主要是一种遥远的历史记忆了。

但是,自大力发展旅游产业以来,政府部门对民族文化高度重视,以地方文化部门和民族事务管理部门为主,对传统民族文化进行了大力的整理、挖掘:搜集民俗用品、整理民俗文化、资助民间艺人、举办民俗活动等,投入巨大,以树立文化旅游的品牌,在相当程度上,这些措施有效地促进了传统文化的复兴。正如老百姓所说的:"现在也是好玩,以前那些老东西(指传统文化事象)又兴起来了,好像又值钱了!"

其次,在某种程度上,民族文化得到了创新发展。在民族文化旅游产业发展过程中,传统民族文化被作为一项重要的观光内容向游客展演。一般而言,就表现形式来看,传统的民族文化习俗以"朴拙"为最突出的特点:直白的唱词、简单的伴奏、单一的舞步、简要的情节、固定的程式,虽然别具乡土艺术的魅力,但从表演艺术的角度来看,并无光彩夺目之处[①]。为了获得更好的演出效果,吸引观众,地方政府常常组织文化工作者对传统文化重新排练,加以一定程度的改造。在调查过程中,当笔者问及某一文化习俗为什么是这种形态,民众最经常的回答有两种,其一是:"老辈子传下来的!"其二是:"文化馆的老师教的!"笔者以为,这种文化工作者对传统文化的改造、加工在一定程度上推进了民族文化的创新发展,使之有可能在新的社会场域中获得更大的发展契机。

(二)非物质文化遗产保护与民族文化发展

2004年8月,我国正式加入联合国教科文组织颁布的《保护非物质文化遗产公约》,以此为标志,我国的非物质文化遗产保护工作正式启动。2011年6月1日,《中华人民共和国非物质文化遗产法》颁布实施,标志着我国的非物质文化遗产保护工作进入"依法保护"时代[②]。

非物质文化遗产保护工作在武陵地区也得到扎实推进,成为各级政府文化部门的工作重点。而且,在武陵地区,从国家级的非物质文化遗

---

① 当然,在传统社会中,因为娱乐内容的贫乏,这些传统文化事项也受到民众的热烈欢迎。但在当今社会,娱乐资源如此丰富,这些文化传统的吸引力已大不如前,这也是当前传统文化式微的一个主要原因。

② 陈心林:《人类学视阈下非物质文化遗产名录制度的反思》,《青海民族研究》2015年第4期。

产名录项目来看，主要是以土家族、苗族文化事象为主，比如土家族摆手舞、土家族撒叶儿嗬、土家族打溜子、土家族织锦技艺、湘西土家族毛古斯舞、德江土家族傩堂戏、土家族梯玛歌、土家族咚咚喹、苗族民歌、湘西苗族鼓舞、苗族古歌、苗族鼓藏节、苗族织锦技艺、苗医药、苗族跳花节、苗族四月八姑娘节、苗年、苗族芦笙舞等。通过非物质文化遗产保护工作的实施，文化传承人得到了资助，社会地位也有相当程度的提高；本来已经退出社会生活场域的民族文化获得了新的传承空间，民族民俗文化活动出现了复兴。

二 民族文化面临的挑战

如上文所述，当前，武陵地区民族文化在新的形势之下获得了较好的发展机遇，"传统的复兴"成为一种引人注目的社会文化现象。与此同时，民族文化在发展进程中也面临着诸多挑战，有可能影响民族文化的可持续发展。

（一）文化本真性的丧失

民族文化的传承与发展应该坚持本真性的原则，传统文化的内涵不能丧失，这已是学界的共识，也是文化发展的内在规律。但在当前，在多种因素的综合作用下，在发展和弘扬民族文化的过程中，民族文化的本真属性在逐渐丧失。就武陵地区而言，这个问题主要体现在如下几个方面。

1. 民族文化的舞台化

民族文化是各民族群众在长期的社会生活实践中创造和传承的一整套价值观念、制度体系、技术系统以及物质成果的总和，属于民间文化的范畴，它是民众生活的构成要素，民众在生活实践中自发地创造、传承和享有自己的文化。从本质上讲，民族文化与舞台表演是截然不同的，后者是艺术审美观念对象化的成果，在某种意义上，它高于生活，也因而在一定程度上脱离了生活。因此，如果民族文化在发展过程中出现了舞台化的特质，则意味着其本真性的丧失。在当前武陵地区民族文化的发展进程中，这种问题还比较突出。

比如，吉首市德夯村以苗族鼓文化著称。现在，游客到德夯体验苗族文化，印象最深的就是旅游公司组织表演的苗鼓节目：花样繁多、动作惊险、技巧高超。但实际上,传统的苗族鼓舞却是较为古朴的,如方志所载:"苗俗又有所谓跳鼓脏者","男外旋,女内旋,皆举手顿足,其身摇动,舞袖相连,左右顾盼,不徐不疾,亦觉可观"①。但德夯村的苗族鼓舞却是经过专家编排的舞台表演,如一位地方文化专家所言:

> 本来,我们苗族鼓舞的动作是比较简单的,比较单一,动作不多,就是转过来转过去地打,打鼓,动作也不成套。后来要发展旅游了,就要排练节目,上面的专家,文化馆的,还有大学的老师,吉首大学的老师,这个我清楚,我经手的。就找了几个会跳鼓舞的人编舞,就把一些动作美化,搞得好看些,这个讲实话,以前的鼓舞没好看,打来打去的,不是很好看。再一个,就是加难度,加技巧,比如旋转啦,跳跃啦,就很专业了。那现在的鼓舞就很好看,要经过培训的演员才会跳,一般百姓都跳不来。(报道人:施某,男,苗族,初中文化,1962年出生,德夯村人)

又如,在来凤县舍米湖村,土家族摆手舞是村里民族文化旅游的招牌,该村也有跳摆手舞的传统习俗。但实际上,该村的摆手舞在新中国成立后已经趋于消亡,正是经过地方文化干部的挖掘、整理,才慢慢恢复,直至复兴。在文化干部整理摆手舞的过程中,他们对传统的动作提出了不同的意见,要求动作更加舒展,还加以排练,把简单的动作串联起来,形成体系。还是上面的报道者,他回忆道,本来,传统的摆手舞有一个动作是"抖虼蚤",就是模拟土家族先民抖动身体、抖去虼蚤的动作。虼蚤是人体上的寄生虫,文化馆的干部认为这个名称不好听,就改成"抖灰尘",后来就叫"抖灰尘"了。

在湘西永顺县双凤村,摆手舞的兴起也经过了地方文化专家的加工。据永顺县文化馆干部的介绍,在1990年前后,永顺县组织对全县的民族文化进行调查摸底,双凤村的摆手舞引起了重视。文化馆派了两名文化专干到双凤村整理摆手舞,从近200个原始动作中,选出24个有代表性、

---

① (清)周玉衡等修,(清)杨瑞珍纂:《永绥直隶厅志》卷1《建置·苗峒》,清同治七年(1868年),刻本。

美观大方的动作,经过排练定型,举办了"永顺县土家族社巴舞培训班",向全县普及推广,开展文艺表演竞赛。这样,双凤村自新中国成立以来本已沉寂的摆手舞又开始复兴,并带动了全县学习摆手舞的热潮。

民族文化的舞台化倾向对于民族文化的本真性势必会造成一定程度的冲击,不利于其长久的发展,但这种现象在当前我国的文化事业发展进程中却屡有发生。比如,刘锡诚先生指出了一种完全违背民族文化发展规律的现象:侗族大歌是我国侗族的优秀传统文化,具有世界级的影响,多种声部、无指挥伴奏、自然和声是其最突出的特点,完全是侗族民众的审美智慧结晶,有的专家为了创新侗族大歌,竟然主张在其中加入美声唱法;庙会本来起源于民间,由民众自发管理,近年来,一些地方为了实现"规范管理",直接由政府接管民间庙会①。又如,在贵州某地的苗年节上,表演者把短裙苗(苗族的一个支系)传统服饰中短裙里面的脚绑改成了肉色的裤袜,以突出"迷人的超短裙风情"②。

2. 文化传统神圣性的解构

在传统民族文化体系里面,仪式具有十分重要的意义,常常具有沟通天地神人、祈福攘灾的意义,具有相当的神圣性。在当前,伴随着文化旅游产业的发展,民族文化成为一种重要的产业资源,要服从产业开发的需求,被赋予突出的商品性特质,民族文化传统的神圣性在相当程度上遭到了解构。

比如,在吉首市德夯苗寨,苗鼓文化是村落民族文化展演的重要内容,常常被作为民族民间文艺来欣赏。实际上,就其本原意义而言,苗鼓是苗族人民一种重要的宗教祭祀仪式"跳鼓脏"的重要组成部分。如同治《永绥厅志》所载:"苗俗又有所谓跳鼓脏者,乃合寨之公祀"③,仪式中有男女随鼓声起舞的动作;嘉庆《龙山县志》记载苗俗:"陈酒肉米饼火床上,烧黄蜡,击竹筒,祀祖","集亲友族邻,鸣锣鼓,放铳,

---

① 刘锡诚:《关于非物质文化遗产保护的若干思考》,载郝苏民等主编《抢救、保护非物质文化遗产:西北各民族在行动》,民族出版社 2006 年版,第 162—163 页。
② 孙天胜、李永乐:《关注民族旅游开发对民族传统文化的消极影响》,《中国民族》2006 年第 9 期。
③ (清)周玉衡等修,(清)杨瑞珍纂:《永绥直隶厅志》卷 1《建置·苗峒》,清同治七年(1868 年),刻本。

请牛鬼。"① 光绪《古丈坪厅志》也记载:"苗祭,五月逢子、寅、午日专祭祖先。""刳长木,空其中,冒皮其端以为鼓,使妇女之美者跳而击之。"② 事实上,苗鼓在苗族传统社会中具有相当的神圣性,围绕它形成了一系列的禁忌与仪式。调查资料也证实了这一点。综合地方长者的介绍,以前,整个德夯村只有一面鼓,平时不能动用,只有在举行跳鼓脏仪式或重大节日时才能由苗老司在举行特定的仪式之后,将鼓请出。鼓是苗老司作法事的法器,一般人不能碰。村民几乎不自己使用苗鼓,对其有很深的敬畏感。笔者在对德夯村的苗老司访谈时,他特别提到苗鼓,认为鼓具有很大的威力,一般人打不得,一旦击打,"地动山摇,神到鬼到","服侍不周到,就要出事"。

但现在,在德夯村,苗鼓已经成为很常见的文化表演器材,村里各种材质、形制的鼓多达数百面,有的是作为装饰用,有的是在为游客表演鼓文化时作为道具,每天都在固定的时间表演,无论男女老少,民众都可以上台表演苗鼓舞。总体上而言,在德夯村,苗鼓已经从一种神圣的祭祀法器变成了一种普通的演出道具。

再如,在松桃苗族自治县薅菜村,以该村为核心建立了苗王城景区,景区的一个重要观光内容就是苗族传统文化的演出,其中包括苗老司巫傩绝技表演,充满惊险刺激神秘的场景,特别能吸引游客。比如在"踩铧口"节目中,首先烧起一堆旺火,把几张铧口(即犁铧,一种铁制农具)放进火堆里烧,一直要烧到通红方可。同时,苗族巫师巴岱身穿法衣,头戴法冠,手执牛角、司刀,念念有词,脚踏罡步,举行请师父、请兵的仪式。这时,场上的女主持人会用工具取出铧口,向观众展示其通红的状态;还可以与现场观众互动,让观众撒一点水在铧口上,立即腾起一阵青烟,表示温度之高,观众的情绪也被调动起来。等巴岱示意可以开始之后,工作人员会把铧口从火堆里夹出来,排好;巴岱会脱下鞋袜,赤足而行,从红通通的铧犁上踩过

---

① (清)缴继祖修,(清)洪际清纂:《龙山县志》卷7《风俗》,嘉庆二十三年(1818年),刻本。
② (清)董鸿勋纂修:《古丈坪厅志》卷10《民族下》,清光绪三十三年(1907年),铅印本。

去，每踩一脚，还要把脚板抬起向观众展示，以示功力之深。背景音乐很好地烘托了极度紧张的氛围，观众也被这不可思议的场面震惊了。节目中还有"定鸡术"的表演，一个巴岱打扮的演员，念念有词，手舞足蹈，抓住一只活蹦乱跳的雄鸡，通过各种仪式动作逐渐使它安定下来，让其立在刀刃之上，一动不动，呆若木鸡。实际上，在传统苗族社会中，定鸡术是巴岱在葬礼上举行的一种巫术仪式，在出殡的时候，抓一只雄鸡定在棺材上，以镇压邪神野鬼。这个法术非常灵验，雄鸡被定住以后，即使鞭炮震天，也能一动不动。传统的定鸡术一般只用一只鸡。现在，在表演过程中，演员为了显示本领，增强演出效果，可以将多只鸡逐一定住，一字排开。

但调查发现，村民对舞台上的傩技表演并不认可，认为那是专门表演给外来的游客看的，"是演员演的，是假家伙"！同时，调查显示，傩技表演者都是从外面请来的，薅菜村也有苗老司，而且在地方上还很有名气，但从不参加表演，他认为踩铧口是师傅的真传，只有在特定的仪式上才可举行，不能随便搞，不能随便让别人看，特别是"不能让女人参与"，否则会出事；而且，不经过严格的法事程序，不举行庄重的请神、送神仪式，神灵会怪罪的，祖师也会不高兴的，"请神容易送神难"，"就会来找你"！对于定鸡术，村民们也认为那是在有人去世的场合才举行的，把它作为文化节目在平日上演，很不吉利。

在传统的苗族社会，踩铧口本来是苗老司一项重要的法事仪式。当某人有家事不顺、久病不愈、精神萎靡等情况时，就会向神灵许愿，祈求保佑，赐福消灾，若愿望达成，就要还愿，踩铧口就是还愿仪式的一种。踩铧口实际上是一种巫术行为，巫师要赤足踩在烧红的铁铧口上（也有用嘴巴叼的），通过这种方式，沟通神灵，表达诉求，祈福禳灾。整个过程非常神秘，也充满危险，民间常有某个巴岱因法力不够或仪式不到位而受伤的故事。在踩铧口时，巴岱如履薄冰，只用一张铧口，而在舞台表演中，铧口可以有7张、9张，甚至36张，以营造非同一般的演出效果。传统的踩铧口仪式有很多禁忌，整个过程必须且只能由巴岱完成，外人不能触碰铧口，女性更是绝对禁止，否则会破坏法事仪式，导致灾殃；而在舞台表演时，有漂亮的女主持人和数位工作人员参与，都可以接触铧口，参与仪式，还可穿插脱口秀，不断地引导观众，把演出推向高潮。

3. 文化传统的"脱域"

"脱域"主要是一个社会学的概念,是由英国著名社会学家安东尼·吉登斯(Anthony Giddens)提出来的,他认为:"所谓脱域(disembedding),我指的是社会关系从彼此互动的地域关联中,从通过对不确定的时间的无限穿越而被重构的关联中'脱离出来'。"① 吉登斯主要是针对当代人类社会的发展状态,以城市社会为中心,论述了某种生产机制通过时间与空间的转换导致的社会关系重构。就笔者所见,"脱域"的概念自从提出以来,已经成为当代社会科学分析社会变迁的一个核心关键词。笔者在此借用这个概念来描述文化变迁中一种引人注目的现象:在社会变迁过程中,传统文化失去了原生的社会文化根基,或者被人为地移植到一个新的社会文化环境之中,导致了文化本真性的丧失。当前,文化传统的"脱域"现象在武陵地区普遍地发生着,对民族文化的发展产生了直接的影响。

比如,地名是一种重要的地域文化,是长期社会历史进程积淀的结果,还是民众认同的载体,具有重要的历史文化意义。在调查中,我们发现,在发展民族文化旅游产业过程中,有的地方为了迎合市场需求,打造"文化品牌",对地名进行了"创造性"的改造,这些新的地名主要是从主流文化和游客文化消费的角度来拟定的,完全脱离了当地的社会历史脉络与自然生态背景,十分突兀,同时也在一定程度上遮蔽了真实地名,造成了历史文化信息的失真乃至丧失。

湘西花垣县蚩尤村是一个苗族村落,至今,村民仍然通用苗语,兼用汉语,苗族传统文化保存得很好。笔者第一次到花垣县民委接洽时,请民委的干部推荐一个文化底蕴深厚的苗寨作为调查点,他们就极力推荐蚩尤村,认为是本县苗寨的代表。而笔者首先是被这个苗寨的名称打动了:《史记》中就有关于蚩尤的记载②,而学界一般也认为远古时期的

---

① [英]安东尼·吉登斯:《现代性的后果》,田禾译,译林出版社 2000 年版,第 18 页。
② 《史记·五帝本纪》载:"蚩尤最为暴,莫能伐。""蚩尤作乱,不用帝命。于是黄帝乃征师诸侯,与蚩尤战于涿鹿之野,遂禽杀蚩尤。"见(汉)司马迁《史记》卷 1《五帝本纪第一》,中华书局 1959 年标点本,第 3 页。

蚩尤部落与苗族有着密切的关系；如果这是该村本来的名称，则不仅说明该村可能有着久远的历史，也为学界关于蚩尤与苗族关系的论断提供了一个鲜活的民俗材料，其意义可能远较皓首穷经所得更为重要。因此，笔者一进入村里，便请父老解释村名的含义，得知该村的原名叫"拐代坡"，"拐代"是一个苗语词汇，意思是"深山沟""大山沟"，因村落的地形而得名；蚩尤村的名称是近年来为进行旅游开发重新取的名字，还经过专家的论证，认为"蚩尤"的名称很响亮，有苗族特色。但在地方民众的日常生活中，仍然习惯于使用"拐代坡"这个名字。

　　在吉首市德夯村，旅游开发产业已经相当成熟。现在，游客进入景区游览，除了欣赏精彩的民族文化表演节目之外，还会游览雄奇壮丽的自然风光，代表性的景点有盘古峰、姊妹峰、飘纱瀑布、九龙潭等，实际上，这些景点的名称也是旅游开发以来，专家根据地理特点，结合历史文化背景进行的重新命名。比如，盘古峰位于德夯村的西边，原来的地名称为"双墙"，因其山峰险峻、壁立如墙而得名；在旅游规划中，主要是根据盘古开天地的历史渊源，专家把它命名为盘古峰。又如，姊妹峰原名是"让部岱"，是一个苗语词汇，意思是"背儿山"，以其山峰造型如同慈母背负娇儿的样子而得名。经过专家现场考察，改为"姊妹峰"，并结合苗族的历史文化为新的名字作了阐释：三座山峰是三位苗族少女的化身，古时候，这三位苗女与情郎对歌，在这里唱了三天三夜的苗歌，情意绵绵；后来情郎赶山（指打猎）时坠下悬崖身亡，痴情的苗家女子夜夜在这里歌唱，天长日久，化为三座山峰，守望意中人。再如，飘纱瀑布是德夯著名的景点，据说有260米的落差，号称中国最高的瀑布，其原名为"眸捏"，是一个苗语词汇，意思是"水牛鼻子"，在旅游开发过程中改名为"飘纱瀑布"，形容瀑布的曼妙情形，并赋予其动人的传说：古时，山顶上住着一户人家，有一位美丽的黛帕（苗语"黛帕"意为美丽的女子），山崖下的水潭中有一条黑龙在这里修炼，垂涎于黛帕的美貌，趁她在水潭边洗纱时把她掠走，从此，黛帕的纱布便挂在悬崖上，水潭就是九龙潭。

　　再如，当前，在民族文化旅游产业开发过程中，一个很重要的方面就是对民俗文化的展演。民俗文化是民众在长期的社会生活中创造和传承的一种文化体系，每一种习俗都有其特定的社会文化意蕴，应该在特定的时间与空间场域进行。但在旅游产业发展过程中,民俗文化被视为一种资源,在相当程度上应该服从游客观赏的需求,服从于文化表演的需要,旅游从业者常常把民俗文化从其原生的社会文化土壤中剥离出来,按照市场的需求进行表演,对民俗文化的本真性造成了损害。

在武陵地区,拦门酒是土苗山寨一种古老的习俗,在重大的节日,或者家庭、宗族有婚丧嫁娶等大事时,对于尊贵客人的到来,比如邻近村寨的长者、嫁娶时对方家庭的长者、舅家的长者等,都要在家门口或者村寨门口摆上好酒,请客人们喝上一碗,表示最高的敬意,一般人(特别是年轻人和女性)是不能享受这种礼节的。而当前,拦门酒已经成为许多地方欢迎游客的仪式,只要游客人数够多,或者规格够高,不管年长年幼、是男是女,就会组织人员敬拦门酒,完全不是传统意义上的敬酒习俗了。

在湘西永顺县双凤村,摆手舞是该村土家族文化最突出的代表。摆手舞本来是酉水流域土家族一种重要的祭祀仪式,应由土家族的巫师"梯玛"主持,主要祭祀土家族的祖先神彭公爵主、向老官人、田好汉,也祭祀土地神、五谷神等,祈庆丰收。摆手祭祀的举行有特定的时空场域,一般是在正月间,在摆手堂举行①。现在,在双凤村,只要游客有需求,愿意支付报酬,或者有上级领导来检查,村民们可以放下手中的事情,很快地组织起来表演摆手舞,表演场地在村小学的操场上,以方便观众欣赏与参与。现在,双凤村已经没有梯玛了,改由德高望重的长者主持摆手仪式;按照传统,村民参与摆手仪式时,穿传统的家居便服就可以,现在,为了增强观赏性,永顺县民委专门给参加摆手表演的村民定做了表演服装,都是从服装厂买来的,不分男女,突出"民族特色":黑色头帕,对襟上衣,直筒裤,蓝色布料,袖襟边、裤脚都镶有机织的

---

① 如乾隆《永顺县志》所载:"土俗各寨有摆手堂,每岁正月初三至初五、六之夜,鸣锣击鼓,男女聚集,摇摆发喊,名曰摆手,盖拨除不祥也。"[(清)李瑾纂修、(清)王伯麟续撰修:《永顺县志》卷4《风土志》,清乾隆十年(1745年),刻本]同治《龙山县志》也载曰:"土民赛故土司神,旧有堂曰摆手堂,供土司某神位,陈牲醴……歌时,男女相携,蹁跹进退,故谓之摆手。"(清)符为霖、(清)吕懋恒修,(清)刘沛纂,(清)谢宝文续修,(清)刘沛续纂:《龙山县志》卷11《风俗》,清同治九年(1870年),刻本,清光绪四年(1878年),续刻。

花边，花布鞋色彩艳丽，与电视中的民族服装相当接近，但与传统的尚青黑颜色、纹饰简洁、土布料子、男女有别的土家族传统服饰却差距较大。

在苗族传统社会，民间宗教信仰在其社会文化体系中占据着核心的地位，而"椎牛"则是苗族社会中最重大的祭祀仪式，也叫"还大牛愿"，一般是苗民就个人或家庭的重大事务，比如生死寿夭、富贵昌达、灾祸祥瑞等，许下愿望，允诺椎牛为谢；当愿望达成之后，则要还愿，即举行椎牛祭祀。

在宣恩县小茅坡营村，苗族群众把椎牛祭用苗语称为"郎尼"，也叫"还大牛愿"，是最隆重的祭祀仪式①，为报答祖先、神灵的护佑，祭品极其丰盛，一般要用水牯、黄牯、猪各一头，由"巴岱"（苗老司）主持椎牛仪式，由四名男性亲属（一般为舅家的人）当枪手，手持梭镖，按照规定的仪式完成椎牛过程，牛倒地之后，巴岱举行送牛上天祭神仪式，祭祀苗民的祖先阿普蚩尤。在椎牛仪式中，整个过程庄重神秘，也十分紧张。目前，村民中的长者还清晰地记得，该村最近一次自发的椎牛祭祀是在1931年举行的。当时，冯远太家境殷实，但膝下无子，为祈求得子，就许下还大牛愿，后如愿以偿，在他的儿子冯大云满周岁时举行了还愿仪式。当时，本地的巴岱已经技艺失传，无法主持全堂法事，冯远太就到邻近的湖南龙山县请来巴岱石顺年来主持椎牛祭祀仪式。椎牛祭祀花费巨大，非一般家庭可以负担，很少举行，所以这件事情在村民的记忆里是非同小可的，已经具有某种编年事件的意义，长者们在谈论中华人民共和国成立前的事情时，如果记不住准确时间，常常会说："那是冯家还大牛愿的那一年（或前后若干年）！"

自新中国成立以来，小茅坡营村苗族群众就没有亲历过椎牛祭祀。直到2003年12月1日，这一天是恩施土家族苗族自治州成立20周年的纪念日。早在这之前，全州各级政府就积极筹备丰富多样的建州庆典活

---

① 如方志所载："先期约会亲邻戚党，男女少长毕集，结棚于寨外，主客皆盛服从事。宾至，声铳以拔不祥。祭之时，缚牛于花柱，先让其尊亲枪刺，余以序而刺。将刺时，先刺之人必揖四方，然后举枪以刺，一人持水，随刺随泼，血不淋于地。及牛仆地，视其首之所向，以卜休咎。"（清）王玮纂修：《乾州厅志》卷4《红苗风土志》，清乾隆四年（1739年），刻本。

动。小茅坡营村是宣恩县、恩施州乃至湖北省著名的苗族文化名村,州、县政府经过研究,并征求专家的意见,决定在该村举行盛大的椎牛祭祀仪式作为庆典活动的重头戏。12月3日(农历冬月初十),小茅坡营苗寨在时隔70余年之后,在政府的资助下,再次举办了椎牛祭祀仪式。由于此时村里已经没有巴岱,专门从湘西请来了一位,主持仪式活动。这次活动也是宣恩县苗族文化节的重头戏,吸引了数万观众前来,成为一大盛事。

简要比较一下小茅坡营村1931年、2003年的这两次椎牛祭祀,可以说有本质的区别:前者是村民自发进行的,有许愿、还愿的因果联系,符合传统仪式的逻辑;后者则与村民的日常生活无关,已经不具有宗教仪式的内涵,完全是由政府组织的、以民族文化展演为核心的庆典活动。

(二)民众主体性的缺位

民族文化生发于民族社会的土壤之中,是各民族群众在长期的社会历史发展进程中精神活动与体力劳动的结晶,也是对特定生态资源环境的适应与改造,构成了民族的生活方式。从道理上讲,民众是文化的创造者,也是其当然的主体,在民族文化的发展历程中应该发挥主导性的作用。

但在当前,我国的文化事业发展基本上是一种政府行为,政府部门在其中起着关键的作用:决定资源的配置、制定发展规划、组织相关的评审、组织文化演出等等,民众处于相当边缘的地位,失去了话语权。民众在文化事业发展中的缺位"导致大众参与的普遍形式化与虚无化,形成一定程度的'缺席关怀''参与专制'"[①],制约了我国文化事业的健康发展。

这种现象在武陵地区也相当普遍。就笔者所见,各个地方在发展民族文化旅游产业时,大体都遵循着这样的路径:首先,政府组织地方文化专家(通常来自文化部门或民委系统)对本地区的民族文化资源进行摸底,通常以文化底蕴深厚、特色突出、环境优美、区位优势明显为标准选择典型村寨,作为发展民族文化旅游产业的试点与重点,因为往往还涉及搬迁、征地工作,一般还要考虑群众工作的难易程度。其次,典型村寨确定之后,政府再请更高级别的专家(一般来自著名研究机构或上级部门)作进一步的调研论证,确定最终的试点村寨。再次,政府组

---

① 刘志军:《非物质文化遗产保护中的大众参与》,《文化艺术研究》2009年第2期。

织专家制定旅游产业发展规划，整合政府的各种项目，把资源向试点村寨倾斜，强力推进旅游产业发展。最后，在条件成熟的情况下，主要通过招商引资的方式引进投资商，成立旅游公司，转让经营权，政府获得收益。对此，笔者深有体会。在调研过程中，当被问及某一文化习俗为什么是这样时，村民往往回答道："这是专家教的！"年轻的村民尤其如此；当被问及本村的旅游产业为什么采取这样的发展模式时，村民相当一致地认为："这是政府安排的！"并很少表达异议。但是，一些年长者，谙熟于传统文化，他们在谈到民族文化的表演时往往会批评道："本来不是这样的，这个是他们政府里的人编排的！""他们搞的是假的，都是外头人演的！"有时，言辞还相当激烈。

因此，笔者认为，在当前武陵地区民族文化旅游产业的发展过程中，民众的主体性被严重地遮蔽了，事实上，也的确损害了民族文化的本真性，乃至民众的文化认同与民族情感。

（三）对文化多样性的损害

官方的主流文化一般追求典范性，带有很突出的标准化的取向。民族民间文化则具有鲜明的草根性，具有突出的多样性特征，种类浩繁，形式多样；不同文化事象之间的差异当然是显著的，即使是同一文化事象之间，也存在地域差异、师门流派的区别甚至文化持有者的个体差异。正是这突出的多样性特征构成了民族民间文化发展创新的"基因库"，对于民族民间文化的繁荣发展具有决定性的作用。笔者在武陵地区调研的过程中，发现随着民族文化旅游产业的发展，民族文化的多样性受到相当程度的破坏，制约了民族文化的进一步繁荣发展。

首先，民族文化旅游产业具有文化筛选的作用，造成了少数民族文化项目的畸形繁荣，同时导致多数民族文化项目的没落与萎缩。无论怎样高举"发展与繁荣民族文化"的大旗，旅游产业在本质上是一种产业模式，它主要遵循的是市场规律，以经济效益为主要目标。这是产业发展的必然要求。因此，在民族文化旅游产业发展过程中，政府和专家往往遴选符合舞台表演要求、具有市场前景的文化项目来加工、提炼、包装、打造，以吸引观众，赢得市场。就笔者调研所见，在武陵地区，土家族的摆手舞、苗族的鼓舞是舞台表演的首选节目，因为两者具有很强的观赏性，也方便观众参与；土家族的梯玛和苗族的巴岱作为本民族的宗教职业者，具有神奇的法力，擅长神秘的巫术，两者也是民族文化产业市场化的首选；民族建筑、民族服饰、民间歌谣和民间舞蹈因其可观赏性、艺术性较强也经常得到重视。总之，这些文化项目都因为具有较好的市场前景而获得了大力支持，赢得了较大的发展空间。但是，民族文化绝对不止上述容易吸引眼球的内容，它更多地体现为一个民族的生活方式，表现为一个民族的精神风貌，很多时候是无法通过具体的形式作艺术化表达的，很难满足舞台表演的要求，这些文化项目自然就会被排除在民族文化旅游产业之外，得不到支持，只能日渐消亡。

其次，民族文化旅游产业使得文化与经济密切关联起来，导致了文化的封闭与垄断，破坏了民族文化的传承场域。一般说来，民族文化是自然生发于民族社会之中的，其传承方式以自然传承为主（当然，对于某些文化项目而言，比如民间宗教，也存在一定的师门师承制度，但也不及制度化宗教严格），口传心授、潜移默化、自然习得是民族文化主要的传承模式。但是，随着民族文化旅游产业的发展，某些文化项目成为重点发展的内容，其文化传承人也得到大力扶持，并通过文化展演获得现当的经济利益，势必会强化其对该项文化的垄断意识。正如学者所指出的，当某一文化成为牟利的手段，该文化的持有者们就有可能寻求对文化的垄断①。

三 异质文化对民族社会生活的冲击

当前，武陵地区民族文化旅游产业发展态势良好，本地区已经成为国内重要的旅游目的地，在国际上也享有一定的知名度。民族文化旅游产业的壮大极大地促进了民族地区经济社会的发展，也给不同民族文化之间的交流提供了新的契机，有利于民族团结关系的发展。同时，必须看到的是，随着大量的外来游客进入武陵地区②，自然会带来一定的异质

---

① 刘魁立：《非物质文化遗产及其保护的整体性原则》，《广西师范学院学报》（哲学社会科学版）2004 年第 4 期。

② 以武陵地区四大板块而论，2016 年，恩施州接待游客 4366.34 万人次，湘西州接待游客 3820 万人次，铜仁市接待游客 4455.13 万人次，重庆市黔江区接待游客 829.47 万人次，可见旅游市场的规模之大。数据来源：《2016 年恩施州国民经济和社会发展统计公报》《湘西州 2016 年国民经济和社会发展统计公报》《铜仁市 2016 年国民经济和社会发展统计公报》《2016 年黔江区国民经济和社会发展统计公报》。

文化因素，比如生活方式的差异、思想观念的不同等，势必会对民族社会生活造成一定的冲击，甚至引发冲突，导致民族关系的不和谐。下面结合调查中所发现的几个典型案例作简要分析。

（一）"他们睡到一起了"：两性观念的冲突

在吉首市德夯村，以苗族文化为核心的民族文化旅游产业发展势头十分迅猛，近年来，年均接待游客数量超过 300 万人。由于文化背景和生活方式的差异，大量游客的涌入对德夯苗寨的社会生活也造成了一定的冲击，民众记忆最深的是 1986 年一对外来男女的"非法同居"所引起的轩然大波。

按照苗族传统习俗，严禁外来男女在自己家里同床共枕，即使是出嫁的姑娘和女婿回来了，一般也不能住在一起，有民间俗语为证："宁借人停丧，不借人成双"，就是说自己家里宁可借给别人停放亡人，也是做好事，但绝不可让外人在家里发生男女关系，否则极其晦气，会导致灾难。

但一件破例的事情还是发生了。在 1986 年前后，当时德夯村还没有进行大规模的旅游开发，游客还没有集中地到来，但已经有散客慕名前来游玩。有一天傍晚，一对青年男女，可能是来画画写生的大学生，到一户杨姓村民（也有说是石姓村民）家借宿，一开始，杨家人比较犹豫，认为一男一女不好安排，但客人一直恳请，说天色太晚了，返程不安全，一定请杨家人帮个忙。杨家人就答应了，但特地叮嘱他们不能在一起过夜，安排男子在楼下睡觉，女子在楼上休息，并分别开好了床铺。事情也巧，当天晚上，村里放露天电影，这在当时可是乡村难得的娱乐，杨家一家人都去看电影了，两位客人说太累了，愿意在家里休息。中途，杨家的女主人回来喝水，一进门，竟然发现这一对男女睡到一起了。女主人当场就惊呆了，马上喊人，并告诉村长，说："坏了，坏了，有人在我们屋里睡觉了！"这下整个寨子都沸腾了，就把那两个人围起来了。幸好有村干部在，不然当场就要把他们打死。杨家人就说，不打你们可以，我屋里要请巴岱来驱邪，你们要出钱，给我"洗屋"。那两个人看到杨家屋里到处都是老板壁，黢黑黢黑的，就吓哭了："这个屋怎么洗嘛？"老年人就告诉他们洗屋的意思，不是真的用水洗，而是请苗老司、请巴岱来，作法事仪式，把邪神野鬼赶跑，他们要出这个费用。最后，那两个人赔了钱，杨家人请巴岱来洗屋，总算没闹出大事。

这件事情影响很大，至今还是村民最乐于向外人谈论的村中大事。此后，随着德夯村旅游产业的迅猛发展，游客越来越多，旅馆的房价越来越高，对于那些以家庭旅馆为重要经济来源的家庭来说，继续固守不许外来男女在家中同宿的传统也越来越难，一些村民开始默许了这种行为，开始接待男女同宿的游客。一开始，禁忌的被打破还是遭受了相当大的舆论压力，如一位村民所说：

> 那一开始还是不欢喜，外人在家里同床共枕，这个一向是不许的，自己的女儿女婿也是不行的，"宁让人停丧，不让人成双"嘛！这个是祖祖辈辈的老规矩！不吉利，会得罪神灵的！那我们就讲（方言"讲"有"批评、押击"的意思）那些人（指同意外来男女同宿的家庭），为了钱，什么都不顾了！那一开始，他们还是觉得不好，抬不起头。
> （报道人：石某，男，苗族，初中文化，1952年出生，德夯村人）

后来，在市场力量的推动下，加之政府部门的引导，村民的观念逐渐改变了。现在村中的旅馆都愿意接纳男女同宿的游客了，笔者在村里调查时，还注意到有的旅馆在门口放置显著的标志，说明设置有夫妻房。但是，目前，在没有开设旅馆的村民家里，若有人借宿，还是禁止男女同宿的。

（二）"百无禁忌"：民族传统禁忌的解构

在武陵地区，传统民族社会中民族民间宗教信仰十分盛行，鬼神信仰、自然崇拜、图腾信仰、祖先崇拜等非制度化宗教信仰在民众的社会生活中具有重要的意义，由此产生的各种禁忌在民众的日常生活中普遍存在，既对民众的行为形成了相当程度上的约束，也在某种意义上构成了民众的行为规范，提供了日常行动的象征逻辑：行为必须遵守禁忌，否则会导致灾殃；反之，只要遵守禁忌，就会取悦神灵，获得福祉。随着民族文化旅游产业的发展，大量的游客进入民族村寨，他们对相关民族的禁忌基本上不了解，他们的生活习惯还可能与某些禁忌相冲突。起初，这种状况并不为各民族群众所接受，很可能导致冲突，但在市场规律的作用下，民众的观念也发生着改变，这些禁忌逐渐变得宽松，直到被打破，成为文化层面民族关系发展的一种特殊类型。

比如，在江口县云舍村，随着旅游产业的发展，家庭旅馆逐渐兴起，给土家族群众带来较高的经济收益。目前，为了达到相应的卫生标准，增加舒适度，一般的家庭旅馆都在房间里修有马桶等卫生设施。但这显然是以城市人的卫生习惯为标准的。实际上，不仅在云舍村，就整个武陵山区而言，农家的厕所在过去是绝对不能设在家里的。

又如，在吉首市德夯村，按照苗民的传统，严禁在村中，特别是在家里"打喔伙"（即口中发出"喔伙""喔伙"的呼号声），认为会招致灾难，会受到责骂甚至挨打。但是，目前在德夯村的民族文化表演节目中，有专门的打喔伙的环节，表示欢庆、喜悦的意思。据村民介绍，这是专家排演的节目，一开始，村民都听不得，现在也逐渐习惯了。还有一个例子，按照德夯村的文化传统，苗民要过小年，立春之后的第一个子日就是小年的日子。这一天，村民有很多禁忌，比如不能随便讲话，不能出外劳动、串门，也不欢迎外人登门。但是，一般过小年的日子也正好是春节，恰好是旅游旺季，如果遵守这些禁忌简直就无法做生意，只能关门大吉。现在，村民已经很少遵守这些禁忌了，即便是老年人也会在这一天拿着一些小商品、土特产向游客兜售。

此外，在景区的民族文化演出节目中，一个重头戏是傩技巫术表演，以其神秘的氛围、惊险的动作深得游客追捧，其中有上刀梯、踩铧口的内容，由号称巴岱的演员表演。对此，部分村民，特别是一些年长者颇有微词。他们认为，按照传统，上刀梯、踩铧口仪式必须在特定的情景下才能举行，一般是某户人家为祈福禳灾许下愿望，如愿以偿之后，请巴岱主持还愿仪式还愿。还愿仪式有严格的许愿、还愿过程，必须由巴岱主持，要请神送神。而在目前的民族文化表演节目中，主持上刀梯、踩铧口仪式的并不是巴岱，而是外地请来的演员；也没有许愿、还愿、请神、送神仪式，只要游客数量达到一定规模，随时可以上演，完全失去了上刀梯、踩铧口仪式的本真意义。

（三）"捣毁傩堂"：民族文化传统的反击

2002年，吉首市以招商引资的方式将德夯风景区的经营权转让给德夯旅游实业有限公司。该公司为了丰富旅游内容，修建了一座民族文化园，在其中建了一座傩堂，并从外地请了傩技班子在里面进行傩技表演。这一在旅游公司眼里正常的发展项目在德夯村引起了轩然大波。因为，按照苗族社会的传统，村寨内部是严禁修建庙宇、神堂等宗教性场所的，这些场所应该修建在村寨外面，否则会招致灾殃，俗语"生不在庙前，死不在庙后"说的就是这个意思。此前，这一禁忌一直得到严格遵守。

在得知要在村内修建傩堂的消息后，德夯村的部分长者就集体同旅游公司交涉，但由于景区经营权已经属于旅游公司，后者坚持要完成这个项目。村民们一度封锁了施工现场，但在政府部门的干涉下，傩堂还是完工了，相关的演艺活动也一直在进行。村民们虽然不得不接受傩堂建在村中这个既成的事实，但对其一直有相当的抵抗心理，本村人从不进入其中，也尽量与从事傩技表演的人员保持距离。不知是巧合，还是真的有某种神秘力量在发挥作用，此后几年，德夯村连续发生了数起中年人死亡的事情，似乎真正应验了德夯村民的预言。村民们的怨恨也持续累积，到了2009年，终于爆发了，村民们组织起来迫使旅游公司拆除了傩堂。这件事在村史上是一起革命性的事件，至今仍广为流传。

（四）"那些人不好讲话"：市场经济意识与传统交换观念的激荡

民族文化旅游产业的发展在一定程度上促进了民族地区商品经济的发展，民众以各种方式在不同程度上参与到相关产业中去。在此过程中，悠久的民族文化传统与市场经济理念相遇，有时会发生激烈的碰撞，对民族意识与民族关系产生深远的影响。从总体上看来，游客一般来自外地或者本地区的城镇，他们的经济观念和商品意识比较强；而且，他们在旅游过程中，最主要的行为就是消费，面对的又是一个基本陌生且充满异文化想象的群体，所以在此过程中，他们的经济意识可能会更加强烈，戒备心理也可能比平常的日子要重一些。从民族地区民众的角度来看，一般来讲，在他们的日常生活中，自给自足的成分比较多；而且，在必要的交换行为当中，无论是实物交换，还是商品交换，其范围大抵以周边村寨集镇为主，主要还是在一个熟人体系中进行的，除了货币之外，信任与信用在交换体系中也具有相当的意义，相对而言，民众的商品意识比较淡薄。在本课题的调研过程中，笔者发现，武陵地区各族群众与外来游客在交换观念与经济意识方面的这种差异在一定程度上导致了两者之间的隔阂，造成了彼此之间某种负面的刻板印象，以及事实上的紧张与冲突。下面结合典型的案例加以简要地分析。

在恩施市滚龙坝村，近年来，随着该村土家族文化的声名鹊起，到该村来游玩的人也逐渐增多。由于目前滚龙坝村还没有引进相关公司来发展旅游产业，其文化旅游还处于自发的状态。为了获得一些经济收益，一些年老的村民自发地在村中的干道两旁摆摊，售卖一些土特产品，规模并不大，都是农户自家出产的鸡蛋、蔬菜或从山林中采集来的菌类、野果之类，因其优良的品质，很受游客喜爱。但是，由于双方对相关商品品质、价值认识的不同，有时也会引发一些纠纷。在 2014 年，村民和游客之间曾经爆发了一场较为严重的冲突，甚至导致了警力的介入，在村民中留下了深刻的记忆，下面的讲述较为典型：

> 你问我们和外地人扯皮的事啊，那还是有，有一些，最凶的那次应该是前年子（指 2014 年），端午前后，这个我记得清楚，那闹得凶，派出所的都来了。要说呢，是那几个底下的人①素质低。经过是这么的，那一天天气蛮好，来玩的人多，一些老年人就把自己屋里的一些东西摆出去卖，得点钱，我也在那里。到了下半天，一群底下的人，有十几个，几个车车（方言"车车"指"小型乘用车"），那个口音我们听得出来，是底下的，他们要回去了，就想买点东西。七看八看，就要买核桃，向家屋里的，他就问价钱，一问嫌贵了；过了一会，又来问，要少点，这么地搞了几次，还说你们这个东西不值钱！就把我们搞起火来了。旁边别个（方言"别个"指"别人"）的核桃要差点，向家屋里的就把别个的核桃和自己的核桃一混，说，好！就按你的价钱。那些人就不要，我们就说不要不得行！就扯皮了。那些底下的人，你晓得的，说话喜欢带"妈"带"老子"的。那我们最听不得的，我们就把他们围住了，要不是那个女的讲好话，就要打人了。他们就报警了，派出所的就来了，那我们硬是不依呢，气人嘛，看不起我们嘛！最后，他们还是赔了钱的，不是走不脱人！（报道人：向某，男，土家族，小学文化，1946 年出生，滚龙坝村人）

---

① 在湖北省内，恩施土家族苗族自治州与宜昌地区毗邻，从地形上看，恩施州是山区，宜昌以下则为江汉平原，海拔直降数百米。在恩施地区，民众习惯于把宜昌以下的地方称为"底下"，应该主要是基于对这种地理特征的认知。

（五）"厚此薄彼"：村寨内部的分化

近年来，随着民族文化旅游产业的迅猛发展，外来资本以及政府项目以很大的规模介入民族社会之中，使得原本较为均质化的民族社会发生了一定程度的分化，对于民族关系产生了一定的影响。下面结合典型的案例加以论述。

在鄂西来凤县舍米湖村，近年来政府部门投入了大量的财力用于改善村落环境，推动民族文化旅游产业发展，比如修路、改厨改厕、饮水工程、传统民居维修等。应该说，从总体上看，舍米湖村的环境有了很大的改善，村民们都有所受益。但调查发现，相当一部分村民对政府的扶持项目以及村里的发展状况很有意见，主要原因在于这些村民认为发展的红利没有惠及全体村民，绝大多数的资源被部分村民垄断了。

比如，舍米湖村现有六个自然村落，也是六个村民小组，包括马家坝、坪里、里头、干河沟、鱼鳞堡、磨刀湾，其中马家坝、坪里、里头三个小组处于村落的中心，政府的开发项目也主要集中在这三个小组，比如修路、饮水、民居改造等项目都集中于此，使得其他小组的村民相当不满。在2006年，政府部门为了推动民居改造工程，在村里选择了七户人家，为他们修建了吊脚楼，每户耗资10余万元，这在农村是一笔巨大的开支，但此后该工程一度处于停滞，没有继续推进，这使得其他村民非常不满，认为干部是在为亲朋谋私利。

再如，舍米湖村的摆手舞远近闻名，也是该村最主要的民族文化表演项目，表演者从中获得的报酬也是相对较高的。目前，舍米湖村的摆手舞表演由号称"鼓王"的前村支部书记负责组织，他担任鼓手，其叔叔、兄弟、儿子、儿媳、侄女一共七个人都是摆手舞表演的骨干成员。在舍米湖村原生态摆手舞队多次的赴县上州上、进省进京甚至出国演出中，"鼓王"及其家族成员都是骨干。对此，民众也很是不满。在访谈时，该村一位资深的摆手舞传承人气愤地说："现在都是他一家人在搞了，外面来的人首先被带到他家里去，到外头演出都是他那一家的人。好处被占完了，好像被他承包了！"

又如，目前，彭姓土家族在舍米湖村占绝大多数，其次为田姓，还有曾、梅、高、刘、谢、罗等杂姓，有汉族，也有苗族。从居住格局来看，彭姓主要分布在里头、坪里、马家坝和干河沟，杂姓则主要居住在鱼鳞堡和磨刀湾。在村落的开发过程中，杂姓所在的鱼鳞堡和磨刀湾一直处于边缘化的地位，使得这些村民相当不满。

在黔东北江口县云舍村，近几年伴随着旅游开发，村落建设也得到政府的大力支持。根据村民的反映，笔者发现，目前云舍村在发展过程中存在突出的"区域失衡"问题，即"前头寨子"和"后头寨子"发展很不均衡，民众意见很大。前头寨子就是指沿村中主要街道分布的片区，对于这一区域，政府投入了巨大的资金进行打造，基础设施较好，村落旅游的主要景点比如寨门、造纸作坊、民俗文化广场等都分布于此，是游客主要的游览区，两旁分布着小商店、农家乐。后头寨子则是相对远离村中街道的片区，几乎没有得到建设项目的支持，环境落后，很少游客光顾。现在，在云舍村，前头寨子具有较高的商业价值，后头寨子则相对落后，经济发展上的差距在民众中也制造了障碍，两个片区的村民平日里来往都不多了。

在湘西吉首市德夯村，村中有一条主干道，两旁有房屋的村民几乎全部从事与旅游相关的产业，或者出租房屋，或者自主经营，获得了较高的收入。而偏离主干道的家庭在旅游产业发展过程中则处于明显的劣势，只能从事一些流动的小商品售卖，收入较低且不稳定。这在某种程度上导致了村民的分化，村民们常常以有没有门面为标准，把村民分为"有钱人"和"没钱人"。一位村民说："区别很大啦！像你屋里没有门面，人家有门面的，就可以赚大钱，就会欺负你。"同时，旅游产业的发展也激发了民众的市场经济意识，在一定程度上导致了村民之间的隔阂，如下面的报道材料所述：

> 现在不像以前了，现在搞么事都要讲钱！过去，我屋里有什么事，一喊，别人就都来帮忙，不要工钱的，要钱会丑死人，主人家就是办点饭菜，办点酒肉。现在不行了，现在本村的人都要开工钱，有时连亲戚都要开。也不是他问你要，是他不来帮忙，一天就可以找多少钱的，不开工钱好像让别人折财了。以前，一到八月间，田土里要忙了，我们都要换工，今天你帮我，明天我帮你，一喊就来了，现在请都请不动了，大家都在做生意嘛！（报道人：石某，男，

苗族，小学文化，1958年出生，德夯村人）

总体上看来，在武陵地区民族文化旅游产业开发过程中，政府部门在其中居于主导地位，其立场与民众有一定的差异。从政府部门的角度考量，民族文化保护或者民族文化产业开发主要是一项政绩工程，便于集中展示、便于快出成绩往往是相关部门在进行资源配置时必须考虑的因素。这就直接导致了民族村寨开发中的布局失衡：中心地带成为开发的重点，边缘地带则无人问津；核心人群得到重点扶持，一般群众则受惠不多。而且，政府部门在开展农村工作时，常常要依靠村干部上传下达，组织协调，在此过程中，也难以避免部分村干部的私心私利。从民众的一方来说，往往聚焦于获益最多的村民，不满心理不断滋生。同时，在旅游产业开发过程中，主要是在经济利益的主宰之下，民族村寨传统的社会结构与社会关系受到了较大的冲击，矛盾日益凸显。凡此种种，都导致了民族村寨内部的分化，影响到民族关系的和谐发展。

为了从整体上较为确切地了解在旅游产业发展进程中民族地区民众与游客之间的相互认知，及其对于民族关系的影响，课题组在吉首市德夯村就这一问题进行了较为深入的专题研究。之所以选择德夯村，是因为该村旅游产业发展成熟，游客数量巨大（近两年年均游客达到300余万人次），样本数量充足，便于把深度访谈与问卷调查结合起来。在研究过程中，笔者发现，总体上看来，地方民众与游客的关系是比较和谐的，但在深层次的心理意识层面仍然显示出一定的隔阂。笔者印象最深的就是，村民对于游客较为一致的负面评价是"那些人不好讲话"[1]。而在访谈的游客样本当中，他们对于当地人比较集中的负面评价也是"有些怪""固执"。课题组设计了几个核心问题，选择了30位村民和30位游客（都是至少在德夯住宿了一晚的游客）作了简单的问卷调查，表3—1简要地反映了相关结果。

---

[1] 在当地，方言"讲话"并不仅指说话、交谈，还包括"打交道""相处"的意思，此处即这种含义。

表 3—1　　　　　　德夯村村民与游客相互认知情况简表

调查对象	调查结果（单位:%）						
村民	问题1：您在与游客打交道时，感觉怎么样？						
	好		一般		不好		无所谓
	26.7		32.6		27.9		12.8
	问题2：您觉得游客的素质怎么样？						
	高		一般			低	
	25.4		42.8			31.8	
	问题3：您觉得游客不好的素质主要是什么？						
	粗鲁	高傲	势利	吝啬		虚伪	无所谓
	9.7	78.9	81.7	67.2		79.1	32.3
	问题4：您觉得游客好的素质主要是什么？						
	有礼貌	谦虚	随和	有能力	慷慨	真诚	无所谓
	30.9	12.7	26.9	86.2	9.3	12.2	86.8
游客	问题1：您在与村民打交道时，感觉怎么样？						
	好		一般		不好		无所谓
	32.5		26.8		25.6		15.1
	问题2：您觉得村民的素质怎么样？						
	高		一般			低	
	20.7		35.6			43.7	
	问题3：您觉得村民不好的素质主要是什么？						
	粗鲁	高傲	势利	吝啬		虚伪	无所谓
	86.2	2.1	29.8	57.6		18.5	36.3
	问题4：您觉得村民好的素质主要是什么？						
	有礼貌	谦虚	随和	有能力	慷慨	真诚	无所谓
	37.3	19.9	30.2	15.6	13.1	28.2	68.7

注：问卷针对村民与游客分别设计了四个对等的问题，两组问题中问题1与问题2的备选答案是互相排斥的，调查对象只可选择一个答案，所以调查结果之和应为100；问题3与问题4的备选答案并非互相排斥的，调查对象可以选择多个答案，所以调查结果之和可以超过100。

四　"鹊巢鸠占"：民族文化产权的丧失

在武陵地区，旅游产业发展的核心资源是民族文化。当前，随着民族文化旅游产业的迅猛发展，民族文化正在成为一种稀缺资源，蕴含着相当大的经济效益,已经成为各方竞相追逐的对象,民族文化的产权问题已经从一个学术问题发展成为一个现实问题。从道理上讲,各民族群众是民族文化的创造者与享有者,对于本民族文化应该享有当然的产权。但在当前,我国关于民族文化产权保护的法律制度还很不健全,相关法律主要有《非物质文化遗产法》《文物保护法》等。对于民族文化的保护而言,这些法律在相当程度上只具有规范和指导意义,还较为粗略,尤其是关于民族文化的产权界定、收益分配等核心问题的法律制度还处于草创阶段,亟待完善。法律制度的缺位直接导致了民族文化产权的被侵害,从整体上看,各民族群众对于民族文化产业发展的收益权、决策权、监督权很难得到落实。在当前我国"大政府、小社会"的格局之下,这种问题更加严重。就武陵地区而言,主要表现在如下几个方面。

(一)民族文化资源的价值评估:政府主导、民众失位

民族文化是民众在长期的历史发展进程中创造的精神文化、制度文化与物质文化的总体,是特定的人们共同体对所处生态环境适应与改造的结果。每一种文化都具有独特的价值,不能简单地区分为三六九等。作为文化的创造者与享有者,民众是其文化的当然主体,对于本文化的价值与意义有最深刻、最贴切的体验,也最有发言权。

然而,在当前武陵地区民族文化旅游产业发展的过程中,政府在民族文化资源的价值评估过程中居于主导地位:组织专家研究、判定文化的价值,分析文化产业的前景,确定文化产业开发与项目支持的重点。某一民族文化项目一旦进入政府项目规划的蓝图,就可以获得巨量的资源支持,如日中天;一旦不入政府官员或者专家的"法眼",则只能自生自灭,如陷绝地。在此过程中,民众的影响相当微弱,只能配合,毫无博弈的机会。笔者印象很深的是,在调查过程中,面对访谈,民众最经常的兜底解释就是:"那是政府搞的!"或者"那是专家指导的!"

(二)畸形的二元结构:贫穷的文化拥有者与富裕的文化开发者

在武陵地区,民族文化产业开发的通常模式一般是先由政府确定具有特色的村寨,再聚集政府项目资源倾力打造,继而转让经营权,通过招商引资的方式引进旅游公司进行开发。在此过程中,政府与旅游公司获得了收益的绝大部分,民众获益相当有限,民众常说:"他们(指政府

与旅游公司)大块吃肉,我们小口喝汤!"在一定程度上形成了一种畸形的二元结构:贫穷的文化拥有者与富裕的文化开发者。

这种二元结构事实上导致了民众与旅游公司乃至政府的对立,我们在调查中发现,但凡规模较大的景区,比如吉首市德夯景区、松桃苗族自治县薅菜村苗王城景区,都发生过地方民众因为不满在旅游产业发展过程中收益太少而聚众抗争的事情,有时还酿成了较大的社会群体性事件,影响了民族关系的和谐发展。

(三) 民族文化主体的置换:外来的和尚会念经

在武陵地区,民族文化旅游的主要形式是各具特色的民族村寨旅游。每一个村寨都以民族性、地域性的文化为名片。无论是从文化的原生态或本真性的角度讲,还是从游客的需求而言,让当地人表演当地的文化,让本民族的人诠释本民族的传统都是合情合理的。然而,在调查过程中我们发现,出于舞台演出效果的考虑,以及为便于管理起见,旅游公司在打造民族文化节目时,常常舍近求远,延请外地人员,弃用本土人士,"外来的和尚会念经"现象十分突出。

比如,在吉首市德夯村,自 2002 年德夯旅游公司成立以来,就很少聘用本地村民作为文艺演出的演员。公司管理层认为本地人太刁钻,不好管理。从目前来看,该公司的演员主要来自周边的贵州、重庆、广西等地,以及湖南省内的其他地区。① 在 122 名员工中,只有 16 人是德夯村的村民,而且主要从事保洁、保安等基层工作,其余均为外地人。德夯景区的招牌文艺节目是每晚上演的苗族鼓文化节目,主要角色都由来自旅游公司的演员担纲,同时会临时雇佣数十名青壮年村民充当跑龙套的角色。对此,村民与旅游公司各有说辞:

> 那恼火得很,旅游公司根本就不要我们村里的人,不给我们一点机会。你看,演员都是从外头找来的!这个我们也会呀,唱歌跳舞,我们从小就会呀,我们跳得还好些!我们这里是苗寨,演的是我们苗族的节目,他们(指旅游公司)就是不用我们的人,你说是

---

① 2016 年,笔者在德夯调研时,了解到在文艺演出节目中,傩戏法师是湖南桃源人,芦笙舞的领头人来自贵州凯里,核心节目苗鼓的领舞者也是吉首市其他乡镇的人。

什么道理？（报道人：石某，男，苗族，初中文化，1965年出生，德夯村人）

我们也是没得法。以前，刚开始的时候，我们也安排村里的人上班。但是，他们不好好干，屋里有一点事情就要请假，不批还不行。把他们辞退吧，他们就闹事。在他们寨子上嘛，他们人多，地头蛇，强龙不压地头蛇，到处都一样的！所以，我们就宁可招外面的人，服从管理，该哪样办就哪样办，清清楚楚。（报道人：龙某，男，苗族，大专文化，1972年出生，德夯旅游公司管理人员）

因此，在德夯村，远道而来的游客满心期待地希望看到乃至深度体验"本真"的苗族文化，实际上，旅游公司呈现的却是一出舞台文艺精品，固然十分精彩，却已大非乡土、民族本色了；对于德夯村民而言，他们本来是民族文化的创造者与享有者，是民族文化当然的主体，本应是民族文化展演的主角，现在却也只能充当配角了。

本章小结

本章主要从民族学的视野出发，在民族文化的创造、传承与创新的脉络中探讨武陵地区民族关系的演进与发展。

在长期的社会历史发展进程中，土家族和苗族作为武陵地区两大主体少数民族创造了本民族悠久灿烂的文化传统，并代代相传，发扬光大，形成了民族认同的文化核心，凝聚了民族意识。同时，民族文化之间的交流交融是武陵地区民族文化发展的主流，从日常生活中的风俗习惯到民族精神层面的宗教信仰，都发生着广泛而深层的文化融合，构成了民族关系和谐发展的历史文化根基。就其主要方面来看，武陵地区各民族间的文化交流是一种以主流文化为旨归的民族文化的自然同化，代表着本地区民族关系发展的积极取向。

当今世界，文化已经成为一个国家最重要的软实力。在全球产业发展的新格局中，文化产业已经成为最具竞争力的朝阳产业。武陵地区自古以来就以多元瑰丽的民族文化闻名于世，是民族文化资源的富集区域。

顺应世界范围内文化产业发展的汤汤巨流，得益于自身的文化资源禀赋，近年来，民族文化产业在武陵地区如燎原之势迅猛发展，推动了民族社会的变迁，对于文化层面民族关系的发展产生了显著的影响：

一方面，民族文化产业的发展推动了民族之间、区域之间的文化交流，推进了传统文化的创新发展，有利于民族关系的良性运行。

另一方面，在产业化力量与市场机制的作用下，民族地区在发展文化旅游产业的过程中也出现了种种问题，破坏了民族社会的良性运行，损害了民族关系的和谐发展。

第四章

社会交往层面民族关系的发展

"民族关系是人类社会出现民族以后普遍存在的社会现象。民族关系是民族生存和发展过程中相关民族之间的相互交往、联系以及作用、影响的关系。"① 民族关系是民族共同体在长期的社会历史发展进程中交往互动的结果，是社会关系的一个重要方面。从最基本的方面来看，民族关系的发生、发展主要集中体现在两大场域之中。

第一种场域是历史上民族共同体面临生死存亡的重大转折关口。一方面，在激烈的民族冲突过程中，爆发大规模的战争，民族共同体受到严重创伤，民族关系急剧恶化；另一方面，伴随着激烈的民族冲突，人口流动以及与之相伴随的文化交流以更大的规模发生着，各民族之间出现了更大规模、更深层次的交往、交融，民族关系有可能在新的历史契机之下得到升华，实现更高层次的发展。在我国历史上，这一点也有鲜明的体现：中华民族内部每一次严重的分裂与冲突，都为下一步更高层面上的民族交往融合创造了条件，从先秦到秦汉，从南北朝到隋唐，从五代十国到宋代，由元迄清以至于近代，莫不如此。

第二种场域则是日常的社会生活。一般说来，民族关系是在民族共同体的层面上而言的，它主要表现为作为共同体的民族整体之间的关系，具有明显的团体性质，在一定程度上超越了个体之间的喜怒恩怨和利益纠葛。然而，民族关系绝非虚无的概念。正如民族共同体是由实实在在的个体成员组成的一样，民族关系也是表现和落实在一个个生动具体的民族成员身上的，在民族成员的日常社会生活中形成、维系，并不断

---

① 金炳镐：《民族关系理论通论》，中央民族大学出版社2007年版，第1页。

发展。

在人类社会的历史发展进程中，日常的社会生活正如浩瀚无边的海洋，构成了人类社会的根基与底色；重大的历史转折关口则如同风口浪尖，是最为摄人心魄的景象。前者是人类社会历史的常态，后者则是其特殊的状态，两者共同构成了民族关系生成与发展的场域。从长时段的历史来看，比较而言，日常的社会生活是民族之间交往互动的主要场域，一个个具体的民族共同体成员在其中婚丧嫁娶、饮食生息、歌哭行止，对于民族关系的发展具有更为深层和长远的制约性作用。

基于以上认识，本章主要是从社会交往层面来探讨当前武陵地区民族关系的发展状况，分析其影响因素。在学界已有的相关研究基础之上，结合武陵地区社会历史状况的实际，本章主要从语言使用、族际通婚、居住格局、民族认同与民族意识等几个方面作简要的分析。

第一节　语言使用与民族关系

语言既是一种重要的交流工具，也是一种重要的文化象征体系，具有重要的社会文化价值。民族语言对于民族共同体具有极为重要的意义。一方面，民族语言既是民族文化的重要组成部分，也是民族文化创造和传承的重要载体，是民族意识与民族认同得以凝聚的核心；另一方面，民族语言又是民族共同体突出的外显特征，构成了民族边界的标志性符号，是区分我族与他族的重要依据。1913年，斯大林在他关于"民族"的著名定义中，提出了民族共同体的四个主要特征，第一个就是"共同语言"[1]。法国著名文学家阿尔丰斯·都德（Alphonse Daudet）的名著《最后一课》则以文学的方式诠释了民族语言的无上价值。我国当代民族语言研究领域的著名学者戴庆厦先生也指出："母语是构成民族的一个重要的特征，甚至是第一特征。"[2]

在武陵地区，各民族都有自己的民族语言，在相当程度上，民族语

---

[1] 金炳镐：《民族关系理论通论》，中央民族大学出版社2007年版，第35—36页。
[2] 戴庆厦：《多民族国家少数民族兼用通用语的趋势及国家策略——以中、泰、缅、老四国为例》，《黔南民族师范学院学报》2017年第2期。

言已经成为民众区分不同民族共同体最主要的标志。比如，在调查中，当笔者问及访谈对象是什么民族，以及与其他民族的区别时，最经常听到的答案就是："我们讲的话不同！"或"我们的话不一样！"

前文述及，自先秦以来，武陵地区就与区外保持着较大规模的人口流动与文化交流（详见第二章）。在此过程中，武陵地区各民族逐渐转用汉语。近代以来，随着本地区融入国家一体化进程的不断加速，汉语逐渐成为区域内最主要的通用语言。与此同时，民族语言的交际功能不断弱化，使用空间逐渐萎缩；但近年来，随着从政府到民间普遍地对民族文化的重视，作为民族文化核心的民族语言也有一定程度的复兴，其文化象征功能有所强化。本节利用相关的调查材料，结合历史文献，对武陵地区各民族的语言使用状况的变迁作初步的分析，并对语言使用状况与民族关系发展这一议题进行了初步的分析。

一　南蛮鴃舌与西南官话：武陵地区民族语言的历史格局与现实状况

在历史上，本地区各民族向来以富于特色的民族语言著称，是著名的南蛮鴃舌[①]之区。地方志材料对相关情况有详细的描述。乾隆《永顺府志》载曰："土民散处山谷间……语言侏僾，不识文字。"[②] 光绪《古丈坪厅志》记载"民之官音为客话，土之音为土话……苗自有苗语，辨于五族之语，则五族晰以辨矣。"[③] "苗人言语，啁晰侏僾，非翻译不能解。"[④] "土人能官话，苗人亦间有学官话者。客户则杂，各从其乡谈土音也。"[⑤] 这些记述展现了本地区民族语言的多彩面貌。

需要指出的是，"语言"这个词汇应该是现代人文社会科学引入我国之后的产物，属于专业术语，在民间并不习用。在武陵地区，民众习惯

[①] 见《孟子·滕文公上》，孟子因为不认同许行的学说，进而用"南蛮鴃舌"这个词指称许行语音难懂，后世多沿用此意，用该词泛指非华夏民族在民族语言上的异质性。参见万丽华、蓝旭译注《孟子》，中华书局2006年标点本，第112页。

[②]（清）张天如纂修：《永顺府志》卷10《风俗》，清乾隆二十八年（1763年），刻本。

[③]（清）董鸿勋纂修：《古丈坪厅志》卷9《民族上》，清光绪三十三年（1907年），铅印本。

[④]（清）王玮纂修：《乾州厅志》卷4《红苗风土志》，清乾隆四年（1739年），刻本。

[⑤]（清）张天如纂修：《永顺府志》卷10《风俗》，清乾隆二十八年（1763年），刻本。

于用"某某话"来指称某种语言。作为武陵地区的三大主体民族，苗族惯于把本民族语言称为"苗话"，土家族惯于把本民族语言称为"土话"，汉族则惯于把本民族语言称为"客话"，三者之间在指称对方的民族语言时，也习惯于使用苗话、土话、客话的分类表述。前文述及，武陵地区至迟在清代就已经形成了土家、苗家、客家三大民族共同体并处共存的格局，三者与当前本地区的土家族、苗族、汉族基本能相对应（详见第二章第四节）。民众关于苗话、土话、客话的分类应该是基于这种历史民族格局对本地区语言谱系的直观认知。

当前，武陵地区各民族在日常生活中已经普遍地使用汉语方言，即西南官话，各地民众之间的沟通交流完全没有语言上的障碍，只是因为地域的不同而略有语音、词汇方面的差异。

在调研过程中，课题组专门针对土家族、苗族民众对民族语言的认知以及当前的语言使用状况作了问卷调查，结果如表4—1所示：

表4—1　调查对象中土家族、苗族民众对民族语言的认知以及当前语言使用状况简表　　（单位：%）

问题1：您知道本民族有自己的民族语言（土话或者苗话）吗？			
知道		不能肯定	不知道
43.2		19.6	37.2
问题2：如果您知道本民族有自己的民族语言（土话或者苗话），是怎么知道的？			
自己会讲一些	听长辈介绍	政府或者媒体宣传	学校教育
38.7	65.8	71.1	67.4
问题3：您在日常生活中说自己的民族语言（土话或者苗话）吗？			
说得比较多	会说一些	只能说出或听懂几个词语	不会说
4.5	9.7	15.6	70.2
问题4：如果您在日常生活中比较多地讲本民族语言（土话或者苗话），主要是在什么场合讲？			
家里		本村寨	本村寨以外
35.7		64.3	0
问题5：如果您在日常生活中比较多地讲本民族语言（土话或者苗话），主要是和谁讲？			
亲人	本村寨同辈	本村寨晚辈	外人
39.8	55.7	4.5	0

续表

问题6：您在日常生活中主要讲民族语言（土话、苗话）还是汉语（客话）？				
民族语言	民族语言为主，汉语为辅	汉语为主，民族语言为辅	汉语、民族语言基本同等使用	汉语
0	0	12.2	0	87.8

注：问题1、问题3、问题4、问题5、问题6的备选答案是互相排斥的，调查对象只可选择一个答案，所以调查结果之和应为100；问题2的备选答案并非互相排斥的，调查对象可以选择多个答案，所以调查结果之和可以超过100。

综合分析上述调查结果，可以发现如下特点：

第一，就对民族语言的认知方面来看，调查对象中土家族、苗族民众对本民族语言有一定程度的认知。

如表4—1所示，43.2%的民众明确知道本民族有自己的民族语言。当然，还有37.2%的民众明确表示不知道本民族有自己的民族语言，19.6%的民众则对这个问题不能肯定，这表明民族语言在社会生活中的影响和作用已经比较有限。而且，调查中我们也发现，在知道本民族有自己民族语言的受访者中，几乎全部是50岁以上的人；在对这个问题作出否定或者不肯定回答的受访者中，则以20岁到50岁的青壮年为主，这也能够反映出民族语言在当前的传承困境以及未来的发展趋势。

此外，需要说明的是，在一般的语境中，"知道"的途径大体上包括两个方面：其一，通过亲自实践或亲自观察，可以直接确证；其二，通过别人介绍或听闻相关情况，从而间接得知。在这里，"问题1：您知道本民族有自己的民族语言（土话或者苗话）吗？"中"知道"的含义不包含后者。民众在表示自己知道本民族有自己的民族语言时，意味着自己会"打土话"或"打苗话"，或者自己亲历过这样的场景。明确这一点也有助于我们准确地理解调查数据的含义。

第二，就民众的语言使用现状来看，可以认为，民族语言的使用范围相当有限，功能急剧萎缩。

调查结果显示，针对问题3，70.2%的受访者在日常生活中不使用本民族语言，只有4.5%的受访者较多地使用本民族语言，9.7%的受访者会说一些，15.6%的受访者则只能说出或听懂几个词语；针对问题6，

87.8%的受访者在日常生活中主要讲汉语,12.2%的受访者以汉语为主、民族语言为辅,没有人在日常生活中讲民族语言或以民族语言为主、汉语为辅,可见民众已经不以民族语言为交际语言了。同时,需要指出的是,民众在接受访谈过程中,表现出较为明显的"迎合调查者"的倾向:尽管访谈人员已经重点强调如实回答是最好的状况,但民众或者出于善意,或者为了突出本地方、本民族的特点,常常尽量提供"丰富"的材料,提供他们认为调查者想得到的材料。考虑到这一点,笔者认为,在民族语言的使用方面,正面取向(知道民族语言、使用民族语言)的数据实际上应该更低,负面取向(不知道民族语言、不使用民族语言)的数据则应该更高。

此外,从民族语言的使用场域来看,对于在日常生活中比较多地讲本民族语言的民众来说,35.7%的受访者是在家里使用,64.3%的受访者是在自己村寨里使用,没有民众在村寨以外使用民族语言;从使用民族语言的交际对象来看,39.8%的受访者是针对亲人,55.7%的受访者是针对本村寨同辈,4.5%的受访者是针对本村寨晚辈,没有民众在与外人交往时使用民族语言,这些数据充分说明民族语言的使用场域已经十分有限,只局限在家庭中或者村寨里,已经基本不具有社会性。

从总体上看来,当前,武陵地区各民族以汉语为最主要的交际语言,民族语言只在相当有限的范围内使用,在一定程度上,呈现出通用语言与民族语言兼用的特征。这是各民族语言随着民族地区经济社会的发展,在长期的语言接触与语言交流过程中发生的自然同化,符合人类社会语言发展的基本规律。实际上,本地区语言使用的这种变迁至迟在清末就已经发生,如方志所载:"客籍习于苗者,杂用苗语,习于土者,杂用土语。"[①] 当代学者的研究也表明了这种语言使用趋势的普遍性,如戴庆厦先生所指出的,"多民族国家少数民族除了使用自己的母语外并兼用国家通用语是语言生活的总趋势"[②]。

---

① (清)董鸿勋纂修:《古丈坪厅志》卷10《民族下》,清光绪三十三年(1907年),铅印本。

② 戴庆厦:《多民族国家少数民族兼用通用语的趋势及国家策略——以中、泰、缅、老四国为例》,《黔南民族师范学院学报》2017年第2期。

二 双语教学与民族关系：小茅坡营村与金珠村的案例分析

一般而言，在一个社会中，学校教育系统使用的语言必然拥有最广大的使用群体和最重要的社会影响力，应该是在该社会中占有主导地位、最富于发展前景的语言。在民族地区，学校教育中主要的教学语言是民族语言还是国家通用语言，直接决定着民族社会语言使用状况的基本格局。新中国成立以来，我国政府在民族地区推行的一项重要的教育政策是双语教学，对于传承与弘扬民族文化，促进民族地区人才培养和经济社会发展发挥了重大的作用。近年来，随着民族地区经济社会的转型发展，民族语言的使用状况发生了根本性的变化，民族地区的双语教学也面临诸多挑战，对于民族关系的发展产生了显著影响。

在武陵地区，双语教学曾经在很多地方推行过。在本课题的主要调查点中，小茅坡营村与金珠村的双语教学具有一定的代表性，下面以两者为案例来探讨双语教学与民族关系的互动关系。

（一）小茅坡营村双语教育的发展变迁

鄂西宣恩县小茅坡营村是一个典型的苗族村落，是目前湖北省唯一的在实际生活中还使用苗语的苗族村寨，村民自称"仡熊"。该村至今还较好地保存着苗族传统文化，在省内有"苗族文化活化石"的美誉。

在20世纪50年代以前，苗语曾经是小茅坡营村最主要的交际语言，村中长者回忆起当时的情景，常常说当时村里除了几个读书人和干部之外，普通百姓一般以讲苗语为主，略通汉语；小孩子在上学之前是"一口苗话，听不懂汉话"！在这种背景之下，双语教育的开展在该村就成为势在必行了。

1952年，在政府部门的指导和支持下，小茅坡营村开办了第一所小学——小茅坡营村民族小学，苗语在教学中发挥了重要的作用。村中的长者至今还记得当时的情景，小茅坡营村民族小学的第一位老师姓张，是从外地抽来支援苗寨的。这位张老师本身不懂苗语，所以在面对几乎不懂汉语的苗寨学生时，一开始简直无法开展教学。但张老师很好学，开始主动地向村民学习苗语，逐渐对苗语比较熟悉了，在教学过程中可以使用汉语、苗语进行双语教学。

此后，小茅坡营村民族小学的汉语、苗语双语教学一直在坚持进行。

20 世纪 80 年代以后，随着国家对民族教育的重视，小茅坡营村民族小学也迎来了新的发展机遇。1986 年 6 月，恩施州、宣恩县各级领导来学校视察，决定给学校拨款 5 万元，随后新建了两栋教学楼，办学条件大为改善。"1988 年 1 月，州教委、州民委正式为学校命名'宣恩县小茅坡营苗族小学'，5 月，国家教委民族教育司司长、恩施州州长视察该校，为学校题词。"①

从 1990 年到 2000 年，小茅坡营苗族小学步入了黄金时期，生源充足，高峰时期达到 150 余人，邻近村寨也有学生就读，师资力量较强，最多时有七位教师；更为重要的是，凭借"苗族小学"的招牌，各级政府部门特别是民委系统，对该校给予了大量的政策与项目支持，为学校发展提供了良好的条件。但从 2000 年以后，在我国整个乡村教育整体向城镇集中的大趋势下，小茅坡营苗族小学开始面临多重困境：首先是生源减少，只剩下数名学生，其原因主要是数十年来计划生育政策的严格实施导致学龄儿童减少，以及农村学生向城镇学校的集中；其次，是师资的流失，2011 年，学校只剩下冯万清一位老师了。

随着小茅坡营苗族小学的由盛转衰，该校的苗语教学也日益衰微。实际上，在小茅坡营苗族小学，近十余年来，苗语教学主要是由冯万清老师主持的。冯老师是小茅坡营村本地人，他坚持整理苗族文化，并用苗文、汉字记录下来，还把主要的教学材料比如经典诗文等翻译成苗语，作为苗语教学的材料。冯老师介绍，以前，本地学生在入学之前，基本上只会苗语，不会汉语，因此必须用苗语教学过渡，而且，当时普遍的苗语使用环境也为学生学习苗语提供了很好的条件。现在，由于苗语基本上退出了实用领域，学生学习热情不高，也没有基本的应用环境，更主要的是，苗语并不是升学考试的内容，这些因素都使得苗语教学基本上成为一种象征。目前，在小茅坡营苗族小学，苗语教学很大程度上成为传承苗族文化的一种仪式，作为教师与学生的一门兴趣课程在开展；在上级部门来检查工作时，则成为苗族文化展演的一种方式。

（二）金珠村双语教育的发展变迁

秀山县金珠村是目前重庆市唯一的仍然在一定程度上保留着苗族语

---

① 宣恩县教育志编撰委员会：《宣恩县教育志》（内部资料），1996 年，第 56 页。

言的村寨,其苗语属于苗族语言东部方言区。由于所处位置并非苗族核心的聚居区,金珠村苗族民众从未使用苗文,苗语的传承主要依靠口耳相传。在历史上,苗语曾经是村里主要的交际语言,正是基于这种情况,在20世纪80年代,地方政府将村里的小学命名为民族小学,进行苗汉双语教学,并给予政策扶持。

目前,在整个重庆市,金珠村民族小学是唯一一所进行苗汉双语教学的学校,有专职的苗语教师。金珠村的学龄儿童主要在这所学校就读,约有180名学生。

目前,金珠村苗语的使用状况已经发生了很大的变化。该村苗语的使用人口主要集中在以石、吴、龙、田为主要姓氏的苗族民众中,基本上50岁以上的人都能听懂苗语,70岁以上的人可以用苗语进行交流,50岁以下的人则基本不懂苗语;所有的村民都能够用汉语沟通,汉语方言已经成为村民最主要的交际语言,苗语的使用范围基本上局限于一些中老年人与同伴之间的交流。

由于语言使用环境的这种变化,金珠村的学龄儿童在入学时已经可以用汉语交流了,对于苗语则相当陌生,往往只会几个表示对长辈尊称的词汇。因此,金珠村民族小学的汉语、苗语双语教学也渐趋没落。据学校的老师介绍,以前进行双语教学,是因为学生汉语水平差,不用苗语辅助教学,几乎无法引导学生上路;现在,学生普遍可以用汉语学习,苗语教学在辅助学习方面没有必要,而且,在升学考试中也没有苗语的内容,因此,从教师、学生到家长,普遍把苗语学习视为一种额外的负担。

同时,笔者还了解到,相当多的村民还认为在某种程度上,双语教学的制度反而阻碍了地方教育的发展。民众的意见大致是这样的,按照教育部门的政策,作为双语小学,金珠村民族小学在招聘教师时,除了教育主管部门规定的条件之外,还要求教师要懂苗语。村民们认为这种规定限制了高水平、高学历的教师来学校任教,使得村小学的教师历来以本地人为主,教学水平不高。村民们常常抱怨:"我们小学没有办好,没有送个好学生出去。"

从目前的情况来看,金珠村民族小学的汉语、苗语双语教学作为一种正常的教学活动已经基本停止,一般是在上级部门检查参观时,组织学生、教师展演一下，继续作为地方民族教育的一个"特色"保留着。

三 "宁卖祖宗田，不忘祖宗言"：语言使用与民族认同

武陵地区各民族都有自己的民族语言，民族语言在各个民族的文化系统中具有核心的价值。在传统的民族社会，民族语言是民族个体自出生起就浸润其中的文化环境，也是其表达、沟通最主要的交际工具。因此，各民族成员普遍对于自己的语言充满感情，已经超出了语言的交际功能，赋予了厚重的情感与象征意蕴。"宁卖祖宗田，不忘祖宗言"，是在武陵地区各民族中广泛流传的一句俗语，很好地表达了民众对于民族语言的深沉情感。下面，笔者结合一些具体案例来分析在武陵地区各民族社会中语言使用与民族认同的密切关系，及其在当代的变迁。

在宣恩县小茅坡营村，苗语曾经是村民主要的交际语言，大部分人能讲一口流利的苗语。现在，苗语的使用范围有所缩小，一般村民可以讲流利的汉语，汉语为主、苗语为辅的双语现象比较普遍地存在。当前，在小茅坡营村，苗族群众主要集中居住在第一、第二、第三村民小组，即下河、小茅坡营、茶园组，苗语得到了较好的传承；第四、第五村民小组，即杨家界、孙家湾组，主要居住的是杨、孙二姓村民，基本不使用苗语，因为长期与苗族民众同村比邻而居，年长者能听懂一些苗语词汇，可以进行简单地应答。

在这种语言环境之下，苗语成了小茅坡营村苗民重要的文化象征，构成了民族认同的核心，在过去的传统社会，这种情况相当突出。

在小茅坡营村苗民的记忆里，该村苗族的先民是自湘西花垣县迁来的。2000年，村民集资推举了几位代表到花垣县寻祖，冯发宝是代表之一。他介绍，当时根据老辈人的讲述，他们找到了花垣县董马库乡，经过与当地人用苗语对话，发现只有口音上的差异，没有沟通障碍，"我们好激动的，这么多代人，我们的话都没变！"这次寻祖经历在小茅坡营村影响很大，民众对苗语的热情与重视程度又在一定程度上被激发起来。

花垣县蚩尤村是一个典型的纯苗族村寨，在过去，村民只和邻近苗寨的苗民开亲，包括娶进来的媳妇在内，全村人都是一口苗话；现在，村民的通婚圈有所扩大，除了一些近年嫁进来的外地妇女不会讲苗话之外，村民们一般是苗语、汉语兼用，大致在村寨内部以苗语为主，出了

村寨以汉语为主。

从整体上看来，村民对苗语很重视，长辈比较重视苗语的传承。许多村民都认为苗语不仅对于本村村民具有重要的意义，还是联系其他苗族同胞的重要纽带。在调查中，笔者还了解到，部分民众对于苗语还有一种较为不寻常的理解，他们认为对于苗民来说，苗语具有暗语的功能，可以在面对外人时起到内部沟通的作用。在调查中，我们也发现，当前，无论是土家族还是苗族，基本上能够正视民族语言使用场域迅速萎缩的现状，民众普遍认为应该学习汉语，把汉语作为最主要的交流工具。

为了从整体上了解民众对于民族语言的价值判断，课题组设计了简要的问题，进行了问卷调查，结果如表4—2所示：

表4—2　　调查对象中土家族、苗族对民族语言的价值判断简表　　（单位:%）

问题1：您认为应该保护本民族语言（土话或者苗话）吗？		
应该	不应该	无所谓
89.3	4.6	6.1

问题2：如果您认为应该保护本民族语言（土话或者苗话），您认为应该在日常生活中使用本民族语言（土话或者苗话）吗？		
应该	不应该	无所谓
12.5	75.1	12.4

问题3：如果您认为应该保护本民族语言（土话或者苗话），为什么您认为不应该在日常生活中使用本民族语言（土话或者苗话）？			
不会	没有用	讲的人少	跟不上形势
82.4	100	92.7	100

问题4：如果有机会，您愿意学习本民族语言（土话或者苗话）吗？		
愿意	愿意学一点	不愿意
3.6	23.7	72.7

问题5：如果有机会，您希望您的儿子或孙子学习本民族语言（土话或者苗话）吗？		
希望	希望学一点	不希望
4.1	20.7	75.2

注：问题3的备选答案并非互相排斥的，调查对象可以选择多个答案，所以调查结果之和可以超过100。

综合分析调查结果，笔者认为，民众对于民族语言具有较为强烈的认同情感，89.3%的受访者主张应该保护本民族语言，24.8%的受访者表示希望儿子或孙子在一定程度上学习本民族语言①。但同时，数据也表明，这种对于民族语言的强烈认同主要是从情感和象征的立场出发的，在持这种看法的民众当中，有75.1%的受访者认为不应该在日常生活中使用本民族语言，其理由则主要是认为民族语言没有实际应用价值。在此，民众对于民族语言的价值判断呈现情感性与工具性、象征性与应用性的对立与统一。笔者认为，这种对立与统一是与当前武陵地区民族语言在民众社会生活中的现实状况基本一致的。这种情形在相关研究中也可以得到验证。比如，黄行先生指出，我国的少数民族"对于所熟悉和使用的多种语言——母语、民族主体语言、区域性通用语言、国家通用语言，往往持不同的态度，即倾向于对母语或民族主体语言有文化或民族的认同感，对国家或区域性通用语言持实用性或适应性的工具认同感"②。

四　语言使用与民族关系

从文化价值的层面来说，民族语言是民族共同体文化体系的核心内容，也是其文化传承的主要载体，构成了民族认同的根基，凝聚着民族的情感；就应用价值而言，民族语言是各民族成员重要的交际工具，传承着各民族在适应和改造自然过程中所创造出的知识体系，"由考察一个文化中的语言而能够理解承载这个文化的人群逐渐积累起来而形成思维方式、宇宙观以及日常生活的知识"③。因此，在多民族聚居的地区，社会生活中语言的使用状况与民族关系有着密切的关系，两者互相影响，

---

①　同时，笔者在调查中也体察到，民众在面对研究者这样的"他者"时，常常表现出对于自己的民族身份以及文化传统展演性的"热爱"与"褒扬"，以此彰显自身对于民族共同体的"忠诚"与"自豪"。因此，他们在面对研究者的访谈时，也可能会凸显自己对于民族语言的情感，使得相关数据维持在较高的水准。从人性的立场体会，这种在外人面前"夸耀"的倾向也是普遍的人性特点之一，比如，当有外人在场时，即使是顽童，也常常希望表现出彬彬有礼的形象。

②　黄行：《我国民族语言的沟通度与语言群体认同》，《云南师范大学学报》（哲学社会科学版）2011年第2期。

③　赵旭东：《文化的表达：人类学的视野》，中国人民大学出版社2009年版，第236页。

彼此制约。下面，笔者将结合武陵地区的实例作初步的探讨。

上文述及，在武陵地区，民族语言在相当程度上构成了民族认同的基础与核心，对于民族共同体内部的凝聚具有重要的意义，有利于促进同一民族内部不同地域或文化支系之间和谐关系的发展。同时，我们也注意到，在传统社会中，民族语言常常成为区分不同民族共同体的最显著的标签，最有可能导致民族之间隔阂的形成与固化，阻碍民族关系的健康发展。在过去，因为民族压迫、民族歧视思想以及相应制度的顽固存在，民族语言也常常成为引发民族歧视与民族压迫的导火索。

比如，在吉首市德夯村，长者们在回忆以前的民族关系时，一般认为存在汉族压迫苗族的情况，而因"讲苗话"引起的冲突是最多的，如下面的材料所述：

> 我们是苗族，以前不会讲汉话，那个时候也没得个电视，也没得地方学汉话！我们出门做工，赶场，一般都不敢讲苗话的。不讲苗话，别个就不晓得你是苗族嘛！那些汉族人，一听到我们露一点苗音，就好嘲笑我们，就好欺负我们。他们的小孩子，都会跟到我们唱歌罗句："苗子苗，打乱瓢！"我们最恨这个的，"苗子、苗子"，就像骂我们娘老子一样，那就要闹场合，要打架。（报道人：石某，男，苗族，文盲，1935年出生，德夯村人）

当然，随着新中国成立以来民族平等政策在我国的贯彻与实施，民族平等权得到有效保障，包括语言歧视在内的民族歧视被迅速地扫进了历史的垃圾堆。当前，武陵地区各族群众都完全能够按照自己的意愿使用民族语言或者国家通用语言。就本地区各族群众语言使用现状来看，汉语西南官话已经成为普遍使用的日常交际语言，民族语言的使用范围已经相当有限。

表4—3　　　调查对象中土家族、苗族民众对民族语言的态度简表　　（单位:%）

问题1：您对使用本民族语言（土话或者苗话）的人有什么感受？			
亲切	疏远	反感	无所谓
87.2	0	0	12.8

问题2：您对使用其他民族语言（土话或者苗话）的人有什么感受？			
亲切	疏远	反感	无所谓
0	41.1	0	58.9

问题3：您觉得使用民族语言（土话或者苗话）或者汉语会影响民族关系吗？		
会	有一点	不会
0	26.9	73.1

问题4：现在，您因为使用民族语言（土话或者苗话）遭受过歧视吗？		
有	有一点	没有
0	8.5	91.5

问题5：现在，您因为他人使用民族语言（土话或者苗话）歧视过对方吗？		
有	有一点	没有
0	0	100

问题6：您希望您的儿子或孙子在日常生活中主要使用什么语言进行交流？			
民族语言（土话或者苗话）	汉语为主，民族语言（土话或者苗话）为辅	民族语言（土话或者苗话）为主，汉语为辅	汉语
0	12.7	0	87.3

表4—3调查数据表明，在武陵地区，语言平等的权利已经得到了有效保障和实现，语言因素对于民族关系的影响已经微乎其微。当然我们也看到，针对问题3，26.9%的受访者认为使用民族语言（土话或者苗话）或者汉语会影响民族关系；针对问题4，8.5%的受访者表示因为使用民族语言（土话或者苗话）遭受过歧视，进一步的深度访谈表明，这类情况更多的是一种文化心理、代际差异导致的"戏谑"，而非民族歧视。如一位土家族受访者在谈及他所遭受的"歧视"时说道："现在年轻人讲土话的很少了，他们不懂，也不爱听，看到我们老年人打土话，有时还要笑。"

第二节　通婚范围与民族关系

通婚范围即缔结婚姻关系的范围,从不同的角度可以对其进行不同的分类。比如,从地域的角度出发,可以分为区域内婚与区域外婚;从血缘关系的角度出发,可以分为血亲婚与非血亲婚;从社会阶层的角度出发,可以分为阶层内婚与阶层外婚,等等。如果要探讨通婚范围对于民族关系的影响,则一般从民族共同体的角度出发,把它分为族内通婚与族际通婚。

正如俗语所云:"物以类聚,人以群分",这也是人性的一个基本特点。反映在婚姻家庭制度方面,则如学者所指出的,任何婚姻制度都倾向于"同类联姻"[①]。在此意义上,通婚范围与民族关系有着密切的关系,一般说来,如果族内通婚占据主导地位,可能意味着相关民族在民族交往方面的保守,可能造成民族间的隔离,不利于民族关系的发展;反之,如果族际通婚占据主导地位,则可能意味着相关民族在交流交融方面的深度与广度,有利于和谐民族关系的发展。

在民族学、社会学等相关学科关于民族关系的研究中,族际通婚是一个重要的研究主题,族际通婚率以及相关民族成员对于族际通婚的态度常常被作为衡量民族关系的主要指标。马戎先生把通婚状况作为分析民族关系的一个重要切入点,他指出:"(通婚)是度量民族关系最重要的变量"[②],"族际通婚深刻地反映了族群关系深层次的状况。"[③]

一般说来,族际通婚可以分为两个方面,其一,是民族上层的通婚,这种情形常常是基于政治因素的考虑,希望通过民族间上层的联姻结成联盟,或共同御敌,或化解宿怨,比如在我国历史上具有悠久传统的和亲,就是其范例;其二,是发生在民众层面的通婚,是民众基于缔结婚姻的需要而形成的较为固定的通婚圈,其发生与发展均是自发进行的。

[①] [美]古德:《家庭》,魏章玲译,社会科学文献出版社1986年版,第75页。
[②] 马戎:《民族与社会发展》,民族出版社2001年版,第56页。
[③] 马戎:《民族社会学——社会学的族群关系研究》,北京大学出版社2004年版,第436页。

这里所探讨的族际通婚主要是指民众层面的通婚，因为它涉及民族共同体的绝大多数成员，所以对于民族关系具有显著和长远的影响。一般说来，当相关民族的经济社会发展水平比较接近、历史文化背景能共融共生时，族际通婚就比较容易发生与维系，反之，则可能举步维艰。当然，族际通婚也会受到人口结构、人口规模乃至自然生态等因素的影响。

土家族和苗族是武陵地区人口最多的两大少数民族，也是本书研究的主要对象。就笔者所见，学界关于武陵地区土家族、苗族通婚状况的研究成果还较为少见，但从整体上针对我国土家族、苗族通婚状况的研究成果则比较系统，为本书提供了很好的借鉴。比如，主要是基于20世纪50年代的调查材料，陈明侠认为土家族"对族际通婚不加限制"，苗族"一定条件下与外族通婚，实行不严格的民族内婚制"；严汝娴认为土家族"与外族通婚较普遍"，苗族"一定程度上与外族通婚"[1]。李晓霞曾利用我国2000年第五次人口普查资料，研究各民族族际通婚圈的特点，结果显示：与土家族通婚率最高的是苗族，为18.61%，其次是汉族，为4.78%；与苗族通婚率最高的是汉族，为14.02%，其次是土家族，为4.54%[2]。菅志翔根据2010年第六次全国人口普查资料分析了我国各民族的通婚状况，在户主为土家族的婚姻中，配偶为土家族的占74.042%，配偶为汉族的占20.271%，配偶为苗族的占4.092%，占据前三；在户主为苗族的婚姻中，配偶为苗族的占77.966%，配偶为汉族的占13.430%，配偶为土家族的占4.025%，占据前三；在户主为汉族的婚姻中，配偶为汉族的占98.512%，配偶为苗族的占0.166%，配偶为土家族的占0.118%，分列第一、第五、第六[3]。这些宝贵的研究成果为分析武陵地区土家族、苗族的通婚状况提供了比较研究的基础和进一步探讨的可能。

本节主要根据调查材料，以田野调查点为个案，对武陵地区的三大主体民族——土家族、苗族、汉族的通婚范围与民族关系这一议题作初步的探讨。

---

① 马戎：《民族与社会发展》，民族出版社2001年版，第172页。
② 李晓霞：《试论中国族际通婚圈的构成》，《广西民族研究》2004年第3期。
③ 菅志翔：《中国族际通婚的发展趋势初探——对人口普查数据的分析与讨论》，《社会学研究》2016年第1期。

一 边界与区隔：历史上的族内通婚传统

一般而言，在一个多民族聚居区，如果族内通婚占据了婚姻关系的主导地位，则表明相关民族之间有着比较清晰的边界与较为深层的区隔；同时，族内通婚的持续与维系又强化了民族之间的边界与区隔。所以，持续的、大规模的族内通婚在一定程度上意味着民族之间交流与交融的缺失，可能会阻碍民族关系的和谐发展。调查材料表明，在武陵地区，无论是土家族、苗族还是汉族，在历史上都形成了一定的族内通婚的传统，下面结合典型的案例作简要的分析。

（一）"各人的习惯不同"：舍米湖村土家族的例子

来凤县舍米湖村是一个土家族古村落。该村邻近百福司集镇，集镇上主要以汉族居民为主；同时，该村与酉阳土家族苗族自治县接壤，邻近该县的苗族聚居区。但在历史上，村民习惯与本村或周边村寨的土家族通婚，与汉族或苗族通婚的很少。究其原因，用村民的话讲，就是"各人的习惯不同"（方言"各人"意为"自己""每个人"），这里的"习惯"主要包括生活习俗、文化传统乃至性别观念等方面，如下面的报道人所述：

> 我们土家人，过去，开亲（方言"开亲"即"联姻"）的主要就是土家，为什么？那各人的习惯不同。好比，我们打土话，他客家打客话，苗家打苗话，首先就是讲的话没同，平时打交道就不多，嫁过来就不习惯。其他吃喝、劳动啊，那都有不同，不习惯。那从老公公开始，我们寨子上就是和绿水、桂塘、卯洞、大溪、洛塔地方开亲，那都是土家，打土话的寨子，别个街上的客家、山高头的苗家也不得和我们开亲，习惯不一样。（报道人：彭某，男，土家族，文盲，1935 年出生，舍米湖村人）

> 那过去，土家就是和土家开亲，主要就是生活习惯相同，好相处一些，各方面都习惯。还有，听老辈子们讲，那是过去了，我们好像也不太喜欢他们的女子，像是苗家，有些女孩子比较随便，在男女关系上啊，看得起人家，就肯跟人家走。有的苗寨上的女子，

嫁过来好几年了，娃娃都有了，她觉得不习惯哪，嫌弃男客家哪（方言"男客"即"丈夫"），她就跑，跑回去，跑到别处，就不回来了。就是这么的，我们土家也不大喜欢的。那是过去了，现在没有了，现在都一样，苗家女子也很好的。（报道人：彭某，男，土家族，小学文化，1957年出生，舍米湖村人）

综合分析上述材料，在历史上，土家族民众之所以倾向于实行族内通婚，主要是基于民风民俗、传统习惯的考虑，其中当然有主观建构的因素，但也有部分内容是对相关民族风俗的间接反映。比如，第二位报道人谈及苗族女子在两性关系及家庭观念方面可能比较随便，这实际上是对武陵地区苗族历史上独特的婚姻家庭制度的描述，在文献中也可得到印证。如光绪《古丈坪厅志》所载："（苗人）处女颇宽防，间若犯其妻妾，则举刃相向，必得钱折赎而后已。夫妇不相得，则各自婚娶。"[1] 乾隆《乾州厅志》亦载曰："其处女有与人私通者，父母不禁，以为人爱其美，若犯其妻妾，则举刃相向，必得钱折赎而后已。夫妇不相得，则售其妻。翁有悦子妇者，则收为己妻，而为其子另娶。兄弟故，则收其妻。"[2]

（二）"苗家养数子，必有一苗妇"：小茅坡营村苗族的例子

在宣恩县小茅坡营村，苗族群众有着很强烈的民族认同意识。该村是一个以苗族为主的村落，也有部分汉族，这种民族边界甚至体现在聚落的布局上。目前，该村包括五个自然村落——小茅坡营、下河、茶园、杨家界、孙家湾。冯、龙、石、杨、孙是该村的五大主要姓氏，其中冯、龙、石是典型的苗族，自称"真苗"，龙姓主要居住在小茅坡营，冯姓主要居住在下河，石姓主要居住在茶园；杨姓主要居住在杨家界，孙姓主要居住在孙家湾。反映在婚姻关系上，小茅坡营苗族流行一句俗语："苗家养数子，必有一苗妇"，就是说苗民家庭如果有多个儿子，至少有一个儿子必须娶苗族的媳妇，其他儿子可以娶外族的女子；如果只有一个儿子，则必须娶苗族女子为妻，不容商量。

---

[1] （清）董鸿勋纂修：《古丈坪厅志》卷10《民族下》，清光绪三十三年（1907年），铅印本。

[2] （清）王玮纂修：《乾州厅志》卷4《红苗风土志》，清乾隆四年（1739年），刻本。

在历史上，小茅坡营村冯、龙、石三姓苗民的通婚范围主要是在三姓之间及邻近的高乐苗寨，很少与周边的汉族、土家族通婚。同时，笔者也注意到，小茅坡营苗民在解释自己为什么不同其他民族通婚时，也经常举出自身一种独特的婚俗作为佐证。这种习俗的核心环节是"三日不同宿"，大致是这样的，夫家娶进新妇后，新妇三天之内不与新郎同宿，由伴娘陪同，饮食起居都在洞房里面。满三日之后，新郎陪同新娘返回娘家，称为"回门"。回门之后，夫妻方能同宿。在村里，广泛流传着一则谈资：一位石姓村民，在外面当干部，回村举办婚礼，新婚之夜，村民捉弄新人，将新郎新娘关在洞房之内；新郎恳求无果之下，破窗而出，恪守了三天不同宿的习俗。在某种意义上，小茅坡营苗民经由这种独具特色的婚俗建构了本民族的文化特质与民族边界，为其族内通婚的传统提供了文化依据。

（三）"他们好像蛮一些"：金珠村汉族的例子

秀山县金珠村是一个以苗族为主、兼有汉族的村落，苗族约占80%，汉族约占20%。金珠村位于秀山县东南部泡木山区，紧邻松桃苗族自治县，周边地区是两县主要的苗族聚居区。金珠村包括民族、田家、龙家、金珠、中心、油坊、花香、枫香坪、南坪、大坪等十个自然村寨，其中枫香坪、南坪、大坪被当地人合称为"三大坪"。该村的汉族主要居住在金珠和三大坪四个自然村落，讲汉语方言，基本不懂苗语；与之相对照的是，苗族村民主要居住在其他六个自然村落，曾盛行苗语，现在在一定程度上都以苗语为交际语言。

从整体上来看，金珠村苗族与汉族有着较为明显的文化差异，比如语言、习俗等。同时，由于苗族向来在村里占据着人口上的优势，而且主要为龙、石、冯三大姓氏，凝聚力相当强，形成了强烈的民族认同意识，所以，在村落生活中，苗族一直具有压倒性的优势，事实上成为金珠村的"主体民族"；新中国成立以来，国家对于少数民族在政策与理念上实行优待与照顾，使得村落中苗族对于汉族的优势得以延续甚至强化。在金珠村，这种文化差异与民族格局在一定程度上构成了民族的边界，构成了地方上汉族与苗族族际通婚的壁垒。

事实上也的确如此，就笔者在金珠村调查所见，该村的汉族在新中国成立以前几乎没有与苗族通婚的例子，直到20世纪80年代以后才渐次出现通婚的现象。同时，金珠村的苗族在传统上也一直奉行族内通婚的原则，在内部而言，主要是在村落中苗族的三大姓氏龙、石、冯之间通婚；在外部，则主要是与邻近的松桃苗族自治县九江、黄板、妙隘等苗族聚居的乡镇建立了稳定的通婚圈。

上文通过对一些典型案例的简要分析说明了武陵地区在历史上形成了一定的族内通婚的传统，无论是土家族、苗族，还是汉族，都存在这种情况。在长期的历史发展进程中，这种族内通婚的传统主要是基于文化差异的考虑，在某种意义上造成了民族之间的区隔。在调研过程中，村民们普遍认为，在过去，由于主要是在本民族内部联姻，主要的亲戚关系都是在本民族内部运行和延续，这种状况一方面的确有利于民族内部的团结，另一方面也使得不同民族之间缺乏畅通的交往渠道，导致了彼此之间的隔阂。在 20 世纪 40 年代，盛襄子在湘西苗民社会调查时就观察到苗民与汉人在通婚方面的某种不对称的隔阂状态。当时，凤凰县"苗民嫁汉者日多，惜汉人嫁苗者甚少"；泸溪县苗民"与汉人通婚日久，风俗习惯，汉化者占十分之八"，苗民"与汉人相处尚安，无何争执，惜汉女以经济优越，不肯嫁苗"①。

二 交融与一体：现实中的族际通婚态势

自 1949 年新中国成立以来，随着民族区域自治制度在我国的确立与实施，社会主义新型民族关系不断发展，成为我国民族关系的主流。武陵地区的民族关系与民族格局也步入新的历史发展阶段，民族平等成为各民族的共识，婚姻家庭观念也随着时代的变迁发生着变化。课题组专门选取了几个关键方面就当前武陵地区民族通婚的状况作了调查，获得了较为系统的材料。

（一）对配偶民族身份的态度

从民族身份的角度考量，民众对自己或者亲属（特别是后代）配偶的民族身份有无选择性的偏好或者排斥是衡量民族关系的一个重要方面。本课题设计了几个核心问题就这一主题作了调查。

---

① 盛襄子：《湘西苗疆之设治及其现状》，载贵州省民族研究所编《民国年间苗族论文集》，内部资料，1983 年，第 57、64 页。

表 4—4　　　　　　　　调查对象对配偶民族身份的态度　　　　　　　（单位:%）

问题1：您认为自己或者后代必须与本民族的人结婚吗？			
访谈对象民族身份	必须	不必	无所谓
土家族	0	89.8	10.2
苗族	0	86.3	13.7
汉族	0	95.7	4.3

问题2：您最希望自己或者后代与哪个民族的人结婚？				
访谈对象民族身份	土家族	苗族	汉族	无所谓
土家族	37.1	2.2	33.4	27.3
苗族	3.7	43.2	29.8	23.3
汉族	26.2	15.9	32.2	25.7

问题3：您最反对自己或者后代与哪个民族的人结婚？				
访谈对象民族身份	土家族	苗族	汉族	其他民族
土家族	0	0	0	0
苗族	0	0	0	0
汉族	0	0	0	0

综合分析以上调查数据（见表4—4），笔者认为相关民族对配偶民族身份的态度呈现出如下特点：

1. 从整体上来看，无论是土家族、苗族，还是汉族，对于配偶民族身份的态度均很开放。针对问题1"您认为自己或者后代必须与本民族的人结婚吗？"，无一例受访者认为必须与本民族的人结婚；针对问题3"您最反对自己或者后代与哪个民族的人结婚？"，无一例受访者表示会反对与某一特定民族身份的人结婚。这都说明民族身份因素对于相关民族的婚姻家庭观念没有影响。在进一步的访谈过程中，民众也普遍地表达了类似的看法。

2. 样本数据也表明，比较而言，汉族民众对于配偶民族身份的态度最为开放，土家族与苗族民众则略有保守的倾向。针对问题1"您认为自己或者后代必须与本民族的人结婚吗？"，95.7%的汉族民众认为不必，比例是最高的，土家族和苗族民众则分别为89.8%、86.3%。针对问题2"您最希望自己或者后代与哪个民族的人结婚？"，32.2%的汉族民众选择本民族，土家族与苗族民众这一比例分别为37.1%、43.2%，显著地高于汉族。

3. 从整体上来看，汉族是比较理想的意向配偶，在相当程度上能为其他民族所接受。针对问题2"您最希望自己或者后代与哪个民族的人结婚？"，33.4%的土家族民众、29.8%的苗族民众都选择了汉族，表明了民众的择偶意愿。据笔者观察，这主要是因为近年来，随着打工潮的兴起，武陵地区民众的交往范围日益扩大，与汉族的交流、互动日益深入，对汉族的了解也不断深入。同时，前文述及，从历史民族格局来看，汉族在武陵地区一直以来就占据着经济、文化上的优势地位，改土归流以后，流官政府的官员一般都由经过科举选拔的汉族人士担任，使得汉族在政治上也逐渐取得优势地位（详见第二章第四节）；新中国成立以来，特别是改革开放以来，虽然包括武陵地区在内的我国民族地区经济社会发展实现了飞跃，但我国区域发展不平衡的结构性问题仍然存在，以汉族为主体的东中部地区具有明显的先发优势，这种历史与现实因素的叠加，都使得汉族在一定程度上成为本地区较为理想的婚配对象。在民众的观念里，这种意识也比较突出。

（二）族内通婚率与族际通婚率

上文主要就民众对于配偶民族身份的态度这一主题作了问卷调查与简要的分析，可以看出在民众的观念中，民族身份因素对于择偶取向基本上没有影响。那么，在实际生活中，是否的确如此呢？课题组就调查对象配偶的民族身份作了简单的统计分析。

表4—5　　　　　　　　调查对象配偶的民族身份　　　　　　（单位:%）

访谈对象民族身份	问题：您的配偶（老婆或者老公）是什么民族成分？			
	土家族	苗族	汉族	其他
土家族	63.3	13.3	12.5	10.9
苗族	11.1	73.2	10.3	5.4
汉族	41.2	37.1	13.6	8.1

注：选项中"其他"一项包含众多的民族成分，主要是近年来年轻人在外出务工过程中，通过自由恋爱结婚，使得择偶范围大为扩展。同时，由于当前在武陵地区主要实行的还是男娶女嫁的婚配模式，所以调研数据反映的主要是男子娶妻的情况。

从表4—5 的统计数据可以看出，调查对象中土家族、苗族民众的配偶主要为本民族成员，这一比例分别为 63.3%、73.2%；汉族民众的配偶则主要是土家族与苗族，分别为 41.2%、37.1%，均远高于汉族 13.6% 的比例。这是否表明土家族、苗族民众在择偶方面有族内通婚的倾向，而汉族则更倾向于族外通婚呢？如果是这样，则显然与上文所描述的相关民族对配偶民族身份态度的状况极不一致。实际上，这主要是与武陵地区的民族分布格局密切相关的。

在武陵地区，土家族与苗族呈现比较明显的聚族而居的特点，因此，在正常情况下，土家族主要是与相邻的土家族结亲，苗族则主要是与相邻的苗族结亲。所以，从数据上看，土家族、苗族似乎具有族内通婚的偏好，但实则主要是由客观的民族格局决定的。至于汉族，在本地区通常呈散居状态，散布于土家族、苗族村寨之中，所以，他们主要的婚配对象就是邻近的土家族与苗族，这使得他们婚配对象更为多元，呈现族际通婚的态势。

在族际通婚方面，笔者在调研过程中发现了一个非常突出的例子，让人印象深刻。湘西吉首市德夯村是一个典型的苗族村寨，位置偏僻，在过去是一个封闭保守的苗寨。村民们的通婚范围向来是村寨内部的不同姓氏之间以及周边的苗族村寨，相当严格地奉行着民族内婚的古老传统。自 20 世纪 90 年代以来，随着德夯民族文化旅游产业的迅猛发展，德夯苗民的婚嫁观念也逐步发生着转变，一些年轻人的生活与工作经历逐渐丰富起来，与外部世界的联系不断拓展，逐渐出现了与其他民族通婚的例子，其中最著名的当属龙菊兰的例子。龙菊兰是德夯村土生土长的一位苗族姑娘，出生于 1975 年。她具有很高的艺术天分，从小热爱苗族的鼓舞文化，后来在德夯从事民族文化表演，尤其以苗鼓艺术享有盛誉，在德夯苗鼓比赛中，获得女子苗鼓王的称号，成为继龙英棠、石顺民两位著名苗鼓艺术家之后的第三代苗族鼓王，成为当时德夯民族文化演艺事业的中坚，多次参加大型赛事的文艺表演，并曾随中国民间艺术团出访新加坡，表演苗族鼓舞艺术，大获成功。龙菊兰由于经常表演苗鼓，受到很多外地游客的注意，其中有一位来自上海的男青年，名叫丁亭，深深地被她所吸引，爱慕之情日益炽热。尽管这段姻缘一开始遇到一定的阻碍，但龙菊兰和丁亭不离不弃，深山中的苗族姑娘和大都市中的时尚青年最终缔结良缘。这段美好的故事至今仍在村民中流传，对于村民们传统的婚嫁观念产生了深远的影响。

(三) 影响通婚的主要因素

婚姻是一种社会现象，其缔结受到多重因素的制约性作用。上文已经通过实证材料讨论了民族因素对于武陵地区各民族择偶意愿的影响，表明二者之间的关联度相当微弱。这里进一步从婚姻家庭的角度探讨影响通婚的主要因素。

表4—6　　　　　　　　影响通婚的主要因素　　　　　　　　（单位：%）

问题1：您为自己或者后代选择对象时最注重什么条件？							
家庭条件	性格	相貌	文化程度	感情	才能	无所谓
87.2	100	89.3	93.5	92.7	100	0

问题2：您的配偶（老婆或者老公）是哪里人？				
本村	本乡镇（社区）	本县	本省	外省
11.8	36.6	27.0	18.4	6.2

问题3：您与配偶（老婆或者老公）是怎么认识的？		
自己认识	经人介绍认识	婚前不认识
37.6	62.4	0

问题4：您与配偶（老婆或者老公）结婚由谁决定？			
父母决定	父母决定，与自己协商	自己决定，与父母协商	自己决定
13.2	35.7	51.1	0

注：问题1的备选答案并非互相排斥的，调查对象可以选择多个答案，所以调查结果之和可以超过100。

表4—6的调查数据表明，武陵地区民众在选择配偶时，主要考虑的是个人因素，比如性格、才能、文化程度、感情、家庭条件等，着眼于个人和家庭的幸福，体现出婚姻家庭的一般内涵和健全的择偶观。针对问题3"您与配偶（老婆或者老公）是怎么认识的？"，37.6%的民众是自己认识，62.4%的民众是经人介绍认识，没有一例是婚前不认识的；针对问题4"您与配偶（老婆或者老公）结婚由谁决定？"，35.7%的民众是"父母决定，与自己协商"，51.1%的民众是"自己决定，与父母协商"，两者都表明民众在选择配偶时具有很大的裁量权，能够自主地规划

婚姻家庭生活。针对问题 2 "您的配偶（老婆或者老公）是哪里人？"，11.8% 的民众选择"本村"，36.6% 的民众选择"本乡镇（社区）"，其余的民众选择了"本县""本省"乃至"外省"，这表明民众的择偶范围已经突破了地域性的限制，随着工作、生活范围的扩大有了较大的拓展。下面的访谈材料集中地反映出了武陵地区民众通婚状况的这种发展趋势：

> 现在，结婚是自由的事了，主要是看两个人喜不喜欢，般不般配。在以前，还要请媒人介绍，"天上无云不下雨，地下无媒不成亲"嘛！现在，不需要了，一起读过书了，一起打过工了，老早就熟悉了，互相看得上，就可以谈恋爱，要结婚了，就扯结婚证（方言"扯"有"办理"的意思），就可以了。有些人家，特别是女方，要求男方请个介绍人，也是表示一下意思。现在的年轻人找对象，到处都有，只要你有本事，只要别人肯跟你来！打工，最方便了，都是年轻人嘛！像我们寨子上，贵州的，重庆的，还有你们湖北的，到处都有！老人家也喜欢，年轻人也喜欢，就看合不合得来！（报道人：石某，男，苗族，小学文化，1948 年出生，德夯村人）

上文以问卷调查材料为基础对武陵地区土家族、苗族、汉族的通婚状况作了初步的分析。从总体上看，武陵地区各民族的择偶范围逐步从民族内部向民族外部发展，同时也不断拓展地域范围，逐步超越地域性的束缚，实现了更大范围内的通婚。这种发展态势在学界的相关研究中也能得到印证，如王希恩先生所指出的："民族过程的基本倾向之一是民族的血缘性不断下降，反映这种变化的直观表现就是族际通婚。""族际通婚的增加淡化了各民族自身的血缘性，却增添了各民族之间血缘的联通性。各民族通过族际通婚将自己的血缘扩散到其他民族的过程，也就是中华各民族之间的血缘联系得到更为巩固的过程。"[①] 显然，这种变迁在深层次上拓展和强化了族际交往，有利于民族之间的相互了解，有利于民族之间的交流与交融，推动了民族关系的和谐发展。

---

① 王希恩：《民族的血缘性及其在当代中国的演化》，《广西民族研究》2017 年第 2 期。

同时需要指出的是，武陵地区相关民族通婚状况的这种变迁是随着经济社会的发展自然发生的，并非人为推进的结果，是民族关系在现代社会转型发展的反映。这与某些地方的过激行为形成了鲜明的对比，比如"2014年、2015年，西藏、新疆的个别县推出了鼓励族际通婚的措施。措施文件一经发布，立刻引起了国内外的关注和争议，随后被叫停"[1]。而就族际通婚的比例而言，从2000年到2010年的十年间，"普遍信仰伊斯兰教民族族际婚姻中通婚的异民族数量有所缩减"[2]，这也说明我国不同民族、不同地区有其特殊性，不可一概而论，相关政策也必须符合实际，切忌用单一模式强制推行。

第三节　差序格局：立体多元、共生并育的认同体系

认同本来是一个心理学的概念，弗洛伊德（Sigmund Freud）认为，认同"是一个心理过程，是一个人向另一个人或者团体的价值、规范与面貌去模仿、内化并形成自己的行为模式的过程"，是"情感联系的原初形式"[3]。认同虽然主要表现为一种主观的心理活动，但它也是人类社会实践的结果，受到社会历史发展阶段的制约。一般而言，认同与认异密切相关，就是说认同的形成必须以可供比较的"他者"作为参照物，正是在与他者的交往互动中形成了群体内外的边界，凝聚了认同的核心。以个体为中心，依据不同的标准可以划分出不同的他者，比如以地缘关系为标准，可以区分为同乡—非同乡；以学缘关系为标准，可以区分为同学—非同学；以血缘关系为标准，可以区分为亲属—非亲属，等等。因此，对应于不同的他者，认同也有不同的层次，具有多重性的特点。

认同又是一种深层次的心理积淀，具有突出的稳定性与持久性，能

---

[1] 魏国红：《论"族际通婚作为民族关系衡量指标"范式的适用性》，《北方民族大学学报》（哲学社会科学版）2017年第2期。

[2] 刘中一、张莉：《我国普遍信仰伊斯兰教民族族际婚姻的变迁》，《西南民族大学学报》（人文社会科学版）2016年第3期。

[3] 梁丽萍：《中国人的宗教心理——宗教认同的理论分析与实证研究》，社会科学文献出版社2004年版，第12页。

显著地影响人们的观念与行为。在某种意义上，认同意味着个体在心理层面以及社会结构中的归属感，对于个体的发展与社会的良性运行具有重要的意义。然而，在全球化浪潮汹涌澎湃的当下，认同危机正在成为一个世界性的问题，正如亨廷顿（Samuel P. Huntington）所指出的："几乎每个地方的人们都在询问、重新考虑和重新界定他们自己有何共性以及他们与别人的区别何在：我们是什么人？我们属于什么？"[①] 这种拷问可谓发人深省。随着学界对认同问题研究的深入，相关研究逐渐摆脱单一的心理学学科视角的制约，涉及人文和社会科学的广泛领域。

近年来，随着民族研究跨学科趋势的发展，认同议题在民族关系研究领域也得到了充分的重视，诸如国家认同与民族认同的关系、不同层次认同的协调发展、民族认同的本质等问题日益成为学界争鸣的热点。近年来，习近平同志先后提出了"五个认同"的重要观点，强调各族人民应该不断增强对伟大祖国的认同、对中华民族的认同、对中华文化的认同、对中国特色社会主义道路的认同、对中国共产党的认同，其中就涉及国家认同与国族认同的问题，对于民族关系的和谐发展与相关研究具有重要的指导意义。

本节主要利用调查材料对武陵地区的三大主体民族——土家族、苗族、汉族——的认同状况作了简要的论述，探讨了相关民族认同体系的基本结构及其特点。

一 地域认同与家族认同

在调查中，笔者发现，尽管当前武陵地区经济社会发生了巨大的变迁，民众的交往范围不断扩大，但本地区"乡土社会"的基本属性并没有发生根本性的改变。在日常生活中，民众主要的生活空间还是以村寨、乡镇为中心，家族关系仍然是重要的社会联系纽带。因此，地域认同与家族认同在民众的日常生活中具有重要的意义，构成了民众社会关系的基本结构。

---

① ［美］塞缪尔·亨廷顿：《谁是美国人？——美国国民特性面临的挑战》，程克雄译，新华出版社 2010 年版，第 10 页。

（一）地域认同

在武陵地区民众的观念中，村寨是最基本、最核心的地域认同单位。地方上的民众聚居在一个个自然村落当中，往往是聚族而居，这里的"族"主要有两重含义：首先是"宗族"，这些村落的居民多为同一姓氏，或以某个姓氏为主，基本上属于同一宗族；其次是"民族"，在过去，某一村落的民众常常属于土家、苗家或者客家，在新中国民族确认的历程中，则相应地成为土家族、苗族或者汉族。

村寨是民众的出生之地，一般也将是他们的终老之地。同一村寨之人来往非常密切，所谓"低头不见抬头见"，"本寨人"的意识在民众的观念中具有非常重要的意义。在日常生活中，本寨人之间可以在生产劳动过程中互相帮扶，比如换工、借用生产资料等，也通常是除了姻亲之外最主要的人情往来的圈子。更重要的是，一个村寨还是一个联系紧密的利益共同体。一个村寨一般有着自然的地理边界，如河流、山谷、树林等等，在外人看来常常不明就里，但在本地人心目中却是异常明晰的，不容侵犯。村寨一般有着共同的生活、生产资源，比如柴山、水源、牧场、墓地等，在为村民提供资源的同时，也仰仗村民来捍卫。在地方上，同一村寨的民众在面对其他村寨时，往往自动地形成一个行动实体，在发生冲突时都有助拳的责任。

超越村寨之上的重要的地域认同单位则是乡镇。在地方上，乡镇所在地一般也是历史上形成的集镇，民众按照约定的日子来赶场或者赶集，买进卖出，互通有无；同时也会见朋友，商议事务，交换各种信息，完成包括嫁娶在内的重要的人生事务。故而，对于一个成年的乡民来说，他的社交圈基本上通过经常性的赶场行为得到拓展，在经年累月的交往互动中强化了本乡本土的意识。

至于超越乡镇之上的"县"的概念，对于民众的影响则相对弱化。从实际生活需要来说，大多数的民众在乡镇即可满足主要的生活需要，无须到县城；同时，县城对于乡民来说也是一个较为陌生的世界，熟人很少，甚至城里人连行为处事方式都有不同。就笔者观察而言，一般民众到乡镇办事，均是轻车熟路，随时成行，甚至无具体事务时也习惯于在赶场天到乡镇上玩耍、消闲；但是，如果民众要到县城办事，则必事先仔细筹划，尽量与人同行，请托熟人，显示出较为强烈的隔离感与陌生感。

近年来,随着打工潮的兴起,许多青壮年民众常年外出务工,一般是到广东、福建、浙江等沿海发达地区劳动密集型企业求职。民众多半是亲朋、老乡一起出门,在外好相互照应,所以本县乃至本省的人都逐渐形成了较强的认同意识,地域认同的范围较之传统社会有了相当大的拓展。

(二) 家族认同

在武陵地区,家族认同是民众普遍很重视的一种社会联系,甚至在相当程度上超过了亲戚特别是姻亲关系。民众在论及家族关系的重要性时,常常以之与亲戚关系对比,认为亲戚之间是"一代亲,二代表,三代认不到",还认为"亲不过三代,族是万万年"①。

民众观念中的家族一般是由一个可以明确追溯的男性祖先繁衍而来,其男性子孙都是亲兄弟或叔伯兄弟关系,随着代际的递增,血缘关系逐渐淡薄。一个家族之中,一般男丁在取名时,都严格遵循字派辈分,所以彼此之间的长幼尊卑关系非常明确,在日常生活中也依据字派辈分以"叔伯兄弟""爷孙子侄"等事实上或拟制的血缘关系称谓相称,内部严禁通婚。在村寨之中,同一家族成员一般聚族而居,守望相助,来往密切。当某一家庭有婚丧嫁娶、添丁进口等重大事务时,一般整个家族成员都会参加,出钱出力,共襄大事。当家族成员与外人发生冲突时,整个家族都要出动,为其后盾。

在调研过程中,课题组发现了一个很典型的案例,充分说明了家族意识在民众观念中的重要地位。在湘西永顺县,"七寨半彭家"是一个声名显赫的地域性家族组织,在过去,民众有什么纠纷,只要"七寨半彭家"的人出面,一般总能化解。

在永顺县双凤村,彭氏和田氏是村里的两大家族。据说,当初有彭姓两兄弟和一个田姓男子是结拜兄弟,三人来到双凤开基立业,繁衍至今。因为是结拜弟兄,所以村里彭、田二姓之间不能开亲,这个传统一

---

① 这是武陵地区民众经常说的两句俗语,前一句的意思是讲亲戚之间,第一代很亲热,第二代就是老表(指表兄弟姐妹)关系,要淡漠一些,到了第三代,甚至互不相认了;后一句是说亲戚的关系不超过三代,而家族关系则是千年万年长远的。

直得到遵守，一直到新中国成立以后，村里才有彭、田二姓开亲的案例，但也比较少见。在双凤村，彭姓人丁兴旺，而田氏则始终没有大的发展。随着子孙繁衍，人口不断增加，双凤村彭氏不断向周围发展，新建了七个同宗村寨，即沙湖、八吉、八科、新寨、利布、缓坡、少且，其中少且寨彭、田二姓各占一半，所以称为半寨。这几个彭氏村寨与双凤一起称为"七寨半彭家"，简称"七寨半"。

作为"七寨半"彭氏的发源地，双凤村是"七寨半"的核心，拥有无可置疑的权威性。摆手祭祀是土家族一项重要的文化传统，应在摆手堂举行。自古以来，"七寨半"彭氏只有一个摆手堂，一直建在双凤村，这也可以充分说明双凤村的核心地位。按照传统，每逢农历新年，自正月初三到正月十七，"七寨半"的人都要到双凤村摆手堂举行摆手祭祀，纪念先祖，成为县域内一大盛事。据村民介绍，从过去的寨老，到民国时期的保长、甲长，一概是由双凤彭氏担任的。

"七寨半"诸村寨形成了紧密的联系，家族意识十分强烈，荣损与共，在过去，在地方上基本上没有人敢于欺负"七寨半"的人。村民们常常自豪地说，直到现在，如果有什么纠纷，遇到强横之人，只要让对方去问问"七寨半"的人答不答应，一般都会把对方打压下去。

二　民族认同与国家认同

民族认同是在民族交往互动的过程中形成和维系的，正如费孝通先生所指出的："民族是一个具有共同生活方式的人们共同体，必须和'非我族类'的外人接触才发生民族的认同。"[①] 费老在论及斯大林民族定义中的"共同心理素质"要素时认为："所谓民族共同心理素质其实就是民族认同意识。"[②] 民族认同是个体对所属民族的承认意识与皈依情怀，具体表现为民族成员对本民族历史文化传统的认同与欣赏，对民族尊严与民族利益的维护。"民族认同是民族意识的基本构成，指的是社会成员对

[①] 费孝通主编：《中华民族多元一体格局》（修订本），中央民族大学出版社1999年版，第7页。

[②] 费孝通：《简述我的民族研究经历和思考》，《北京大学学报》（哲学社会科学版）1997年第2期。

自己民族归属的认知和感情依附。"① 国家认同则超越于民族认同之上，指的是一个国家的国民对于祖国的认同意识，是国家得以建立与发展的重要根基，它要求国民以祖国的利益为最高利益，坚定不移地维护国家的稳定与统一，坚决反对任何分裂国家的行径。

一般而言，在包括我国在内的统一多民族国家中，每一个人都具有民族成员和国家公民的双重身份，两者之间可能产生抵牾：如果过于强调国家属性，则民族属性可能受到压制，从而导致民族意识的反弹或抗争；如果过于强调民族属性，则有可能导致民族主义的泛滥，危害国家的稳定与统一。作为整体的国家与作为其组成部分的民族之间，由于所处立场不同，可能存在利益冲突，比如经济利益的分享、政治权益的角逐等等，这是民族认同与国家认同可能形成对立的根源。当然，国家认同与民族认同之间也绝非完全对立的关系，在现代国家当中，国家认同与民族认同是属于不同层次的认同，只要引导得当，两者是可以互补共生的。

在现代多民族国家，民族认同与国家认同的整合协调问题，是一个事关全局的根本问题，必须认真对待和妥善处理。特别是对我国而言，既具有悠久的多元民族文化传统，是一个典型的多民族国家，又是一个发展中的大国，正处于社会转型的关键阶段，国家认同与民族认同能否有效整合、协调共生，关系到国家的长治久安与民族复兴的伟业。国际著名政治学者白鲁恂（Lucian Pye）曾指出，传统国家在向现代国家转型的进程中存在六种危机，首要的、也是最基本的就是民族国家的认同危机②，勘为座右之铭，以示惕厉。

在调研过程中，课题组针对民众在民族认同与国家认同方面的情况作了专门的访谈，现将基本情况作简要介绍。

（一）民族认同

就当前的民族格局来看，土家族、苗族与汉族是武陵地区的三大主体民族，实际上，这种民族分类体系是自新中国成立以来，经由民族识

---

① 王希恩：《民族认同发生论》，《内蒙古社会科学》1995 年第 10 期。
② 复旦大学历史学系、复旦大学中外现代化进程研究中心编：《近代中国的国家形象与国家认同》，上海古籍出版社 2003 年版，第 127—128 页。

别才确立的。在地方上，有一种更具有历史性的人群分类体系对于民众的生活产生了深远的影响，即土家、苗家、客家的分类体系。前文述及，现今武陵地区土家族、苗族、汉族的先民自先秦时期就已经在本地区繁衍生息，至迟在唐宋时期，"土""苗"的称谓已经集中地出现在与武陵地区相关的文献之中，基本上专指后世的土家族与苗族；迄至清代，本地区方志之中已经经常性地把土家、苗家、客家或者土、苗、客并举，表明这已经是一种成熟而稳定的人群分类体系，与当今的土家族、苗族、汉族有着明确的对应关系（详见第二章）。

根据笔者的观察，目前在武陵地区，部分民众仍习惯于用土家、苗家、客家来区分人群，特别是对于60岁以上的年长者更是如此；同时，民众对于土家族、苗族、汉族的民族分类体系都比较熟悉。从总体上看来，对于武陵地区民众来说，以1949年新中国成立为标志，传统的以土家、苗家、客家为核心的人群分类体系逐步被以土家族、苗族、汉族为核心的民族分类体系取代，这个进程基本上是平稳发生的，两者之间并没有根本的冲突，其原因主要有以下两点。

第一，是历史民族格局的当代嬗变。在武陵地区，传统的土家、苗家与客家之间的区别主要在于文化方面，比如姓氏、民俗、文化传统、语言等等，而在新中国的民族识别工作中，文化因素是重点考量的标准：一群人是否一个民族，主要看该群体是否形成了独特的文化传统；一个人是否属于某一民族，主要看他是否具有该民族的文化特征。因此，在相当程度上，虽然土家族、苗族、汉族是在现代国家体系之中由国家确立的民族分类体系，但与具有悠久历史根基的以土家、苗家、客家为核心的人群分类体系一脉相承，以之为自身的历史文化根基，形成了内在逻辑的一致性。

第二，是新中国成立以来实施以"民族平等"为核心理念的民族政策以及大力推行民族教育的结果。新中国成立以来，我国实行了以民族区域自治制度为核心的民族管理体制，贯彻落实了民族平等的原则，其基本前提是必须明确公民的民族成分：公民从出生开始，到上学、就业、结婚等各个阶段，经由各种表格的填写、申报，持续地明确着自己的民族身份。更为关键的是，民族压迫与民族歧视在现实生活中基本消除，民族平等在法律上得到充分保障，对少数民族的优待，这些也使得民众无须隐瞒甚至乐于承认自己的少数民族身份。同时，在我国的国民教育中，民族知识不断得到普及，也强化了公民的民族身份意识。

在调查中，笔者发现，民众对于民族身份的认同具有相当强烈的利益诉求，如一位受访者所言：

> 现在都是民族，都是少数民族了。国家对少数民族还是有些照顾，主要是细娃读书，可以加点分。另外，像当干部的，要提拔了，这方面还有些优势。反正是少数民族没得坏处嘛！开个证明啦，找人帮个忙啦，都搞成少数民族了！（报道人：彭某，男，土家族，小学文化，1952年出生，捞车村人）

自新中国成立以来，国家长期执行的是对少数民族优待的政策，对于民族地区和少数民族群众有相当的优待[①]，使得"民族"身份与一定的利益联系起来，刺激了民众的民族认同。安东尼·史密斯（Anthony D. Smith）曾指出，认同的本质是实用的，"它们依赖于经济的基础并且仅为促使和增进物质利益而寻求政治的表达"[②]。在此，武陵地区民众的民族认同也体现出这一取向。这一点在相关研究成果中也可得到佐证，比如有学者指出，对白族的研究表明，湘西北的"勒墨"支系表现出"我非白族"的认同观，大理地区的部分白族群众则表现出"汉族祖源"的认同倾向，其目的都是改变自身的政治、经济地位，"而把民族认同作为获得政治权利和经济利益的一种工具"[③]。对武陵地区来凤县土家族的研究也表明，影响民族认同的主要因素是工具理性，民族身份被"作为获取利益的有效资源"[④]。21世纪以来，国家对于民族地区的扶持政策逐

---

① 湘西土家族苗族自治州民族事务委员会：《湘西土家族苗族自治州民族志》，湖南人民出版社1999年版，第352—361页。

② ［英］安东尼·史密斯：《民族主义：理论，意识形态，历史》，叶江译，上海人民出版社2006年版，第147页。

③ 王文光、张曙晖：《利益、权利与民族认同——对白族民族认同问题的民族学考察》，《思想战线》2009年第5期。

④ 唐胡浩：《当代土家族民族认同的维系因素剖析》，《中南民族大学学报》（人文社会科学版）2008年第3期。

渐从民族取向转向区域取向①，民族身份逐渐与特定的优惠政策脱钩，这使得民众的民族意识有所弱化，他们常说："现在不讲民族了，都是一样的！"十余年前，邱泽奇在武陵地区也观察到类似的现象，他指出在湘鄂西地区，如果"不考虑政府干预和政府动员，就很难感觉到'民族关系'"，"至于民族，在村民那里似乎只是政府的事情"②。

长期以来，在我国民族研究领域中，"实体论"的民族观占据着主导的地位，部分学者惯于把民族理解为一个内部同质、均衡分布的人们共同体，对于民族内部的异质性有所忽略。在武陵地区，笔者注意到同一民族内部还存在某种"共同体"意义上的分化，这是一种值得关注的现象。下面，笔者针对鄂西宣恩县小茅坡营村"真苗"与"挨苗"、"石"姓与"时"姓的现象作简要分析。

1. "真苗"与"挨苗" 在小茅坡营村，村民主要有五大姓氏，即龙、冯、石、孙、杨。从现在的户口统计来看，这五姓人基本上都是苗族身份，但在村中，一向有"真苗""挨苗"的说法，即冯、龙、石三姓自称"真苗"，意为真正的苗族，并把孙、杨二姓称为"挨苗"，认为孙氏、杨氏原本是汉族，因为长期与苗族一起生活，慢慢成为苗族。在村民的意识中，"真苗""挨苗"的区别是很明显的。首先，体现在聚落格局上，村民中的"真苗"即龙、冯、石三姓分别聚居在小茅坡营、下河、茶园三个自然村落，"挨苗"即孙、杨二姓则分别聚居在孙家湾、杨家界两个自然村落，居住格局的边界比较清晰，显示出某种程度的区隔。其次，据长者介绍，"真苗"和"挨苗"的区别还体现在风俗习惯方面。比如"真苗"人家一般不养家禽，特别是不养鸡，因为他们认为鸡是天上雷公的化身，为避免触犯雷公，所以传统上禁止养鸡，"挨苗"则没有这种禁忌；又如，"真苗"人家一般在火塘后面祭祀祖先，"挨苗"则在神龛上设立祖先牌位进行祭祀；再如，"真苗"人家除了与汉族一样过春节之外，还要过"苗年"，而"挨苗"则只与汉族一样过春节，等等。

---

① 比如，近年来得到政府和社会各界高度重视的精准扶贫工作，就没有以民族因素为区分标准，而是将所有贫困人口都纳入其中。

② 邱泽奇：《湘鄂西山居民族的社会与经济——土家族社区发展调查》，载马戎、潘乃谷、周星编《中国民族社区发展研究》，北京大学出版社2001年版，第143页。

2. "石"姓与"时"姓 在小茅坡营苗族中,石姓为一大姓。大多数石姓人家和村里的苗民一样要过苗年,就是从正月初一算起,逢"午"之日就是过苗年的日子。但是,据长者介绍,在小茅坡营村,有部分石姓苗族人家却是正月间逢"子"之日过苗年。其原因大致是这样的,据说过去有一户石姓人家,家中有两兄弟,关系比较紧张,经常争吵打斗。其父母不得已将两兄弟分立门户,并将次子改为"时"姓。分家之后,两兄弟绝不往来,甚至在过年习俗上也发生了分化。"石"家还是按照传统,正月间逢"午"之日过苗年,"时"家则改弦更张,逢"子"之日过苗年。此后,天长日久,石、时两家的矛盾逐渐缓和,时家便认祖归宗,改回石姓,但其逢"子"之日过苗年的习俗却流传至今。

事实上,武陵地区苗族向来以内部支系繁多著称,方志所载多有。比如,乾隆《乾州厅志》载曰:"楚、黔、蜀万山之交,皆苗也。种类不一,多莫可纪。竿子哨外之苗曰竿苗,以其接壤竿子也;又曰红苗,以其衣带皆尚红色也;又曰生苗,以其自古不通声教,且以别于熟苗也。"①"苗类甚多","有青、红、白、黑、花各种"。② 小茅坡营苗族这种民族内部的分化在相关文献中也有迹可查。比如,光绪《古丈坪厅志》载曰:"苗疆边墙旧址……三百余里,边墙以外者为生苗,在内者与民相错居住,或佃耕民地,纳赋当差,与内地民人无异,则为熟苗。"③"苗姓吴、龙、石、麻、廖五姓为真苗,其施、杨、彭、张、洪诸姓乃外民入赘,习其俗久,遂成族类。"④

近年来,学界的相关研究表明,民族认同除了必须以一定的客观民族特征为基础之外,它本身实际上包含了相当的主观认同的成分。小茅坡营苗族的例子在一定程度上说明了这一点。同时,在武陵地区,土家、苗家、客家之间的区分实则也是一个相对的概念,包含着主观建构的成分,如方志所载:"自其民视民籍,则民籍土也,客民客也。自民籍视客籍,客籍土而民籍客也。自土籍视客籍,客籍客而土籍土。……自苗籍

---

① (清)王玮纂修:《乾州厅志》卷3《艺文志·平苗序》,清乾隆四年(1739年),刻本。
② (清)王玮纂修:《乾州厅志》卷4《红苗风土志》,清乾隆四年(1739年),刻本。
③ (清)董鸿勋纂修:《古丈坪厅志》卷9《民族上》,清光绪三十三年(1907年),铅印本。
④ 同上。

视之,则皆客而自土。"① 在这样的历史语境中,所谓土家、苗家、客家的区分并非泾渭分明的,更像是一种连续谱的存在模式,可能恰好反映了武陵地区各民族混融共生的民族关系实际。

(二) 国家认同

在一个现代国家,牢固而坚强的国家认同是国家稳定和长治久安的基础,对于公民来说,则是其法定的义务。但是,国家认同的形成与维系并非自然发生的,在特定的历史与现实条件下,它可能受到挑战甚至破坏。

就本课题组调查所见,在武陵地区,民众的国家认同达到了高度一致,针对研究者的询问,没有一位受访者对自己的中国人归属有任何质疑。笔者甚至体会到,"中国人"的意识已经成为民众的一种集体无意识,"你认为自己是中国人吗?"对于民众来说根本就不是一个问题,他们的第一反应几乎都是:"我不是中国人是什么人?"或者"那当然是中国人了!"可以说,中国人的认同对于武陵地区民众来讲已经是自然而然的事情了,就像水之于鱼一样,日用而不所知了。

近年来,在国际敌对势力的支持与操控下,我国某些地区的民族分裂势力有所抬头,甚而比较嚣张,国家认同的引导与强化成为我国民族事务治理的核心目标之一。与之形成鲜明对比的是,对于武陵地区民众来说,国家认同根本就不成问题,中国和中国人的意识已经成为一种融入血液的天然情感。笔者认为,其原因主要在于武陵地区虽然历经羁縻制度、土司制度的治理,但一直与中央王朝保持着较为密切的联系,改土归流以后更是全面融入国家统一的治理体系之中;同时,在数千年的历史发展进程中,本地区民众反抗压迫的斗争虽然史不绝书,清代乾嘉苗民起义更是其高潮,但这些斗争从未以分裂中国、建立民族政权为目的。所以,自古以来,武陵地区民众对于国家一直有着较为忠诚的认同,近代以来,随着我国国家建设进程的加快与深化,民众的国家认同意识也不断深化,不断积淀,直至内化于心。

为了较为全面地了解武陵地区民众的认同体系,课题组设计了几个

---

① (清)董鸿勋纂修:《古丈坪厅志》卷10《民族下》,清光绪三十三年(1907年),铅印本。

关键问题，作了简要的问卷调查，结果如表4—7所示。

表4—7　　　　　　　　　　调查对象认同情况　　　　　　　　　　（单位:%）

您认为下列身份重要程度怎么样？				
	重要	一般	不重要	无所谓
中国人	100	0	0	0
民族	25.2	26.7	32.5	15.6
家族	92.3	7.7	0	0
本省人	5.6	10.2	34.9	49.3
本县人	29.8	38.6	10.7	20.9
本乡镇人	55.7	25.2	6.9	12.2
本村寨（社区）人	82.7	6.2	2.2	8.9

本节描述了武陵地区民众认同体系的基本状况，从整体上看来，它体现出如下特点：

第一，血缘性、地缘性认同仍然具有重要意义，国家认同与民族认同主导着认同体系的发展方向。在民众的日常生活中，血缘层面的家族认同与地缘层面的村寨认同具有久远的历史根基，对于民众的社会关系具有制约性的影响，至今犹然，显示出历史传统的强大生命力。近代以来，随着我国国家转型进程的深化，武陵地区迅猛地融入国家一体化进程之中，国家与国族主义成为民众普遍接受的认同理念；而新中国以民族区域自治制度为核心的民族管理体制的实施使得民族身份成为一种重要的社会身份，广为民众所接受。基于这两方面的原因，国家认同与民族认同主导着武陵地区民众认同体系的发展方向，构成了其核心内涵。

第二，不同层级的认同之间体现出多元共生、并行不悖的特点。研究表明，武陵地区民众的认同体系包含了血缘认同、地域认同、国家认同、民族认同等多层级的内容，而且不同取向、不同层级的认同之间互不相害，并行不悖，并没有出现部分研究者所指出的认同冲突问题，形成较为和谐的认同模式，体现出如费孝通先生所指出的"差序格局"的特质①。

第三，民族认同既具有相当的历史根基性，又体现出明显的工具性特征。学术界关于民族认同形成的根源问题大致有两种观点，其一是根基论，认为民族认同的形成与维系必须根植于历史文化根基之上，民族认同体现了一种原生性的情感；其二是工具论，认为民族认同具有情景化的特点，是民众表达利益诉求的工具性选择②。就武陵地区民众而言，其民族认同体现出根基性与工具性兼具的特点：一方面，当前以土家族、苗族、汉族为核心的民族分类体系是历史上形成的以土家、苗家、客家为核心的人群分类体系的延续，体现出深刻的历史根基性；另一方面，民族身份的确与一定的利益关联密切，民族认同表现出较为明显的工具性特质。

第四节 现代化场域中"民族"身份的意义

在汉语中，现代意义上的"民族"一词出现在19世纪30年代③，民族分类体系也是晚近社会发展的产物。但作为一种人们共同体，民族的存在却具有久远的历史。以武陵地区而言，当前本地区的三大主体民族——土家族、苗族、汉族——的先民自先秦时期就在此繁衍生息，先后以各种称谓见诸史籍，比如诸多的蛮、夷名号，至清代则形成了较为稳定的人群分类体系——土家、苗家、客家，土民、苗民、客民，或者土籍、苗籍、客籍。因此，可以认为，武陵地区民众的民族认同意识具有悠久的传统，民族身份在区域社会结构与社会关系中具有重要的意义。

社会是不断发展变迁的，民族共同体也会随着社会的变迁而进行调适。对于武陵地区民众来说，在传统社会中，民族身份具有重要的意义，是凝聚我族、区分他族的主要标志，是民族历史的重要载体，寄托着民众的血脉情感；同时，在区域性的资源分配与竞争体系之中，民族身份也是一种重要的象征符号，具有突出的工具性特征。在21世纪的今天，

---

① 费孝通：《乡土中国 生育制度》，北京大学出版社1998年版，第24页。
② 陈心林：《族群理论与中国的族群研究》，《青海民族研究》2006年第1期。
③ 郝时远：《中文"民族"一词源流考辨》，《民族研究》2004年第6期。

包括武陵地区在内的中国社会已经发生了巨大的变迁，现代化的进程迅速推进，在这个日新月异的时代，民族身份的意义发生了什么样的变迁，对于民族关系产生了什么样的影响，这是值得探讨的问题。

对于武陵地区而言，从城市到农村已经全方位地融入现代化的进程当中，只不过有程度不一、进程快慢的区别。笔者认为，要从整体上观察武陵地区的现代化发展进程，首先要看本地区城镇的发展状况，它代表着区域发展的水准与方向；其次要看本地区农村的发展状况，它代表着区域发展的基础，对于农村而言，近二三十年来，其融入现代化进程的主要桥梁是大量的农民外出务工。因此，在本节中，笔者主要从城市社区和农民打工潮两个角度出发，探讨现代化场域中武陵地区民众民族身份意义的变化，及其对于民族关系的影响。

一 "土苗出山"：打工潮中"民族"身份的骄傲与迷思

改革开放以来，随着社会主义市场经济体制的逐步建立与完善，以及政府在管理体制改革方面的深入推进，比如户籍制度的逐渐放开，我国农村出现了大规模的外出务工潮流，已经成为一种引人注目的社会现象，并且持续数十年而不衰减[①]。

武陵地区也概莫能外。近二十年来，笔者一直在武陵地区进行调查研究，深切地感受到打工潮在本地的兴起。在此，笔者以一个本人自2000年以来一直在持续关注的土家族村寨为例作简要的描述。

在武陵地区的湘西土家族苗族自治州龙山县县域南部，酉水的支流洗车河蜿蜒南下，苗市镇就位于洗车河畔，拉西峒村是苗市镇所属民主村的一个自然村落。2000年，笔者以拉西峒村为主要的田野调查点完成了民族学硕士学位论文的调查工作，在此进行过大约两个月的民族学田野调查。拉西峒村是一个典型的土家族村落，村民以向、尚二姓为主，均是湘西土家族中的大姓；土家语在村落生活中还有较好的保留，当时但凡60岁以上的长者在日常生活中都习惯于用土家语交流；该村尚氏梯

---

① 农民工的数量如此巨大，且日益形成一个相对稳定的群体，以至于有学者把城市农民工与城市居民、农村居民并置，称之为"中国社会的第三元"。见甘满堂《城市农民工与转型期中国社会的三元结构》，《福州大学学报》（哲学社会科学版）2001年第4期。

玛坛门是龙山县著名的老坛门，声誉素著。

在2000年，全村有432人，其中"有82人在外打工，多的一年约寄回三四千元，多数没成家的没有钱寄回"①。其时，大部分的村民还生活在村中，村落生活也比较热闹。当时，村民外出务工的意识已经比较强烈，对此笔者印象最深的有两点：其一，在村中，传统民居为木头材质的板房，间或有几栋砖混结构的房子，村民称之为"洋房子"，当时凡是有能力起洋房子的，其经济来源主要都是在外务工所得。其二，还梯玛愿在传统土家族社会生活中是一件大事，一般是为保佑家人、祈福禳灾许下愿望，如愿以偿之后请梯玛举行法事仪式还愿。2000年农历八月十三日到十五日，村民程流兴为其孙子程盼举行了一场还梯玛愿。本来，程盼的父亲程永前应该在家操持还愿事务，但他因担心影响在外面的工作，6月就出门打工了。此次主持法事仪式的尚心文梯玛本来同程家商定准备10月举行法事，但程盼的母亲尚凤平也急于出门打工，所以提前到农历八月②。

2016年5月27日，笔者带着研究生再次来到拉西峒村，依旧联系了当年的房东彭成，当时他是村支书，现在是村主任。刚进村一会儿，笔者明显感到村中人气不足。据彭成介绍，现在村里常住人口只有100人左右，基本上以老年人为主，青壮年都出外打工了，小孩子也都在镇上或者县里上学。彭成家的小卖部也关门了，他说，村里现在都是些老年人，舍不得花钱，几乎不买东西，小卖部没有生意。笔者又再次拜访尚心文梯玛，家里只有他一个人。本来尚心文有两个儿子，四个孙子孙女，老伴健在，是一个十余口人的大家庭，现在儿子媳妇都在外打工，还在龙山县城买了房子，孙子孙女都在城里上学，老伴在城里照顾他们，平日只有他一个人在老家生活。2000年笔者访谈尚心文时，在谈及梯玛坛门的传承问题时，他希望长孙田冲能继承其衣钵，但这次老人说，田冲不愿意学梯玛，已经在外面打了几年工了。总之，从目前的情况来看，打

---

① 陈心林：《土家族民间信仰的变迁——以拉西峒村为个案》，《涪陵师范学院学报》2002年第3期。

② 陈心林：《土家族梯玛信仰研究——以拉西峒村为个案》，《中南民族学院学报》（人文社会科学版）2001年第5期。

工潮对村落社会造成了全方位、巨大的冲击,如彭成所说:"再过几年,我们这个村子怕就要消失了!"

拉西峒村可以说是近三十年来武陵地区农村社会变迁的一个缩影。在课题调研过程中,农民大规模地外出务工是一种相当普遍的现象,在作为调查点的村寨中,青壮年农民除了读书、升学、当兵之外,由于农业比较效益的低下,大多数走上了外出务工的道路,往往是亲戚连亲戚,朋友带朋友,呈现明显的家族化、老乡化的趋势;而且,由于本地就业市场的欠发达,民众主要是到沿海发达地区务工。一些有一技之长的人往往能获得相对较高的报酬,在具备条件之后,往往搬离村寨,到镇上甚至县上买房居住。大多数的农民工呈现明显的候鸟式迁移特征:逢年过节或者家中有重要事情时返回家中,平时则在城镇里务工。

这种大规模、长时间的外出务工极大地拓展了武陵地区民众的交往范围,增进了不同民族之间的交流与交融。在新的交往场域中,传统的民族格局与民族关系面临着新的挑战,民众对民族身份的意义也有了新的认识,下面结合典型的案例作初步的阐述。

(一)民族身份的骄傲

自新中国成立以来,我国的民族治理政策整体的取向是对少数民族的优待,这种优待既体现在经济利益的倾斜方面,也体现在政策红利与政治待遇的优先安排上。因此,在相当程度上,民族身份成为获得资源的工具,成为一种值得骄傲的象征符号。

在武陵地区,一些民众在外出务工的过程中,他们的少数民族身份也给他们带来一些便利甚至"特权",使他们产生了一定的民族自豪感。下面这则报道材料具有代表性:

> 现在,我们这里年轻人都是出门打工,去"杀广"(方言"杀广"意为"到广东一带打工",类似的,民众也说"杀浙江""杀福建"等)。现在政策好,对少数民族还有些好处,汉族就没得。像我吧,在中山的电子厂,厂里对我们苗族还有些关照,中山市、广东省的政府部门,好像是民委部门吧,还组织到我们厂里调查,我们厂子大嘛,几万人!他们还帮我们解决困难,像拖欠工资啦,租房子啦,小娃读书也可以找他们的!过节的时候,四月八,苗族的节

日,还给我们加餐,这些个汉族就没有!那些人还给我们联系卡,上面有电话,有地址,让有困难找他们去。这就蛮好哈,照顾我们嘛,照顾苗族人。(报道人:石某,男,苗族,初中文化,1969年出生,薅菜村人)

那在外头,广东、福建那里,好像对民族还重视一些。这个我晓得的,在那些个地方,你要办个什么事,像找工作啦,办个执照啦,有什么困难啦,别人一看你是少数民族,土家族,那就比较重视了,有专门的人负责的,一般都帮忙办好。那真的是少数民族了,好像看得甘贵一些。反而在我们这里,在湘西,大家都是民族,都是少数民族,就一样的,就没得什么优待了,该哪门办就哪门办。(报道人:彭某,男,土家族,小学文化,1960年出生,双凤村人)

上述报道材料实际上反映了近年来政府对民族工作的高度重视,以及服务意识的强化。在这样的氛围之中,原本对于民众来说习以为常的民族身份就具有了特殊的重要意义,成为一种宝贵的社会资源。当然,这也会在一定程度上激发与强化民众的民族认同意识。

(二)民族身份的迷思

无可否认的是,现代社会一个总体的发展趋势是一体化,从物质消费到精神生活都在一定程度上体现出这种特点,主流文化成为典范与圭臬。在此背景之下,少数民族因其独特的文化传统、特殊的生活方式常常被认为是一种异质性的存在,尽管这种"异质性"常常是想象或者建构的,但在社会结构中,少数民族却常常因此被置于边缘地位。同时,就我国的社会发展实际来看,尽管民族平等在法律上已经得到充分的保障,但民族间事实上的平等还没有完全实现,民族歧视仍然以各种形式程度不一地存在,危害着民族关系的良性发展。

对于武陵地区民众而言,他们在长期的外出务工过程当中,也在一定程度上因为自身的少数民族身份遭遇到或显或隐的民族歧视。在调研过程中,一些民众都反映了他们的此类遭遇,下面的材料较为典型:

我出门早,初中一混完,就打工去了,先到广东,后来浙江、安徽都去过。你说的歧视少数民族，我就碰到过。有一回，过完年，好像是 2009 年吧，我到广东，到东莞打工，碰到一个厂里招工人，待遇呀各方面还可以，就去面试，开始也蛮顺利，要录用了，一看我的身份证，是土家族。那个负责人就和他里边的人商量，商量半天，说岗位满了。我就又到别处找工作，又这么地搞了几回！我就觉得有问题，一问我们老乡，才晓得，那是厂子里人不了解土家族，不了解少数民族，怕我们不好管理，怕我们闹事，专门不要我们的。后来，我就和别人讲，保证服从管理，讲好话啊，才进了厂子的。（报道人：田某，男，土家族，初中文化，1971 年出生，舍米湖村人）

综合分析民众反映的这类材料，其基本内容都是外面的用工方由于不了解土家族、苗族等少数民族的风俗习惯，或认为少数民族不便于管理，在某种程度上形成了对少数民族民众的区别对待甚至群体歧视。在这种语境中，民族身份成为一种负面的群体标签，导致了显性或者隐性的歧视。

伴随着打工的热潮，武陵地区民众走出大山，被置于一个全新的现代化的社会场域之中，民众除了遭遇到如上所述的某种程度上的群体歧视之外，还产生了另外一种类型的、负面的民族认同，如下面的报道人所述：

我九几年就出门打工，跑了蛮多地方，也见过蛮多人。过细想一下呢，觉得我们这些少数民族，苗族，好像确实不如广东那些地方的人，那硬是好像笨一点，只晓得卖力气，就不像别个，办厂子啦，学技术啦，没得别个会搞！好像生成了的，天生就要笨一些。也好像没得别人勤快，怕吃苦，哪个老板不是艰苦奋斗搞起来的！我们就不行，有点困难就跑回来了！这也比不上别个。（报道人：龙某，男，苗族，初中文化，1977 年出生，小茅坡营村人）

那把外头那些地方看了，像广东啦，浙江啦，我们这些地方就没得个搞头，好像穷山恶水一样了。你看嘛，交通不便嘛，不好发展嘛。这是没得法的，地方不好。（报道人：张某，男，土家族，小学文化，1960 年出生，八龙村人）

类似的观点在调研过程中经常可以听到，反映了武陵地区民众在与外部世界的交往过程中，由于深切地感受到家乡与外部世界在发展程度上的巨大差距，产生了一定的民族自卑意识，反映了处于边缘地位的各族民众对于自我的负面认同。

二 "相忘于江湖"：城市社区中"民族"身份的大隐于市

武陵地区自古以来就是一个多民族共生共存、交往交融的区域，在长期的历史发展进程中，各民族形成了各具特色的悠久的文化传统，构成了民族认同的根基。时至今日，在本地区的广大农村，以土家族与苗族为主体的少数民族仍然较好地保存着本民族的民族文化，在时代的变迁中传承着民族社会历史的基因，各民族的民族认同意识仍然比较强烈，对于民族身份有着较为明晰的认识。

在武陵地区的城镇，自改革开放以来，一直以较快的速度融入国家现代化的进程之中，特别是自21世纪以来，随着以西部大开发和武陵山片区区域发展与扶贫攻坚规划的实施与深度推进，本地区的城镇以前所未有的广度与深度实现了跨越式发展，成为区域发展的龙头。当前，在武陵地区，比较而言，城市社区相对于农村在经济、文化、社会结构、社会关系等方面已经有了结构性的巨变，代表着区域现代化的最高水准。在城市社区这样一个"高度"现代化的场域之中，民族身份的意义是否随着社会的变迁发生着改变，对于民族关系有什么影响，是值得进一步探讨的议题。

学界一般认为，城市化对于民族关系的影响主要表现在两个方面：一方面，伴随着城市化进程的推进，民族之间的交往更加深入、频繁，各民族相互嵌入的发展模式不断发展，有效地促进了民族之间的交流、交融，民族之间的共性不断增多，有利于民族关系的和谐发展；另一方面，随着民族之间交往频次的增加，由于经济社会发展水平、文化传统、民族意识与民族心理的差异，以及历史上不平等民族格局的影响，民族之间的摩擦甚至冲突时有发生，各民族民众对于城市社会中管理体制的不适应问题也日益凸显，凡此种种都可能导致民族冲突，破坏社会稳定，影响民族关系的良性运行。

在本课题研究过程中，我们专门选择了恩施市栖凤桥社区、吉首市峒河社区、黔江区水井湾社区、铜仁市西门社区等四个城市社区作为调查点，就城市社区中民族关系的基本状况作了简要调查。

调查表明，从整体上来看，在上述城市社区中，民众的民族意识已经相当淡薄，民族身份与公民身份能和谐共生，而且公民身份占据了主导的地位。在绝大多数的情况下，民众是以市民的身份在日常生活中过着平凡普通的生活，民族身份对于正常的生活没有什么影响。下面的报道材料最为典型：

> 你问我是什么民族？那要看身份证，才搞得准确，身份证上写得清楚。你问这个搞么事？这个记起没得用嘛！那要看身份证。那我们这里的（人）都是土家族、苗族吧，是自治州嘛，土家族苗族自治州。我们老百姓，自己过自己的生活，是什么民族关系不大，都是中国人嘛！就好比我去买东西，价钱合适，我就愿买，你就愿卖，哪管你是什么民族？我们到政府办事，有什么事就办什么事，他也不得管你什么民族，条件不够格，什么民族也办不了！（报道人：谭某，男，土家族，初中文化，1966 年出生，栖凤桥社区人）

> 那平时都不觉得，人都是一样的，土家族啦，苗族啦，还有什么侗族、布依族啦，多得很！在城里都是一样的。这个你看得到的，吃饭啦，穿衣啦，你看这些人有什么区别？在乡里，像山里头，那可能还是有些区别，各是各的风俗习惯，在城里没有不同，都是一样的。像我是苗族，你是汉族，没得什么不同嘛，就是讲话不同，口音不一样。这个跟你说实话，我们平时也没有想到什么民族不民族的，干什么都要讲道理，天下道理是一样的嘛！都要讲法律，法律是一样的嘛！（报道人：石某，男，苗族，高中文化，1972 年出生，西门社区人）

> 我们这里有什么民族特色？你哪个问这些呢？那我怕你找错地方了，你要到秀山，到酉阳，那里的人喜欢搞这些，摆手舞啦，吊脚楼啦，我去玩过，还可以。我们这里没得那些东西。我们也是少数民族，土家族，苗族，都有，像我就是土家族，为那样是土家族？身份证上有嘛，这个我记得清楚，不会错的。那一定要说我们的民

族特色，我认为坝坝舞可以算（方言"坝坝舞"指"广场舞"），我不跳，我爱人喜欢跳，不下雨就要跳，他们还有队伍，有服装，花花绿绿的，这些个可能是少数民族的。现在都一样了，外头也跳坝坝舞嘛，就是广场舞，广场舞大妈，出了名的嘛！（报道人：曾某，男，土家族，初中文化，1968年出生，水井湾社区人）

在调查过程中，笔者经常听到民众类似的讲述，归纳起来看，这些材料反映了武陵地区中城市社区民族关系的如下特点：第一，民众的民族意识比较淡薄，而国家认同与公民意识相当强烈[1]；第二，民族身份因素在民众的日常生活中不具有显著的意义，对于民众的社会关系没有制约性的影响[2]；第三，在社会交往中，民众已经形成了比较强烈的法律意识，社会关系在相当程度上实现了对民族因素的脱敏；第四，各族群众能和谐相处，在社会结构与社会关系中没有表现出基于民族身份的认同与区分。

在本课题的研究过程中，笔者深切地体会到，在武陵地区的城市社区中，在相当的程度上，民族身份与民族意识已经自然地融入公民身份与国家认同之中，民族关系在社会关系中不具有敏感性与特殊性，这是民族关系和谐发展的重要体现，是民族团结向更深层次与更高水平发展的结果。在笔者看来，形成这种可喜局面的原因主要在于如下几个方面。

第一，各民族之间民族文化的交融与趋同，构成了民族交融的文化基础。一般而言，民族认同与民族意识的核心在于对共同文化传统的认同与传承。在城市社区中，由于居住空间的压缩，以及相较于农村社区民族聚落之间自然地理边界如河流、山脉、林地的缺位，各民族之间必须在频繁的互动之中进行工作与生活，因为文化传统的差异而导致紧张与冲突的可能性大为增加。前文述及，在武陵地区，区域之间、民族之

---

[1] 这一点与有些研究案例形成了鲜明对比，比如有学者对兰州市城市民族关系的研究表明："许多少数民族人员为了使民族内部的联系以及民族的凝聚力得到增强，组织了社团以及联谊会。他们对自我的保护和认识都是显而易见的，因此其民族意识也就相对强烈，具有敏感性、易触发性的特点。"见马梅英《城市民族关系浅论》，《长江大学学报》（社会科学版）2013年第7期。

[2] 这一点也与有些学者的看法不同，比如马戎指出："在今天的中国社会特别是多民族混居地区，人们最看重的身份是'民族'。"见马戎《关于中国民族问题的问答与讨论》，《青海民族研究》2014年第1期。

间的文化交流一直伴随着本地区民族关系的发展历程,在清代改土归流以后,国家层面上的主流文化以空前的广度与深度传入武陵地区,极大地促进了本地区民族文化融入主流文化的进程,在中华民国以及中华人民共和国时期,这一进程又逐渐被推进到新的高度,从宗教信仰体系,到民风民俗,民族之间的共同性与日俱增,影响无处不在(详见第二章、第三章)。对于民众而言,最直观的感受就是"人都是一样的",民族身份已经颇有大隐于市的意味了。

第二,居住格局的交错混居,促进了不同民族个体之间的相互了解,推动了民族融合。近年来,在民族学、社会学等相关学科关于民族关系的研究中,居住格局受到相当程度的重视。简要说来,研究居住格局就是看在多民族社区中,居民在居住模式的选择上是否存在民族身份因素的考虑,是否形成了较为严格的本民族聚居、排斥他民族的状况,是否形成了民族之间在居住模式方面的隔离。一般而言,如果在居住格局方面形成了制度化的民族区隔,则表明相关民族之间形成了一定程度上的戒备与对峙,极不利于民族之间的互动与交流,会严重阻碍民族关系的良性发展;反之,"较高程度的民族混居体现了良好的民族关系"[1]。在调查中我们发现,武陵地区城市社区中的民众对于自己的邻居没有民族身份方面的偏好,通常只是以一般的社会文明标准与居住条件来选择居所;就实际的居住格局来看,实现了交错混居。这样,虽然各族民众在日常生活中不以"民族"身份为念,但事实上进行着频繁的族际交流与互动,潜移默化地促进了民族之间的交流与交融,促进了民族关系的深层次发展。近年来,党和政府关于民族工作的一个重要理念是积极引导、建立民族互嵌型社区。2014 年 5 月 26 日,中共中央明确提出"建立各民族相互嵌入的社会结构和社区环境,促进各民族交往交流交融,巩固平等、团结、互助、和谐的社会主义民族关系"。[2] 随后,习近平主席在第二次中央新疆工作座谈会上再次强调要"推动建立各民族相互嵌入式的社会

---

[1] 马戎、潘乃谷:《居住形式、社会交往与蒙汉民族关系——从赤峰调查看影响民族关系的因素》,《中国社会科学》1989 年第 3 期。

[2] 《中共中央政治局召开会议研究进一步推进新疆社会稳定和长治久安工作》,《人民日报》2014 年 5 月 27 日。

结构和社区环境"①。2014 年 9 月，中央民族工作会议暨国务院第六次全国民族团结进步表彰大会在北京胜利召开，会议指出"推动建立相互嵌入的社会结构和社区环境"，这已经成为全局性的民族工作方针②。笔者认为，从实际情况来看，本课题调研的城市社区已经自然而然地在向民族互嵌型社区发展，十分有利于民族关系的和谐发展。

第三，城市社会管理工作的法制化与规范化，弱化了民族身份的敏感性，强化了民族融合的社会治理基础。在调查中，各城市社区街道办事处、居民委员会干部在谈及社区管理与服务工作时，相当一致地把依法管理作为核心理念，在尊重各民族风俗习惯的前提之下，强调依法治理，不搞特殊化。同时，当前国家对于城市社区与农村一样，也采取了只予不取的政策取向，实施了多种惠民项目，比如公租房、困难救济、低保等，在实施这些项目的时候，社区管理部门完全按照国家的政策标准执行，并特别重视公开透明，将其置于群众的有效监督之下，除非有政策依据，民族因素对于各种利益的获得没有影响，这也极大地淡化了民众的民族身份意识。

在调查过程中，课题组专门就城市社区中民众对于民族身份的态度作了简单的问卷调查，结果如下（见表4—8）：

表4—8　　　　调查对象（城市居民）对于民族身份的态度　　　　（单位:%）

问题 1：您是否介意与其他民族的人成为邻居？		
介意	有一些介意	不介意
0	0	100
问题 2：您的邻居中有其他民族的人吗？		
有	没有	不清楚
43.1	0	56.9

---

① 《习近平在第二次中央新疆工作座谈会上强调坚持依法治疆团结稳疆长期建疆团结各族人民建设社会主义新疆》，《人民日报》2014 年 5 月 30 日。
② 《中央民族工作会议暨国务院第六次全国民族团结进步表彰大会在北京举行》，《人民日报》2014 年 9 月 29 日。

续表

问题3：您认为民族身份对于您的生活有影响吗？		
有	有一些	没有
0	0	100
问题4：您认为在日常生活中不同民族之间有区别吗？		
有	有一些	没有
0	0	100

本章小结

本章主要以语言使用、通婚范围、群体印象、认同体系等几个方面作为切入点，从社会交往层面考察了武陵地区民族关系的发展进程。从整体上来看，在社会交往层面，本地区民族关系中"区隔"的因素在逐渐消融，"交融"的因素在逐步占据主导地位。

受到历史上不平等的民族格局以及各民族文化传统中民族偏见与民族歧视因素的影响，武陵地区民族关系格局中形成了一定程度的隔阂，阻碍了民族之间的交往交融。随着社会的发展变迁，这种民族隔阂在实际的社会生活中已经消除；民族身份对于民众的生活已经不具有显著的影响，社会关系已经基本实现了对于"民族"因素的脱敏。

难能可贵的是，民族关系的这种变迁是随着时代社会的发展而自然发生的，并非人为干预的结果，这在更深层次上促进了民族之间的交往交融，推动了民族关系的和谐发展。

同时，民众的民族认同体现出根基性与工具性兼具的特点：一方面，当前以土家族、苗族、汉族为核心的民族分类体系是历史上形成的以土家、苗家、客家为核心的人群分类体系的延续，体现出深刻的历史根基性；另一方面，民族身份的确与一定的利益关联密切，民族认同表现出较为明显的工具性特质。

结　　语

在前文中，笔者依据相关文献，结合实地调查材料，以武陵地区三大主体民族——土家、苗族、汉族——之间的交往互动关系为主线，对本地区的民族格局与民族关系作了初步的梳理与探讨。

就研究取向而言，本书对于民族关系的考察侧重于民族学的视角。笔者认为，民众是民族关系的主体，正是在民众日常的饮食起居、婚丧嫁娶、歌哭行止之中，民族关系得以发生、发展。在本研究中，笔者特别注重对于民众日常生活与民族文化细节的调查，旨在通过对民族文化的"深描"（thick description）展现民众在日常生活中的交往互动，呈现出民族关系运行的内在逻辑；注重从民众的主位立场出发理解民族身份、民族认同的意蕴。

作为课题研究成果的小结，结语部分对本书的核心内容作了简要的归纳与必要的申述，或可为相关研究提供一些参考。

一　武陵地区民族关系发展的历史进程

从整体上看来，武陵地区自古就是一个多种民族共生共存的区域，民族之间的交往、交流与交融绵延不绝，不同民族之间或者同一民族内部不同支系之间的整合与分化从未断绝。

先秦时期，诸多民族在武陵地区逐鹿博弈，大小不一，种类繁多，廪君巴人、三苗民族、盘瓠蛮夷是其中最主要的民族群体。

自秦汉至隋代，诸"蛮""夷""獽狿蛮寳""獠""莫徭"之属遍布武陵地区，民族关系进一步发展：一方面，民族交往日益密切，民族融合更加深化；另一方面，民族边界逐渐明晰，民族特征日益突出，民族内部的分化也已然出现。

迄至唐宋，"土""苗"两大群体逐步发展成为武陵地区最主要的民族共同体，奠定了现今本地区民族关系的基本格局；同时，少数民族与汉族、武陵地区与外部之间的互动交流规模不断扩大，程度愈益深化。

元明清三代，武陵地区三大主体民族土家族、苗族、汉族的民族特征日益彰显，民族边界日益固化，在一定程度上，三者之间形成了不平等的民族格局；同时，以儒家礼仪制度为核心的汉文化以空前的深度与广度影响着本地区的社会发展进程，自然同化是民族关系的主流，也存在相当程度的强制同化。

自秦汉至明清，从总体上看来，本地区没有形成"分裂"因素滋生的土壤，武陵地区各民族对于中央政府有着比较忠诚的认同，有明一代，土家族土兵的大举抗倭是其典范。同时必须正视的是，在数千年封建专制体制之下，武陵地区各民族的反抗斗争一直史不绝书，清代的乾嘉苗民起义可谓是其顶峰。

中华民国的建立结束了数千年的封建帝制，标志着我国现代国家转型历史进程的正式启动，武陵地区的民族关系与民族格局也因之发生了结构性的转变：一方面，在近代"民族—国家"理念的主导下，国家与国族的观念以相当大的程度得到普及，日益深入人心；另一方面，各民族的民族意识在多种因素的作用下也得到不断的凝聚与强化，各民族共同体与民国政府民族政策与治理体制之间的张力也持续累积，民族压迫与民族歧视的顽疾并未消除。

中华人民共和国的建立为中华民族的发展掀开了历史性的篇章，武陵地区的民族关系迎来了前所未有的发展机遇，有两项核心的工作对于本地区民族关系的发展产生了决定性的影响：民族识别与民族区域自治的实行。在武陵地区长期的历史发展进程中，"土家"与"苗家"作为本地区两大人民共同体一直共同繁衍生息于此，经由新中国的民族识别工作，原本模糊的群体特征逐渐清晰乃至定型，原本飘移可变的群体边界逐渐固化，两者分别成为土家族和苗族，从而在中华人民共和国的民族治理体制之内拥有了法定的身份与地位，数千年民族压迫背景之下土与苗的关系，革命性地转型为新时期民族平等原则之下土家族与苗族的关系；进而，以土家族和苗族为主体的民族区域自治制度在本地区逐步建立，从而确立了新时期武陵地区民族关系与民族格局的基本框架。

综观武陵地区民族关系发展的历史进程,笔者认为,有三个方面的因素对其具有制约性的影响。

(一) 中央王朝的治理政策:武陵地区民族关系发展的枢纽

先秦时期,诸侯争霸,竞相逐鹿,中国还没有形成大一统的格局。此时,武陵地区虽僻处西南,却并没有遗世独立,在相当长的时间内成为当时的两大霸主——秦与楚——角力争锋的场域。秦楚两国势力的消长基本上左右着武陵地区民族关系的发展态势。

自秦始皇统一中国,历代中央王朝的治理政策便成为影响武陵地区民族关系发展的枢纽。秦汉王朝对于武陵地区基本采取"以其故俗治"的羁縻怀柔政策,至唐宋时期则发展成为正式的羁縻州县制度。元代的土官制度发展到明代,成为相当完备的土司制度,武陵地区正处于其核心地带,本地区与中央政府的关系虽然仍属于羁縻之道,但已经更为紧密而体制化;清代改土归流以后,武陵地区被直接纳入中央王朝的统治体制之中,再非"化外"之地。自中华民国以后,从早期的"五族共和"到后期"中华民族"与"宗族"的并置,国族主义在武陵地区逐渐占据主流,中华民族认同日益深入人心;同时,在国族主义大纛之下由政府推进的"文化革命"所导致的民族歧视与民族压迫已相当严重,对于武陵地区民族关系的负面影响也是相当长远的。中华人民共和国成立以来,以民族识别和民族区域自治制度为核心的民族治理体制确立了新时期武陵地区各民族交往互动的制度框架。

因此,就笔者浅见,自秦汉至当代,尽管朝代屡有更迭,甚至包括社会发展阶段的根本转型,但中央政府的民族治理政策对于武陵地区民族关系的发展一直起着决定性的作用,堪称枢纽。

(二) 人口流动:武陵地区民族关系发展的桥梁

武陵地区山川险阻,但并非与世隔绝。本地区与外部世界一直存在持续的人口流动,越是晚近,流动的机制越成熟,规模越大。

早在先秦时期,武陵地区的廪君巴人和三苗民族的一部分就与华夏集团及后起的秦、楚等民族群体发生了频繁而深入的族际交往。自秦汉以下,汉人经由各种途径进入武陵地区,如仕宦、商贸、屯戍、征讨、移民等;本地区各民族也经由一定的渠道进入内地,如反抗斗争失败之后被移徙安置、听从中央征调进入内地以及仕宦游学等。近代以来,随着国家一体化进程的不断深化，武陵地区融入全国发展格局的步伐也不断加快，地理障碍逐渐克服，制度壁垒日益消解，本地区与外部的人口流动达到前所未有的水准。

持续的族际人口流动推动了民族关系的发展，形成了现今武陵地区以土家族、苗族、汉族为主，各民族大杂居、小聚居的民族格局。

（三）文化交流：武陵地区民族关系发展的纽带

伴随着持续的族际人口流动，武陵地区与外部的文化交流也从未停止，有效地促进了民族融合，为本地区民族关系的良性运行奠定了文化根基。

自秦汉以来，中央政府对于武陵地区的治理就重视招徕远人，兴办学校，以文化之。唐宋羁縻州县制度特别是元明清土司制度在武陵地区实施以后，以儒家伦理为核心的汉文化在本地区传播的广度与深度都是前所未有的，特别是中央政府为强化国家统治的文化基础，制度化、大规模地推行儒学教育，武陵地区的教育体系随之发生了结构性的转型。清代改土归流以后，流官政府基于巩固统治的考虑，在武陵地区进行强制的移风易俗，导致了相当程度的强制同化。中华民国以后，国民教育在武陵地区迅速普及，主流文化以强劲的态势进入民族社会生活的各个层面，表现出鲜明的大汉族主义的倾向，导致了一定程度的文化歧视与压迫。中华人民共和国成立以后，马克思主义民族理论与政策成为国家处理民族事务的理论基石，民族平等原则成为民族工作的圭臬，一方面，新时代的国家主流文化在武陵地区也成为主流，深入人心；另一方面，本地区各民族的优秀文化传统也迎来历史性的发展机遇，得到大力弘扬，形成百花齐放的可喜局面。

概而言之，就文化交流而言，自秦汉至民国，以儒家伦理为核心的汉文化在武陵地区的传播逐渐扩大与深化，其社会历史意义是双重的：一方面，它强化了中央政府统治的文化基础，有效地推动了武陵地区融入国家一体化的进程，促进了民族间的交流与融合；另一方面，这种文化交流又带有突出的汉文化中心主义的特征，是单向度和不平等的，在特定时期还出现了比较严重的强制同化的问题，加剧了民族文化的消亡，导致了民族间的对立与隔阂，破坏了民族关系的良性运行。中华人民共和国成立以来，随着民族平等原则的确立与真正落实，中华民族文化与多元民族文化理念成为武陵地区文化发展两条并行不悖的主线，有效地推动了本地区的文化建设与文化繁荣，极大地促进了民族关系的健康发展，开创了武陵地区民族关系发展的崭新格局。

二　武陵地区民族关系的现实状况

作为一种重要的社会关系，民族关系的发生与发展必然受到一定的社会历史条件的制约，正如马克思所指出的："人们自己创造着自己的历史"，但"他们并不是随心所欲地创造。"[①] 武陵地区民族关系的发展既受到历史上形成的民族格局与民族关系的影响，也受到现实社会发展变迁的制约。

就当前武陵地区的民族关系而言，在政治层面上，统一的国家政治体制和民族区域自治制度构成了区域内民族社会政治制度的核心与基础，各族人民对于中国、中华民族以及中国共产党的领导形成了高度统一、坚如磐石的认同；在经济层面上，随着社会主义市场经济体制的不断推进与逐步深化，随着武陵地区融入国家发展整体格局的步伐越来越快，各民族的经济生活也迅速汇入国家经济发展的主流之中，其核心诉求就是加快发展；在文化层面上，民族文化的交流融合是主流，构成了民族关系和谐发展的深厚根基；在社会交往层面上，法律意识与公民意识居于主导地位，民族身份意识相对薄弱，社会关系在相当程度上实现了对于"民族"因素的脱敏。

就政治层面与经济层面而言，武陵地区的民族关系体现出与国家和社会发展主流的高度契合，共相远多于殊相。故而，本书在考察武陵地区民族关系的现实状况时，主要是在民族文化层面和社会交往层面进行的，以展现本地区民族关系的多元面相。

（一）民族文化层面：深层次的交流融合构成了民族关系和谐发展的文化根基

武陵地区民族文化的交流交融具有深厚的历史文化底蕴，展现出一种和谐共生的民族关系模式。就其主流来看，武陵地区各民族间的文化交流是一种以主流文化为旨归的民族文化的自然同化，代表着本地区民

[①] 《马克思恩格斯选集》第1卷，人民出版社1995年版，第585页。

族关系发展的积极取向。

从整体上看来,作为武陵地区少数民族的两大主体,土家族与苗族在长期的社会历史发展进程中形成了各具特色的民族文化传统,比如土家族的土家语、摆手舞、梯玛信仰、土家织锦,苗族的苗语、鼓舞、巴岱信仰、苗绣,等等。这些特色鲜明、内涵丰富的民族文化传统寄托着民众深沉的民族感情与厚重的历史记忆,成为民族认同的核心载体与民族边界的显著标志。在日常生活中,经由民众对于民族文化的自然传承,或者由官方组织的民族文化展演,民族身份与民族意识得到持续的确认与强化,凝聚我族,区分他族,展现出民族共同体的强大生命力。

值得注意的是,在武陵地区,除了上述体现民众正面认同的民族文化传统之外,还存在一类具有某种"负面"认同意蕴的文化习俗,比如以"乱离弃乡土"为核心情节的移民叙事、有关民族历史创痛的民俗等等,其核心内涵是对本民族悲情历史的记忆与展演。武陵地区民众这种对自我悲情历史的建构,既反映了本地区历史民族格局与民族关系中不平等甚至残酷的一面,也是土家族、苗族基于自身边缘地位进行的抗争,体现出如詹姆斯·斯科特(James C. Scott)所说的"弱者的武器"的鲜明特质。借由这种悲情历史的建构,相关民族既可以强化自身受迫害者的地位,使自己占据道义上的优势地位,又能凝聚群体,强化内部的认同。

在人类文化的发展历程中,交流与融合是主流与大势。武陵地区民族文化的发展也体现出这种特质。在本地区民族社会发展历程中,民族文化的交流与交融一直绵延不绝,构成了民族关系和谐发展的文化根基。在武陵地区,民族文化的交融既体现在民风民俗、衣食住行等日常生活层面,也体现在宗教信仰、伦理意识等民族文化的较深层面,其中最具典范意义的代表当属这样的案例:作为武陵地区土家族、苗族、汉族社会中传统的民间宗教职业者,土老司、苗老司、客老司是本民族传统文化最核心的传承者,具有沟通天地神人的功能,是相关民族最关键的民族符号与最重要的民族象征;饶有趣味的是,在本地区的民族叙事传统中,土老司、苗老司、客老司有着共同的起源,且在信仰体系上也形成了互补共生的关系。

从总体上看来,自秦代统一的中央王朝建立以来,武陵地区就处于中央王朝或松或紧，或间接或直接的控制之下，先后经历了羁縻时期、土官土司时期、改土归流时期，自近代以来，本地区在行政上逐渐纳入国家统一的治理体制之内，以前所未有的广度与深度融入国家一体化的进程当中。在这种具有深厚历史根基的"中央—地方"治理体制之下，武陵地区与外部的文化交流主要体现为本地区各民族对主流文化的吸收，特别是对以儒家文化为核心的汉文化的吸收和借鉴。武陵地区与外部的文化交流在民间层面上主要表现为自发的文化交流，在官方层面上则主要表现为中央政府主导下的文化变迁。

（二）社会交往层面：民族区隔的消融与民族因素的脱敏

在武陵地区，受到历史民族格局与民族文化传统的影响，各民族在社会交往层面形成了一定的民族区隔，其突出表现就是民族间的歧视与偏见，随着社会的发展变迁，这种民族区隔在实际的社会生活中已经消融；民族身份在社会交往中已经不具有显著的意义，社会关系已经基本实现了对于"民族"因素的脱敏。

从语言使用方面来看，在传统社会，武陵地区的土家族、苗族都有自己的民族语言，并以之为本民族最突出的象征与标志，民族语言在日常交际与文化象征领域都具有重要的意义；在某些场合中，民族语言也可能成为导致民族歧视的诱因。近代以来，随着文化交流与族际交往的深入发展，汉语逐渐成为本地区最主要的通用语言，民族语言的使用空间不断萎缩，功能不断弱化。从民族关系发展的角度来看，这种变迁表明民族之间交往交融程度的加深，有利于民族关系的和谐发展。

从通婚范围方面来看，在传统社会，民族因素对于各民族的婚嫁观念具有制约性的影响，在一定程度上构成了族际通婚的壁垒，使得相关民族形成了比较突出的民族内婚的倾向；自新中国成立以来，随着我国经济社会的巨大变迁，少数民族权利与公民权利日益得到有效的保障，婚姻家庭逐渐成为以当事双方为主体的私人事务，基本实现了对民族因素的"脱敏"。从总体上看来，随着传统观念的转变，武陵地区各民族的通婚范围逐步从民族内部向民族外部拓展，同时，随着民众交往范围的扩大，逐步超越地域性的局限，通婚的地域范围不断延展。更值得注意的是，民众通婚状况的这种变迁是随着民族地区经济社会的发展自然发生的，不是强制干预的结果。通婚范围的这种变迁在更深层次上促进了族际交往,加深了民族之间的相互了解与交流交融,推动了民族关系的和谐发展。

从群体印象方面来看,就整体上而言,武陵地区土家族、苗族、汉族之间在长期的交往互动、共生共存过程中形成了混融整合的群体印象,建构了不同民族同源共生的历史记忆,奠定了民族关系和谐发展的文化根基;同时,在现实的民族关系中,相关民族之间也形成了一定程度的歧视与偏见,对民族关系具有负面作用,在当前,随着民族地区经济社会的发展变迁,这种歧视与偏见也逐渐消弭。这两方面构成了武陵地区民族交往的文化与心理背景,对于民族关系的发展产生了深层次的影响。

(三)认同体系:国家认同主导下的"差序格局"

从认同体系方面来看,武陵地区民众的认同体系包含了血缘认同、地域认同、国家认同、民族认同等多层级的内容,不同层级的认同之间多元共生、并行不悖,形成了较为和谐的认同模式,体现出如费孝通先生所指出的"差序格局"的特质。

对于武陵地区民众而言,血缘层面的家族认同与地缘层面的村寨认同在其社会结构与社会关系中长期以来具有重要的意义,对于民族关系具有制约性的影响,在当前仍然具有重要的影响。近代以来,随着国家与国族主义在武陵地区的日益深入人心,以及新中国民族区域自治制度在民族地区的推行,国家认同与民族认同成为民众认同体系的核心内涵,主导着其发展方向。

特别值得注意的是,在武陵地区民众的认同体系中,国家认同与民族认同之间能并育而不相害,而且国家认同居于明显的主导地位,民众对于中国和中华民族形成了高度一致的认同,国家观念与公民意识对于民众来说已经内化于心。这与我国历史上屡见不鲜的"边患""割据"大不相同,也与近年来在我国某些地方民族分裂势力的死灰复燃形成了鲜明对比。究其原因,笔者认为主要在于如下几个方面:其一,从羁縻制度,到土官土司制度,再经改土归流之后融入国家统一的政治体制之中,武陵地区与中央政府的政治联系从未断绝,"中国"与"中国人"的意识已经积淀成为民众的集体意识;其二,在长期的社会历史发展进程中,武陵地区与外部的经济、文化交流持续进行,人口流动从未停止,本地区各民族融入中华民族一体格局中的进程在持续拓展与深化,"中华民族"的理念已经深入人心;其三,从历史上看,本地区各民族反抗中央政府的斗争虽然史不绝书,但均属于反抗专制暴政的斗争,分裂中国、另建异邦从未成为民众反抗斗争的宗旨;其四,土家族与苗族作为本地区最主要的两大少数民族,没有形成全民性的制度化宗教,缺乏作为共同体进行集体动员的社会基础,二者在历史上也没有建立自己的民族政权,这就使得二者缺乏分裂割据的社会文化诱因;其五,武陵地区地处祖国内陆腹地,远离边境,杜绝了境外分裂势力的破坏作用,也使得本地区对于祖国形成了稳定的认同与忠诚意识。

(四)"发展中的问题":影响民族关系和谐发展的负面因素

就全局看来,当前武陵地区已经形成了平等、团结、互助、和谐的社会主义新型民族关系,但随着民族地区经济社会的快速发展和结构转型,在民族关系不断发展的实践中也出现了一些问题,影响到民族关系的和谐发展。这些问题都是发展中的问题,必须通过发展的途径解决,在本书的研究过程中,笔者感受最深的在于如下几个方面。

第一,在产业化力量与市场机制的作用下,民族文化在发展与传承中出现了种种问题,比如文化本真性的丧失、民众主体性的缺位、对文化多样性的损害等。同时,在旅游产业发展过程中,异质文化对民族社会也造成了相当大的冲击,比如传统伦理的解构、民族社区的分化等。而且,在民族文化产业发展过程中,政府相关部门与旅游开发公司占据了主导地位,民众对于民族文化的产权在很大程度上被剥夺了。凡此种种,都破坏了健康的民族文化生态,危及民族社会的良性运行,损害了民族关系的和谐发展。

第二,民族地区经济社会发展的滞后在一定程度上既导致了相关民族对自我的负面认同,造成民族身份的"迷思",又造成了新时期少数民族与汉族之间的某种隔阂。

第三,以民族身份为基础、集体主义取向的少数民族优待政策造成了一定程度的利益失衡。就整体上而言,当前我国的民族政策是以民族身份为基础、集体主义取向的:只要具备某种民族身份,就可以获得相应待遇;对少数民族的优待针对该民族共同体,对于民族个体的差异有所忽略。事实上,现实中的民族绝非一个同质化的人们共同体,民族个体首先是社会中的成员,在同一民族内部,会形成基于职业、教育背景、收入水平、城乡差别、年龄乃至性别的社会分层；同在一个民族自治区域，也有自治民族与非自治民族、汉族与少数民族、先进民族与后进民族的差异。不同的民族、同一民族中的不同个体从民族政策中获得的利益是不一样的。现行的以民族身份为基础、集体主义取向的民族政策在相当程度上忽略了这些差异，使得民众对于国家民族政策的认识出现了一定的偏颇。

三 推进武陵地区民族关系和谐发展的建议

（一）推进民族地区跨越式发展，筑牢民族关系和谐发展的根基

正如马克思所指出的："人们奋斗所争取的一切，都同他们的利益有关。"① 在本书的研究过程中，笔者深深地体会到，对于武陵地区各族人民来说，"发展"是最迫切的愿望，最敏感的问题是本地区与发达地区的发展差距。因此，只有加快发展，实现民族地区的现代化，才能为民族关系的和谐发展打下牢固的根基。对此，几代领导核心都有明确的论述。江泽民曾指出，在新的历史时期，搞好民族团结的核心问题就是"加快发展少数民族和民族地区的经济文化等各项事业，促进各民族共同繁荣"②。胡锦涛曾指出："加快少数民族和民族地区经济社会发展，是解决现阶段民族问题的根本途径。"③ 习近平指出："增强团结的核心问题，就是要积极创造条件，千方百计加快少数民族和民族地区的经济社会发展，促进各民族共同繁荣发展。"④

当前，武陵地区面临着两大国家层面上的战略发展机遇，一是西部大开发战略的深入推进，二是《武陵山片区区域发展与扶贫攻坚规划（2011—2020年）》的扎实推进。武陵地区应该紧抓战略机遇，实现民族地区的跨越式发展，用发展的路径推进武陵地区民族关系的和谐发展。

（二）树立法治思维，实现民族事务的善治

法治是现代国家基本的治国理念。在民族事务的治理中，应该明确

---

① 《马克思恩格斯全集》第1卷，人民出版社1995年版，第82页。
② 《江泽民文选》第1卷，人民出版社2006年版，第183页。
③ 胡锦涛：《在中央民族工作会议暨国务院第四次全国民族团结进步表彰大会上的讲话》，《人民日报》2005年5月28日。
④ 《习近平的民族观》，《民族论坛》2015年第8期。

依法治理的原则,坚决维护法律的尊严与权威,杜绝社会问题的"泛民族化",是什么问题就按什么问题处理,实现民族问题的"脱敏"。

当前,在武陵民族地区的日常社会生活中,民族身份的影响已经比较微弱,民众的公民意识已经内化于心,法律意识正在逐步增强。政府部门应该大力加强普法教育与宣传,使法治精神更加深入人心,依法处理民族事务,实现民族事务的善治。

(三)确立党和政府在民族事务治理中的核心与主导地位,推进民族交往交流交融

始终坚持中国共产党的核心领导地位与中国特色社会主义道路是解决我国民族问题、实现民族关系和谐发展的可靠保障。在民族关系的发展进程中,必须确立党和政府在民族事务治理中的核心与主导地位。

当前,在武陵地区,各族群众对于中国共产党的核心领导地位,对于中国与中华民族,已经形成了高度一致的认同。政府应该通过切合实际、着眼长远的政策与制度设计引导国家认同与民族认同的协调发展,建立民众共享、普遍受益的利益均衡机制,消除民族交往的制度壁垒,消解民族交流的文化心理障碍,切实促进民族交往交流交融。

周明甫先生指出,长期以来,无论是学术界还是在社会层面上,我们惯于把"民族"与"问题"联系起来,比如"国家社科基金指南"中的"民族问题研究",各地的"民族问题研究中心"等。周先生明确指出,"民族"不是"问题"[①]。就武陵地区民族关系发展的实际来看,"民族"确实不是"问题"了。费孝通先生在论及我国民族关系的总体格局时指出:"56个民族已结合成相互依存的、统一而不能分割的整体,在这个民族实体里所有归属的成分都已具有高一层次的民族认同意识,即共休戚、共存亡、共荣辱、共命运的感情和道义。"[②] 这体现了一位宅心仁厚的长者对于中华民族发展愿景的善意与期许。在当前武陵地区的民族关系格局中,费先生的这种善意与期许已经成为现实。

---

① 周明甫:《"民族问题"何谓?何在?何治?——民族研究范式概议》,《清华大学学报》(哲学社会科学版)2016年第1期。

② 费孝通:《简述我的民族研究经历和思考》,《北京大学学报》(哲学社会科学版)1997年第2期。

参考文献

一 古籍、方志（以作者年代为序）

（汉）司马迁：《史记》，中华书局1959年标点本。

（汉）班固：《汉书》，中华书局1962年标点本。

（晋）常璩撰，刘琳校注：《华阳国志校注》，巴蜀书社1984年版。

（晋）陈寿：《三国志》，中华书局香港分局1971年标点本。

（刘宋）范晔：《后汉书》，中华书局1965年标点本。

（梁）萧子显：《南齐书》，中华书局1972年标点本。

（北齐）魏收：《魏书》，中华书局1974年标点本。

（唐）李延寿：《南史》，中华书局1975年标点本。

（唐）魏征等：《隋书》，中华书局1973年标点本。

（唐）令狐德棻等：《周书》，中华书局1971年标点本。

（唐）杜佑：《通典》，岳麓书社1995年版。

（唐）刘知幾（撰），浦起龙（释）：《史通通释》，上海古籍出版社1978年版。

（唐）房玄龄等：《晋书》，中华书局1974年标点本。

（唐）樊绰撰，向达校注：《蛮书校注》，中华书局1962年标点本。

（唐）魏征、令狐德棻：《隋书》，中华书局1973年标点本。

（后晋）刘昫等：《旧唐书》，中华书局2000年标点本。

（宋）欧阳修、宋祁：《新唐书》，中华书局1975年标点本。

（宋）范成大原著，胡起望、覃光广校注：《桂海虞衡志辑佚校注》，四川民族出版社1986年版。

（元）马端临：《文献通考》，浙江古籍出版社2000年版。

（元）脱脱等：《宋史》，中华书局1977年标点本。

（明）宋濂等：《元史》，中华书局1976年标点本。

（清）张廷玉等：《明史》，中华书局1974年标点本。

（清）徐松辑：《宋会要辑稿》，中华书局1957年标点本。

（清）毕沅编著，"标点续资治通鉴小组"校点：《续资治通鉴》，中华书局1958年标点本。

（清）赵尔巽等：《清史稿》，中华书局1977年标点本。

（清）严如煜编：《苗防备览》，1644年，刻本。

（清）王玮纂修：《乾州厅志》，清乾隆四年（1739年），刻本。

（清）毛峻德纂修：《鹤峰州志》，清乾隆六年（1741年），刻本。

（清）李瑾纂修，（清）王伯麟续撰修：《永顺县志》，清乾隆十年（1745年），刻本。

（清）张天如纂修：《永顺府志》，清乾隆二十八年（1763年），刻本。

（清）席绍葆等修，（清）谢鸣谦、（清）谢鸣盛纂：《辰州府志》，清乾隆三十年（1765年），刻本。

（清）缴继祖修，（清）洪际清纂：《龙山县志》，嘉庆二十三年（1818年），刻本。

（清）王鳞飞、（清）张秉堃修，（清）冯世瀛、（清）冉崇文纂：《增修酉阳直隶州总志》，清同治三年（1864年），刻本。

（清）张梓修，（清）张光杰纂：《咸丰县志》，清同治四年（1865年），刻本。

（清）李勖修，（清）何远鉴、（清）张钧纂：《来凤县志》，清同治五年（1866年），刻本。

（清）熊启咏纂修：《建始县志》，清同治五年（1866年），刻本。

（清）周玉衡等修纂：《永绥直隶厅志》，清同治七年（1868年），刻本。

（清）松林等纂：《增修施南府志》，清同治十年（1871年），刻本。

（清）周来贺纂修：《桑植县志》，清同治十一年（1872年），刻本。

（清）林继钦、（清）龚南金修，（清）袁祖绶纂：《保靖县志》，清同治十一年（1872年），刻本。

（清）李焕春等纂修，（清）龙兆霖续纂修，（清）郑敦祐再续纂修：《长乐县志》，清咸丰二年（1852年）刻本，清同治九年（1870年）补刻，清光绪元年（1875年）续补刻。

（清）蒋琦溥等纂修，（清）林书勋续修，（清）张先达续纂：《乾州厅志》，清同治十一年（1872年），刻本，清光绪三年（1877年），续刻。

（清）符为霖、（清）吕懋恒修，（清）谢宝文续修，（清）刘沛续纂，《龙山县志》，清同治九年（1870年），刻本，清光绪四年（1878年），续刻。

（清）王协梦修，（清）罗德昆撰：《施南府志》，清光绪十七年（1891年），刻本。

（清）黄世崇纂修：《利川县志》，清光绪二十年（1894年），刻本。

（清）董鸿勋纂修：《古丈坪厅志》，清光绪三十三年（1907年），铅印本。

（清）多寿修，（清）罗凌汉撰：《恩施县志》，清同治七年（1868年）刻本，民国6年（1917年），增刻。

（清）李瀚章等修，（清）曾国荃等纂：《湖南通志》（光绪），上海：商务印书馆，民国二十三年（1934年），影印本。

（清）何惠馨修，（清）吴江纂：《利川县志稿》，清同治四年（1865年），刻本，民国三十二年（1943年），利川县合作金库，抄本。

思南县志编撰委员会办公室编：《嘉靖道光民国思南府、县志》（点校本），内部发行，1991年。

二　著作（以作者姓名首字母汉语拼音顺序为序）

（一）中文著作

柏贵喜：《转型与发展：当代土家族社会文化变迁研究》，民族出版社2001年版。

蔡元亨：《大魂之音：巴人精神秘史》，中央民族大学出版社2001年版。

曹树基：《中国移民史》（第五卷），福建人民出版社1997年版。

岑仲勉：《隋唐史》，河北教育出版社2000年版。

崔在辉主编：《恩施土家女儿会》，中国文史出版社2010年版。

陈湘锋、赵平略：《〈田氏一家言〉诗评注》，中央民族大学出版社1999年版。

邓辉：《土家族区域的考古文化》，中央民族大学出版社1999年版。

丁世良、赵放编：《中国地方志民俗资料汇编》（中南卷），北京图书馆出版社1991年版。

董珞：《巴风土韵：土家族文化源流解析》，武汉大学出版社1999年版。

段超：《土家族文化史》，民族出版社2000年版。

鄂西土家族苗族自治州民族事务委员会编：《鄂西少数民族史料辑录》，鄂西土家族苗族自治州民族事务委员会，1986年。

费孝通：《乡土中国 生育制度》，北京大学出版社1998年版。

费孝通主编：《中华民族多元一体格局》，中央民族大学出版社1999年版。

费孝通：《江村经济》，商务印书馆2001年版。

《凤凰县民族志》编写组：《凤凰县民族志》，中国城市出版社1997年版。

高恨非等：《宣恩县民族志》，中国文联出版社2001年版。

高润身主笔：《容美纪游注释》，天津古籍出版社1991年版。

贵州省民族研究所编：《民国年间苗族论文集》，内部资料，1983年。

侯绍庄：《贵州古代民族关系史》，贵州民族出版社1991年版。

胡炳章：《土家族文化精神》，民族出版社1999年版。

黄柏权：《土家族白虎文化》，中国文联出版社2001年版。

黄光学：《中国的民族识别》，民族出版社1994年版。

暨爱民：《民族国家的建构》，中国社会科学出版社2013年版。

金炳镐：《民族关系理论通论》，中央民族大学出版社2007年版。

梁丽萍：《中国人的宗教心理——宗教认同的理论分析与实证研究》，社会科学文献出版社2004年版。

李廷贵：《苗族历史与文化》，中央民族大学出版社1996年版。

凌纯声、芮逸夫：《湘西苗族调查报告》，民族出版社2003年版。

路遇、滕泽之：《中国人口通史》，山东人民出版社2000年版。

刘孝瑜：《土家族》，民族出版社1989年版。

龙子健等：《湖北苗族》，民族出版社1999年版。

龙生庭：《中国苗族民间制度文化》，湖南人民出版社2004年版。

罗康隆：《族际关系论》，贵州民族出版社1998年版。

马戎：《民族与社会发展》，民族出版社2001年版。

马戎：《民族社会学——社会学族群关系研究》，北京大学出版社2004年版。

马尚云、刘光荣主编：《土家源》，湖北美术出版社 2011 年版。

麻树兰编著：《湘西苗族民间文学概要》，中央民族学院出版社 1992 年版。

马玉华：《国民政府对西南少数民族调查之研究（1929—1948）》，云南人民出版社 2006 年版。

《苗族简史》编写组：《苗族简史》，贵州民族出版社 1985 年版。

潘志平：《民族自决还是民族分裂》，新疆人民出版社 1999 年版。

彭勃、彭继宽整理译释：《摆手歌》，岳麓书社 1989 年版。

彭继宽编：《湖南土家族社会历史调查资料精选》，岳麓书社 2002 年版。

彭振坤编：《历史的记忆》，贵州民族出版社 2003 年版。

盛襄子撰：《湘西苗区之设治及其现状》，独立出版社民国三十二年（1934）版。

石宏规：《湘西苗族考察纪要》，飞熊印务公司 1936 年版。

石启贵：《湘西苗族实地调查报告》，湖南人民出版社 1986 年版。

石启贵等：《民国时期湘西苗族调查实录——习俗卷》，民族出版社 2009 年版。

谭徽在、胡祥华主编：《土家女儿田心桃》，民族出版社 2009 年版。

田荆贵：《中国土家族习俗》，中国文史出版社 1991 年版。

田敏：《土家族土司兴亡史》，民族出版社 2000 年版。

田阡、王欣编著：《冷水溪畔——八龙村土家族文化生态的人类学考察》，知识产权出版社 2015 年版。

铜仁地区地方志编撰委员会编：《铜仁地区志·民族志》，贵州民族出版社 2008 年版。

王承尧、罗午、彭荣德辑注：《土家族土司史录》，岳麓书社 1991 年版。

王柯：《民族与国家——中国多民族统一国家思想的谱系》，中国社会科学出版社 2001 年版。

王明珂：《羌在汉藏之间——一个华夏边缘的历史人类学研究》，中华书局 2008 年版。

王平：《武陵地区民族关系社会稳定机制研究》，湖北人民出版社 2007 年版。

翁独健主编：《中国民族关系史纲要》，中国社会科学出版社 2001 年版。

伍新福、龙伯亚：《苗族史》，四川民族出版社1992年版。
伍新福：《中国苗族通史》，贵州民族出版社1999年版。
伍新福：《苗族文化史》，四川民族出版社2000年版。
伍新福：《湖南民族关系史》（上卷），民族出版社2006年版。
吴永章：《中国土司制度渊源与发展史》，四川民族出版社1988年版。
吴永章主编：《中南民族关系史》，民族出版社1992年版。
吴永章、田敏：《鄂西民族地区发展史》，民族出版社2007年版。
吴荣臻：《苗族通史》，民族出版社2007年版。
吴泽霖：《吴泽霖民族研究文集》，民族出版社1991年版。
吴泽霖、陈国钧等：《贵州苗夷社会研究》，民族出版社2004年版。
向柏松：《土家族民间信仰与文化》，民族出版社2001年版。
湘西土家族苗族自治州民族事务委员会：《湘西土家族苗族自治州民族志》，湖南人民出版社1999年版。
萧洪恩主编：《巴文化研究》，北京出版社2002年版。
萧洪恩：《土家族仪典文化哲学研究》，中央民族大学出版社2002年版。
秀山土家族苗族自治县民族宗教事务委员会：《秀山民族志》，内部资料，2002年。
宣恩县教育志编撰委员会：《宣恩县教育志》（内部资料），1996年。
叶德书、向熙勤：《中国土家语地名考订》，民族出版社2001年版。
游俊、李汉林：《湖南少数民族史》，民族出版社2001年版。
张良皋：《武陵土家》，生活·读书·新知三联书店2001年版。
中华平民教育促进会驻泸办事处编：《在泸溪（油印本）》，中华平民教育促进会驻泸办事处，民国二十八年。
中央民族学院研究部编：《中国民族问题研究集刊第四辑》，中央民族学院研究部，1955年。
周兴茂：《土家学概论》，贵州民族出版社2004年版。
朱炳祥：《土家族文化的发生学阐释》，中央民族大学出版社1999年版。

（二）中文译作

[挪威]埃里克森：《族群性与民族主义：人类学透视》，王亚文译，敦煌文艺出版社2002年版。
[英]安东尼·吉登斯：《现代性的后果》，田禾译，译林出版社2000

年版。

［英］安东尼·史密斯：《民族主义：理论，意识形态，历史》，叶江译，上海人民出版社 2006 年版。

［英］厄内斯特·盖尔纳：《民族与民族主义》，韩红译，中央编译出版社 2003 年版。

［日］鸟居龙藏：《苗族调查报告》，国立编译馆译，贵州大学出版社 2009 年版。

［美］塞缪尔·亨廷顿：《谁是美国人？——美国国民特性面临的挑战》，程克雄译，新华出版社 2010 年版。

［英］塞姆·柏格理：《苗族纪实》，东人达译，贵州大学出版社 2014 年版。

［日］松本真澄：《中国民族政策研究》，鲁忠慧译，民族出版社 2003 年版。

［美］瓦伦·L. 史密斯主编：《东道主与游客——旅游人类学研究》，张晓萍等译，云南大学出版社 2007 年版。

［美］詹姆斯·斯科特：《弱者的武器：农民反抗的日常形式》，何江穗等译，译林出版社 2007 年版。

三　论文（以作者姓名首字母汉语拼音顺序为序）

（一）期刊论文

毕跃光、马仲雄：《习近平民族团结进步理论与实践探微》，《中南民族大学学报》（人文社会科学版）2017 年第 2 期。

毕跃光、王德强：《党的十八大以来中国民族理论的新发展》，《中央民族大学学报》（哲学社会科学版）2017 年第 3 期。

陈建樾：《多民族国家和谐社会的构建与民族问题的解决：评民族问题的"去政治化"与"文化化"》，《世界民族》2005 年第 5 期。

陈廷亮等：《土家族语言传承的断代与拯救——湘西土家族苗族自治州土家·汉双语双文教学试点调查》，《中南民族大学学报》（人文社会科学版）2011 年第 6 期。

陈玉屏：《民族问题能否"去政治化"论争之我见》，《西南民族大学学报》（人文社会科学版）2008 年第 7 期。

陈志明：《中国、民族与国民团结》，《清华大学学报》（哲学社会科学版）2016 年第 1 期。

戴庆厦：《多民族国家少数民族兼用通用语的趋势及国家策略——以中、泰、缅、老四国为例》，《黔南民族师范学院学报》2017 年第 2 期。

董强：《关于中国民族政策的几点思考》，《贵州民族大学学报》（哲学社会科学版）2013 年第 1 期。

都永浩：《政治属性是民族共同体的核心内涵》，《黑龙江民族丛刊》2009 年第 3 期。

方铁：《清雍正朝改土归流的原因、策略与效用》，《河北学刊》2012 年第 3 期。

费孝通：《武陵行》（上、中、下），《瞭望周刊》，1992 年第 3、4、5 期。

费孝通：《简述我的民族研究经历和思考》，《北京大学学报》（哲学社会科学版）1997 年第 2 期。

费孝通：《在湘鄂川黔毗邻地区民委协作会第四届年会上的讲话》，《北京大学学报》（哲学社会科学版）2008 年第 5 期。

冯建勇：《清季近代国家观念构筑及其在边疆地区的适用》，《北方论丛》2009 年第 2 期。

高福顺：《民族多元互动与儒家文化认同下边疆民族区域文教举措的演进特征》，《中国边疆史地研究》2016 年第 1 期。

宫哲兵：《人类学考察：寻找巴人"赤、黑二穴"》，《湖北民族学院学报》（哲学社会科学版）2008 年第 6 期。

郝时远：《中文"民族"一词源流考辨》，《民族研究》2004 年第 6 期。

郝时远：《美国是中国解决民族问题的榜样吗?》，《世界民族》2012 年第 2 期。

郝时远：《评"第二代民族政策"说的理论实践误区》，《新疆社会科学》2012 年第 2 期。

郝时远：《巴西能为中国民族事务提供什么"经验"》，《西北民族大学学报》（哲学社会科学版）2012 年第 4 期。

郝时远：《印度构建国家民族的"经验"不值得中国学习》，《中南民族大学学报》（人文社会科学版）2012 年第 4 期。

郝时远、朱伦、常士訚、彭萍萍：《热话题与冷思考——关于"民族——

国家"建构与民族政治发展理论的对话》,《当代世界与社会主义》2013年第5期。

郝时远、张海洋、马戎:《构建新型民族关系:郝时远、张海洋、马戎访谈》,《西北民族研究》2014年第1期。

郝时远:《坚持和完善民族区域自治制度就是坚持宪法原则》,《西北民族大学学报》(哲学社会科学版)2014年第1期。

郝亚明、赵志远:《论族际个体矛盾的"去民族"》,《广西民族研究》2015年第3期。

何叔涛:《同化、一体化、分化及民族过程中的内在规律和发展趋势——兼谈民族研究的哲学方法论》,《民族研究》1992年第4期。

侯春灯:《试论构建武陵山经济协作区》,《探索》2011年第3期。

胡鞍钢、胡联合:《第二代民族政策:促进民族交融一体和繁荣一体》,《新疆师范大学学报》(哲学社会科学版)2011年第5期。

胡彬彬:《我国的民族优惠政策应往何处去?》,《广西民族研究》2014年第6期。

黄柏权:《论武陵文化》,《广西民族研究》2002年第4期。

黄柏权、葛政委:《论文化互动的类型——兼论"武陵民族走廊"多元文化互动》,《中南民族大学学报》(人文社会科学版)2009年第2期。

黄柏权:《费孝通先生与"武陵民族走廊"研究》,《中南民族大学学报》(人文社会科学版)2010年第4期。

黄华文:《抗战时期鄂西后方开发与建设述论》,《华中师范大学学报》(人文社会科学版)2000年第5期。

黄朴民:《"夷夏观"与"文明圈"》,《浙江社会科学》2003年第1期。

黄淑娉:《民族识别及其理论意义》,《中国社会科学》1989年第1期。

黄行:《我国民族语言的沟通度与语言群体认同》,《云南师范大学学报》(哲学社会科学版)2011年第2期。

黄铸:《何为"第二代民族政策"?》,《中央民族大学学报》(哲学社会科学版)2012年第3期。

暨爱民、刘鹤:《论抗战时期的湘西教育》,《抗日战争研究》2012年第3期。

菅志翔:《"族群":社会群体研究的基础性概念工具》,《北京大学学报》

（哲学社会科学版）2007年第5期。

菅志翔：《中国族际通婚的发展趋势初探——对人口普查数据的分析与讨论》，《社会学研究》2016年第1期。

金炳镐、孙军、肖锐：《民族问题"去政治化"、"文化化"："新思路"还是"老套路"？》，《黑龙江民族丛刊》2012年第3期。

金炳镐：《中国特色社会主义民族理论的丰富和发展》，《中国民族》2015年第3期。

金炳镐：《当前民族理论研究应关注的问题》，《黑龙江民族丛刊》2017年第1期。

李富强：《中国"民族"内涵及民族研究范式应有之转变：以壮族为例（二）》，《广西民族研究》2012年第2期。

李绍明：《从中国彝族认同谈族体理论》，《民族研究》2002年第2期。

李绍明：《论武陵民族区与民族走廊研究》，《湖北民族学院学报》（哲学社会科学版）2007年第3期。

李晓霞：《试论中国族际通婚圈的构成》，《广西民族研究》2004年第3期。

刘东亮：《论民族问题的文化化和法治化》，《广西民族研究》2011年第2期。

刘鹤：《抗战时期内迁人口与湘西经济市场化的历史考察》，《求索》2011年第10期。

刘志军：《非物质文化遗产保护中的大众参与》，《文化艺术研究》2009年第2期。

刘中一、张莉：《我国普遍信仰伊斯兰教民族族际婚姻的变迁》，《西南民族大学学报》（人文社会科学版）2016年第3期。

麻国庆：《明确的民族与暧昧的族群——以中国大陆民族学、人类学的研究实践为例》，《清华大学学报》（哲学社会科学版）2017年第3期。

马戎：《理解民族关系的新思路——少数族群问题的"去政治化"》，《北京大学学报》（哲学社会科学版）2004年第6期。

马戎：《世界各国民族关系类型特征浅析》，《社会科学战线》2008年第1期。

马戎：《如何进一步思考我国现实中的民族问题》，《中央民族大学学报》

（哲学社会科学版）2013 年第 4 期。

马戎：《关于中国民族问题的问答与讨论》，《青海民族研究》2014 年第 1 期。

马戎：《重构中国的民族话语体系》，《中央社会主义学院学报》2017 年第 2 期。

马正亮：《我国少数民族人口发展状况分析》，《贵州大学学报》（社会科学版）2013 年第 2 期。

宁亚芳：《应对不公平的策略选择与民族地区社会治理》，《西南民族大学学报》（人文社会科学版）2017 年第 1 期。

潘志平：《突破民族问题高度政治化的困局》，《西北民族研究》2010 年第 1 期。

瞿州莲：《从〈容美纪游〉看容美土司的对外策略》，《中南民族大学学报》（人文社会科学版）2011 年第 1 期。

瞿州莲：《永顺土司改土归流的"历史真实"——以湘西地区碑刻、地方志为中心的历史人类学考察》，《西南民族大学学报》（人文社会科学版）2011 年第 8 期。

孙秋云：《文明传播视野下的雍乾、乾嘉苗民起义》，《中南民族大学学报》（人文社会科学版）2007 年第 3 期。

孙天胜、李永乐：《关注民族旅游开发对民族传统文化的消极影响》，《中国民族》2006 年第 9 期。

石建中：《苗族学者石启贵》，《吉首大学学报》（社会科学版）1991 年第 1 期。

石开忠：《民国时期贵州的民族研究》，《贵州民族学院学报》（社会科学版）1999 年第 3 期。

施联朱：《土家族的民族识别》，《土家学刊》1997 年第 4 期。

谭志满：《土家族撒尔嗬仪式变迁的人类学研究》，《宗教学研究》2012 年第 3 期。

唐胡浩：《当代土家族民族认同的维系因素剖析》，《中南民族大学学报》（人文社会科学版）2008 年第 3 期。

田敏：《廪君为巴人始祖质疑》，《民族研究》1996 年第 1 期。

王猛：《从单一身份到多重身份：身份视角下的我国民族政策反思》，《广西民族研究》2015 年第 2 期。

王明珂：《由族群到民族：中国西南历史经验》，《西南民族大学学报》（人文社会科学版）2007 年第 11 期。

王明珂：《建"民族"易，造"国民"难——如何观看与了解边疆》，《文化纵横》2014 年第 3 期。

王文光、张曙晖：《利益、权利与民族认同——对白族民族认同问题的民族学考察》，《思想战线》2009 年第 5 期。

王希恩：《民族认同发生论》，《内蒙古社会科学》1995 年第 10 期。

王希恩：《也谈在我国民族问题上的"反思"和"实事求是"》，《西南民族大学学报》（人文社会科学版）2009 年第 1 期。

王希恩：《民族的血缘性及其在当代中国的演化》，《广西民族研究》2017 年第 2 期。

汪晖：《承认什么，何种政治？》，《读书》2016 年第 11 期。

魏国红：《论"族际通婚作为民族关系衡量指标"范式的适用性》，《北方民族大学学报》（哲学社会科学版）2017 年第 2 期。

吴楚克：《民族理论研究中的"苏联模式"问题》，《思想战线》2014 年第 3 期。

徐杰舜、杨军：《从多元走向一体与一体凝聚多元——中华民族共同体建设的理论和战略》，《思想战线》2017 年第 2 期。

严庆：《本体与意识视角的中华民族共同体建设》，《西南民族大学学报》（人文社会科学版）2017 年第 3 期。

杨昌沅、范植清：《略述明代军屯制度在鄂西山地的实施》，《史学月刊》1989 年第 6 期。

杨华：《对巴人起源于清江说若干问题的分析》，《四川文物》2001 年第 1 期。

杨思机：《民国时期改正西南地区虫兽偏旁族类命名详论》，《民族研究》2014 年第 6 期。

杨正文：《文化遗产保护中民族与国家的诉求表述》，《西南民族大学学报》（人文社会科学版）2011 年第 6 期。

杨正文：《吴泽霖先生的苗族研究》，《民族学刊》2012 年第 3 期。

叶德书：《土家语言研究的回顾与展望》，《湖北民族学院学报》（哲学社会科学版）1999 年第 4 期。

张胜兰：《苗族服饰与苗族自我认同意识——以清朝至民国时期的贵州苗族改装运动为中心》，《民族学刊》2014 年第 5 期。

张雄：《汉魏以来"武陵五溪蛮"的活动地域及民族成分述考》，《中南民族学院学报》（哲学社会科学版）1985 年第 1 期。

张兆和：《从"他者描写"到"自我表述"——民国时期石启贵关于湘西苗族身份的探索与实践》，李菲译，《广西民族大学学报》（哲学社会科学版）2008 年第 5 期。

张兆和：《黔西苗族身份的汉文书写与近代中国的族群认同——杨汉先的个案研究》，《西南民族大学学报》（人文社会科学版）2010 年第 3 期。

郑大华：《论晚年孙中山"中华民族"观的演变及其影响》，《民族研究》2014 年第 2 期。

郑茜、牛志男：《"'去政治化'的意思，就是要给少数民族更大的活动空间和更完整的公民权利！"——对话著名社会学家马戎教授》，《中国民族》2011 年第 9 期。

周明阜：《湘西先秦考古文化的多元性建构探讨》，《吉首大学学报》（社会科学版）1993 年第 4 期。

周明甫：《"民族问题"何谓？何在？何治？——民族研究范式概议》，《清华大学学报》（哲学社会科学版）2016 年第 1 期。

周平：《政治学视野下的中国民族和民族问题》，《思想战线》2009 年第 6 期。

周平：《中国民族政策价值取向分析》，《当代世界与社会主义》2010 年第 2 期。

周平：《论多民族国家民族问题的治理》，《晋阳学刊》2013 年第 3 期。

周平：《全球化时代的民族与国家》，《学术探索》2013 年第 10 期。

周平：《当代中国族际关系的特点和走向》，《学术界》2015 年第 11 期。

周平：《再论中华民族建设》，《思想战线》2016 年第 1 期。

周平：《中国民族构建的二重结构》，《思想战线》2017 年第 1 期。

周平：《民族国家认同构建的逻辑》，《政治学研究》2017 年第 2 期。

朱伦：《西方的"族体"概念系统》，《中国社会科学》2005 年第 4 期。

朱维群、阿来：《顺应民族交融的大势——由历史纪实文学〈瞻对〉引起的对话》,《阿来研究》2015 年第 2 期。

(二) 学位论文

贺琳凯:《新中国民族关系与民族政策互动研究》,博士学位论文,云南大学,2010 年。

蒋立松:《中国西南地区民族关系基础结构及影响因素分析》,博士学位论文,中央民族大学,2004 年。

李然:《当代湘西土家族苗族文化互动与族际关系研究》,博士学位论文,中央民族大学,2009 年。

路宪民:《社会文化变迁中的西部民族关系》,博士学位论文,兰州大学,2008 年。

鲁艳:《多民族杂居区民族边界与民族关系研究——以湖南桑植为例》,博士学位论文,中央民族大学,2013 年。

宋鑫华:《民族关系协调发展与政治稳定研究——以西部民族地区为例》,博士学位论文,中央民族大学,2011 年。

夏妍:《村落中的民族关系研究——以天堂村为例》,博士学位论文,兰州大学,2014 年。

徐畅江:《民族关系的国家建构——以云南为例》,博士学位论文,云南大学,2013 年。

张艳:《宁夏民族关系和谐发展研究》,博士学位论文,南开大学,2014 年。